스마트 오피스의 진화
『스마트한 일터』로
공간 문화 제도에
가치를 더하다!

▶▶ 이창민

경기도의 평택 고등학교와 단국 대학교를 졸업하여 경영학과 회계학을 전공하였다. 사회 초년생 시절, KPEC 한국산업교육센터 혁신사관학교 근무를 계기로 조직 개선과 조직 혁신에 대한 다양한 교육과 연구를 수행하였으며, 주로 경영 및 사업 전략과 기획, 현장에서의 영업 및 고객 관리 부문의 경험을 20여 년간 축적하였다. 필자는 직장 생활에서 한국 기업이 가지고 있는 특유의 위계적 문화 특성을 경험한다. 다양한 아이디어를 내고, 정당한 의견을 제시하는 자가 조직에서 도태되고, 능력보다 '정치력'을 우선시하던 그간의 한국 조직 사회의 병폐에 대해 깊이 고민하던 중, 마지막 직장이라 생각하고 2017년부터 실내 건축 전문 업체의 컨설팅 사업부를 총괄하며 수석 전문 위원으로서 수많은 기업 조직의 '스마트 오피스Smart Office' 구축 컨설팅을 주도하게 된다. 다만 태생적으로 인테리어 설계와 공사 전문 기업이며, '공간'으로 매출이 치중될 수밖에 없는 자체 사업 구조만으로는 의뢰 기업이 원하는 '조직 문화' 구축이 절대 불가능하다는 한계점을 일찍이 인식하고, 수년간 홀로서기를 준비한다.

2019년 1월, 전례 없는 코로나19로 인해 급작스럽게 맞이하게 된 팬데믹 시대는 현재도 4차 유행을 앞두며 연일 500명이 넘는 감염자를 초래하고 있다. 또한 비대면 시대에 필요한 스마트 워크Smart Work의 니즈가 홍수처럼 물밀듯이 쏟아지는 현 상황에서 우리만의 회사, 당신만의 진정한 '스마트 일터' 구축에 대한 신념을 필두로 '공간과 문화, 그리고 제도'라는 핵심 3요소에 대한 경험과 연구를 바탕으로, '어려운 시기를 극복할 필생의 도전'으로 여기고 한국의 수많은 조직의 성장 가치 실현을 위한 필사의 각오로 주식회사 우부[WvU; Work val-U corp.]를 창업한다. '당신이 운영하고, 소속되어 있는 조직의 성공을 위해, 우리 조직에 꼭 필요한 요소로 구성된 다양한 형태의 스마트한 공간, 문화, 제도 시스템을 구축하는 것'을 사업의 목표로 하여 컨설팅과 강연, 교육 서비스 등을 전문적으로 제공한다. 특히 워크밸류[WvU]는 공간과 문화, 제도 변화와 관련한 모든 전문가와 파트너 회사를 연계하여 고객의 입장에서는 '우리 조직의 특성을 알고 미래의 성장 동력을 마련할 수 있는 공간, 문화, 제도의 새로운 동력 마련'이 한 번의 컨설팅으로 가능하게 될 것이다.

본서는 필자의 20여 년간 고민과 학습이 응축된 '부족한 결과물'이다. 다만 각기 다른 상황에 직면한 조직들이 진정으로 원하는 '스마트한 일터'의 구축 방향성과 현실적인 Output은 다를 수밖에 없다는 지론을 바탕으로, 그 한계점을 극복하기 위해 헌신에 헌신을 거듭할 각오가 되어 있다. '스마트한 일터'의 다양한 구축 형태에 대한 성공 과정을 함께 고민해 보고 그 해결책을 탐구하여 '초불확실성 시대'에도 '위기를 극복'하고 '새로운 성장'을 꿈꾸고 있는 우리나라 조직의 모든 '同志'와 함께 성장하고 싶은 바람이다.

▶▶ 오경준

　대한민국에서 최근 공공의 적이 되고 있는 시기 잘 타고 살아 온 586세대로 1990년에 L그룹사 생산기술원에 입사하여 주로 그 당시 세계 제조업 절대 강국 일본, 그 나라에 때로는 몇 년간 머물며 배웠다. 은퇴한 일본 전문가컨설턴트의 가방을 들고 수행하며 배우고 1년에 수십 번씩 일본을 오가며 그 나라 이곳저곳의 제조 현장을 방문하여 생산성 향상을 위한 다양한 기술을 습득하여 그룹 계열사에 적용하는 일을 시작으로 직장 생활을 했다. 이후 습득한 지식과 경험을 갖고 퇴사 후 국내 주요 경영 컨설팅 회사의 전문 컨설턴트로 일을 수행하며 다양한 기업을 대상으로 미국의 리엔지니어링Reengineering, NPINew Product Introduction, 6시그마Sigma 등을 결합하여 기업의 효율성 강화를 위한 경영 혁신 기법을 전파하는 활동을 수행했다. 그것이 다소 매너리즘에 빠져 흥미를 잃어 갈 즈음, 지인으로부터 새로운 제안을 받아 혁신 인재 육성을 위한 KPEC 한국산업교육센터 혁신사관학교를 운영하며 국내외중국, 일본, 태국, 베트남, 터키 등 수만 명의 다양한 기업의 직군, 직급의 사람들을 가르치는 일을 해 왔다. 그러던 어느 시점 4차 산업 혁명의 화두가 던져지고 이어 글로벌 제조 기업의 급격한 변화에 직면하며 그간의 성공, 실패 경험을 기반으로 단순한 기법의 교육 및 컨설팅만으로는 한계를 느끼며 기업의 근본적 체질 강화를 통한 지속 경영을 위해서는 일터Workplace를 스마트하게 전환시키는 방법이 필요하다는 것을 깨닫게 되었다. 그러다 우연히 스마트 오피스Smart Office 구축 철학 및 방법론을 접하게 되어 그간의 경험과 접목한 후 몇몇 기업에 적용하는 일을 시도하는 과정을 겪으며, 이를 보다 체계적으로 정리할 필요를 절감, 이 분야 전문가인 이창민 대표를 도와 작은 도움이나마 책의 방향성과 기획을 돕기로 결정하였다. 책의 골자는 스마트한 일터를 만들기 위해서는 단순한 업무 환경 개선이 아닌 스마트한 공간, 스마트한 문화, 스마트한 제도가 융합되어야 한다는 생각으로 다양한 문헌을 참고하고 토론을 통해 이를 구체적으로 실행하는 방법론으로 정리하여 제시하고자 한다.

2019년 P社 일본 연수 진행, 이창민 / 오경준

목차

1장 기(起)
변화에 대한 목표와
과제 설정

2장 승(承)
변화와 혁신을 돕는
'스마트한 일터'의 개념 소개

3장 전(轉)

'미래로 가는 열쇠' :
'스마트한 일터'의 시스템 구축 절차와 방법

※ '스마트한 일터'의 시스템 구축 절차와 핵심 3요소로 풀어보는 8가지 사례

4장 결(結)
'스마트한 일터' 시스템화

사무실(Office) 환경의 변화를 지켜보며

　　회사 입사 첫날, 모두가 경험하게 되는 우리에게 아주 익숙한 상황이 있다. 가벼운 인사를 시작으로 자기에게 배정된 책상을 가장 먼저 만나게 된다. 어색한 마음을 뒤로 하고 간단한 주변 정리를 시작한다. 데스크톱 컴퓨터를 켜고, 준비된 물품을 서랍에 넣고 지저분한 곳을 닦는다. 아직은 비어 있는 책상이지만 언젠가는 내 생활에 큰 비중을 차지하게 될 이 작은 공간에 대한 애착을 시작으로 앞으로 다가올 직장 생활의 고난과 그간 고생했던 나의 포부, 더 높은 곳으로 나아가고자 하는 신념을 바탕으로 경종을 대담하게 울리는 그 순간, 언제 어디서 일어날지 모르는 어려운 상황들을 헤쳐 나가기 위한 나만의 아지트를 정감 있게 바라보고 또 만져 본다. '오늘은 경황이 없어 준비를 못 했으니, 내일은 소중한 사진이 담긴 작은 액자라도 가져와서 책상 위를 꾸며야겠어.' 벌써 내일 할 일을 준비한다. 나의 경력과 함께 언제까지나 동고동락하게 될 나만의 공간, 곧 우리 모두의 안식처로 여겨졌을 것이다.

　　하지만 놀랍게도 상황이 바뀌고 있다. 아날로그 시대의 흔적은 점차 사라져 가고 있다. 출근길에 사내 애플리케이션을 통해 '체크인Check-in'을 하고, 오늘 일할 자리를 앱App을 통해서 선택하게 된다. 출근길에 오늘의 근무 좌석을 예약했다면 어제 사전 예약했던 회의들은 어디서 진행되는지 시간별로 장소와 참석자를 실시간으로 확인한다. 보안 출입구를 거쳐 사원증을 사무실 전자 출입구에 대고 들어서면 시야가 탁 트여 칸막이 없이 연출된 사무 공간이 한눈에 들어온다. 은은한 배경 음악이 흘러나오는 이 공간은 사무실보다는 카페의 느낌에 가깝다. 개인 로커에서 탈의한 외투를 넣고 노트북을 꺼내 예약된 내 자리로 이동한다. 2~4인 소규모 테이블, 5~8인 중형 테이블, 라운드 테이블, 소파형 테이블을 지나, 창가 부근으로 이동한다. '오늘의 내 자리다!' 인기가 많은 창가 부근의 집중 업무 공간 예약이 쉽지가 않기에 오늘은 도심의 전경을 바라보며 아침을 시작하는 기분이 상쾌하다. 중앙의 카페테리아 공간에서 커피를 가져 와 마시며, 하루의 스케줄과 진행 업무를 차분하게 검토한다.

위의 두 상황 중 아래의 상황을 경험한 분이 아직은 절대적으로 적을 것이다. 적어도 공간 컨설턴트, 공간 디렉터로 활동하는 저자의 경험으로 비추어 봤을 때, 우리나라 기업 조직의 5%에도 미치지 못하는 공유 좌석 기반, 스마트 오피스의 형태를 현재 시점에서 직접 경험한 분들은 많지 않으리라 생각한다. 그런데도 연일 매스컴에서는 내가 경험해 보지 못한, 혹은 아직도 적응 중인 스마트 오피스Smart Office에 대한 찬사와 효과에 대한 칭찬 일색이다. 시장을 주도하는 소수의 대기업과 변화를 추진하는 일부 공공 기관, 공급 이해 관계자들에게서 파생되는 긍정적인 움직임에 다수의 많은 조직이 스마트 오피스Smart Office 도입을 고려하게 되는 추세가 이렇게 만들어지고 있다.

사무실(Office) 환경의 변화를 어떻게 받아들일 것인가

참으로 놀라운 변화다. 최근까지 사무 환경 혁신에 미온적이었던 기업들이 서둘러 공간의 변화를 추진하고 있다.

'스마트한 일터'는 거시적인 관점에서 '스마트 워크Smart Work' 및 '워크 스마트Work Smart' 구현이 가능한 모든 형태의 환경의 이상향을 의미한다. '스마트 워크Smart Work'에 의거해 태동이 시작된 '스마트 오피스Smart Office', '모바일 오피스Mobile Office'는 사무실뿐만 아니라 외근과 출장 업무가 잦은 직군들이 카페나 현장에서 손쉽게 일을 진행할 수 있도록 업무 처리 과정에서 새로운 변화를 불러일으켰고, 조직의 특성에 따라 이동 시간을 최소화하고 업무 효율을 높이기 위해 운영되고 있는 '스마트 워크 센터Smart Work Center'는 거점 중심의 오피스Office로 사무실을 분산하여 본사 출퇴근의 개념을 탈피하고자 오로지 업무 효율과 효과 관점에서 접근하였다. 코로나19로 재택근무가 갑작스럽게 전파되면서 모바일Mobile 업무 처리 시스템System이 구비된 기업에서는 '홈 오피스Home

Office'를 활용한 개인 업무와 네트워킹Networking 업무 수행을 촉진하는 새로운 시도가 촉발되고 있다.

'스마트한 일터'는 앞서 설명한 대표적인 4가지 형태 '스마트 오피스Smart Office, 모바일 오피스Mobile Office, 스마트 워크 센터Smart Work Center, 홈 오피스Home Office'의 사무 환경을 모두 포함하는 개념이며, 일반적 기업의 사무 환경, 제조 환경, 기타 상업 시설인 카페나 병/의원은 물론, '일Work'의 영역을 경제적인 활동에 국한하지 않고 사회적인 활동까지 그 영역을 넓혀서 바라본다면, 학교, 도서관 등 다양한 활동으로 각 고유의 가치가 교류되고 생산되는 개방된 공용 시설까지 그 의미를 넓혀 볼 수 있겠다. 본서에서는 기업 조직을 주류로 한 조직 관리 및 변화 관리 차원의 조직 형태로 국한하여 대상을 한정하도록 하겠다. 향후 범사회적 또는 범경제적으로 확장된 범주의 일터, 즉 또 다른 차원의 생산 활동이 만들어지는 국가 차원의 공용 시설이나 일반 상업 목적의 소상공 일터, 제조 현장 등의 '스마트한 일터' 만들기에 대한 성공적 구축 방법론에 대해 추가 저서로 소개할 계획이다.

결국 '스마트한 일터'는 각기 다양한 목적을 가지고 운영되는 모든 조직의 '스마트한 공간, 스마트한 문화, 스마트한 제도'를 통칭하며, 보다 신속하고 똑똑하며 정확하고 효율적인 성과를 만들기 위한 '스마트Smart'라는 키워드를 각 요소에 녹여, 모든 조직 구성원과 사용자가 스마트 워크Smart Work 환경과 첨단 기기를 활용하여 창의적이고 신속한 업무를 수행하기 위해 행하는 모든 행위의 성격, 즉 몰입과 교류, 이완과 휴식, 개인과 공유의 요소가 모두 포함된 멀티 스페이스Multi-Space 개념으로 정리할 수 있겠다.

지금껏 우리는 폐쇄되거나 그 활용이 경직되고 유연성이 부족한 환경에서 주로 일을 해 왔다. 자유로운 업무 환경이 주는 효과는, 자율성을 전제로 한 다양한 가치 기준이 그 성과의 척도가 될 것이나, 굳이 변화가 요구되는 자연스러운 시대의 흐름 속에서 자기 책상 중심의 과거 방식을 고수할 필요는 없어졌다고 생각한다. 사실 이러한 효과와 필요성은 스마트한 일터를 통해 파생되어 보이는 직접적인 명明과 암暗을 단순한 장단점으로 판단하기보다, 조금 더 넓고 깊은 식견을 가질 필요가 있을 것이다. 우리가 제시하고 구축하려는 공간은, 예술품과 같이 보이는 것 자체로 의미가 더해지는 공간 디자인 자체의 의미가 아닌, 조직과 개인의 문화와 일의 특성, 교류와 몰입의 필요성과 그 정도를 현미경으로 깊이 들여다보며 진행할 필요가 있는 '생물체'의 가치가 존중되길 바란다. 여기에 컨설팅Consulting을 통한 문화적 가치와 특성, 조직의 경영 철학과 제도적 특성은 물론 공간 본연의 동선, 조닝Zoning, 레이아웃Layout, 디자인Design 등 디자인 철학이 가미되어 하나의 지속적인 활동으로 자리를 잡아 가고, 그 작은 활동들이 모여 지속적이고 꾸준한 성과로 이어지길 강력히 희망하는 바이다.

본서의 흐름은 다음과 같다.

① 1장 기起에서는, 변화에 대한 흐름의 분석과 소외를 통한 새로운 목표와 과제를 제시하는 개론으로 시작한다. 스마트한 일터에 대해 집필의 목적을 밝히고, 현실적으로 직면하는 추진 과제들, 그리고 변화에 대한 근본적인 성찰, 공간/문화/제도의 방향성, '무엇을 바꿔야 할 것인지, 왜 바꿔야 할 것인지'에 대한 근본 취지, 필자를 포함한 스마트한 일터를 구축하고자 하는 모든 컨설턴트Consultant의 역할을 통해 무슨 도움을 받을 수 있는가에 대한 화두를 제시한다.

② 2장 승承에서는, 스마트한 일터를 도입하고자 하는 모든 조직을 위한 세부 추진 요소를 설명한다. 우선 '개선改善'의 범주를 넘어, 과거로부터 널리 쓰이고 있는 '혁신革新'이라는 패러다임Paradigm과 더불어 '공간 혁신'의 흐름과 방향성을 함께 살피며, 스마트한 일터 구축의 3가지 핵심 요소 즉, 스마트한 공간과 스마트한 문화, 스마트한 제도는 무엇이며, 어떤 특성을 가지고 있고, 왜 우리에게 필요한지, 어떻게 요소를 담아 구축하여야 하는지에 대한 세부적인 사항에 대해 알아본다.

③ 3장 전轉에서는, 본격적으로 '스마트한 일터' 구축에 필요한 구체적인 과정을 소개한다. 동시에 '스마트한 일터'의 핵심 3요소, '스마트한 공간', '스마트한 문화', '스마트한 제도'의 구축 사례를 참고하여 8가지 조직 유형별 '경우의 수'를 도출하고, 뒤로 갈수록 발전향을 보이는 각 유형 사례에서 예측되는 갈등 및 원인, 준비가 부족했던 요소, 이에 대한 대책과 추가 고려 사항, 해결점 등에 기인한 대안을 함께 고민해 본다. 더불어 '스마트한 일터'를 만들기 위해 '스마트한 도구'를

활용한 ICT&IoT 요소, 네트워킹Networking과 직무의 몰입, 이완을 통한 효율, 효과에 대해 설명을 더할 것이며, 그것에 기인하여 만들어지는 궁극적인 '성과'에 대해 알아보고, '성과'를 만들어 가는 과정을 함께 소개한다. 또한 지속적인 성장형 조직으로 만들기 위한 '스마트한 일터'의 3요소, '스마트한 공간', '스마트한 문화', '스마트한 제도'를 구현하는 데 필요한 '핵심 지표'에 대해 필자의 지론을 더할 계획이다.

4 4장 결結에서는, 본서의 스마트한 일터 시스템 구축 편을 마무리 단계로, 변화에 적응하고 계속 새로운 변화를 추진하기 위한 '시스템화'에 대해 논한다. 아울러 '스마트한 일터'의 시스템화를 통해 더 나은 수준으로 나아가기 위한 새로운 시대의 방향성에 대해 탐구하며, '사람'을 중심으로 한 혁신의 지속화 관점, 꾸준한 성과를 내는 조직 설계를 위한 개선안 등을 제시한다. 또한 사후 관리 측면에서의 효율과 효과, 그리고 그 결과물인 종합적인 성과 측정의 중요성, 시스템화를 정착하기 위한 '스마트한 일터'의 필요 조직에 대한 지속적인 개선 의지를 독려할 것이며, 아직 섣불리 '누구도 예측하지 못하는' 미래의 '변화 구심점'을 조명하고 조직의 발전 방안을 논한다.

미흡한 구성이지만, 현재 시중에 나와 있는 스마트 오피스Smart Office 및 스마트 워크 Smart Work, 각종 건축&인테리어Interior와 관련한 모든 학술 저서, 논문, 기사, 기타 전문지, 간행물 등의 자료를 찾아 검토하였을 때 전문 자료의 어쩔 수 없는 구성의 한계점이 보인다. 다만 이를 감안하여도 '스마트한 일터', 특히 현재 조직 문화의 변화를 주도하는 공간, 문화, 제도에 대한 독자의 식견 확장에 도움이 될 수 있으리라 여겨진다. 본서는 각각의 연구 또는 집필 목적이나 상업적 목적에 의해 산재하여 있는 내용에 대해 부족하게나마 십수 년간 다양한 조직 혁신에 일조하고자 노력한 저자의 견해를 정리하고자 하였으며, 필자의 경험으로 직접 현장의 경영진과 실무자들과 접촉하여 얻어 낸 조직 현황과 한계점, 그리고 미래 과제, 기타 공간 혁신의 총괄자로서 컨설팅을 주도한 스마트 오피스 솔루션 구축의 노하우Know-How가 동시에 담겨 있음을 부끄럽지만 서두에 밝힌다.

1장(起)

변화에 대한 목표와
과제 설정

1장의 구성	
구분	변화에 대한 목표와 과제 설정
1	왜 정체되고 있는가, 1) 'In-put' vs 'Out-put'
2	왜 정체되고 있는가, 2) '이상(理想)' vs '현실(現實)'
3	궁극적으로 무엇을 변화시킬 것인가
4	공간적 변화 과제
5	문화적 변화 과제
6	제도적 변화 과제

〈도표 1-1〉 1장의 구성

1. 왜 정체되고 있는가, 1) 'Input' vs 'Output'

컨설팅 수행 시 해당 조직에 대해 기본적인 조사Survey를 진행하다 보면 문화 개선의 첫 과제로 '공간 개선'의 비율보다 '비효율적인 업무 관행 타파'의 비중이 높은 경우를 자주 볼 수 있다. 그만큼 일하는 문화에 대한 변화 노력이 중요하다는 의미인데, 비효율적인 업무 관행을 개선하기 위해 가장 중요한 것은 형식과 관리 중심이었던 관행적 업무 문화를 개선하는 것이다. 공간을 초점으로 변화를 추진하는 기업들의 실패 사유를 가만히 들여다보면 내부 제도나 문화 개선의 준비 과정을 생략하거나 비중을 줄이고 공간에만 치중하여 방향성이 수립되는 경우를 많이 접하게 된다. 공간 혁신을 통해 사용자의 만족도가 높지 않고 기대하는 결과물이 나오지 않는 이유도 전적으로, 투입되는 노력이나 재원이 부족하기 때문이다. 우리는 이를 위해 다양하고 새로운 제도와 규칙을 통해 행동과 인식의 개선을 유도하고 기술적 도구를 활용한 디지털 네트워킹Digital Networking을 도입해야 함을 알 수 있다.

새롭게 구성된 공간을 가장 효율적으로 사용하는 방법은 무엇일까? 공간 활용 효과는 어떤 점에서 가장 크게 기인할까? 조직의 성과는 결국 어떠한 점들이 모여 시너지Synergy를 발휘하게 되는 것일까? 국내 익히 알려진 대기업군은 물론 재무적 여건이 좋은 기업들이 추진하는 스마트 오피스Smart Office 니즈Needs를 토대로, 구축 기획 단계의 추진 부서 상담 과정을 통해 이 세 가지 질문에 대한 올바른 결과를 기대하기가 어려울 수도 있겠다는 결론을 내리게 되었다. 스마트 오피스Smart Office를 구축하는 건축/인테리어Interior 업체들의 여건을 먼저 살펴보면, 기업 조직의 특성, 업의 형태, 협업 시스템, 제도 등에 대한 이해도가 많이 부족하기에 추진 부서나 전담 조직TFT이 요구하는 공간 혁신의 과제와 더불어 필연적으로 있어야 할 개선의 핵심 포인트를 놓치게 되는 경우또는 솔루션이 없어 방관하는 경우를 너무나 많이 보아 왔다. 도입 기업이나 조직의 추진 부서처 입장에서 당장에 필요한 것은 공간 개선이기에 '공간〉문화'의 관점으로 접근하는 경우가 워낙 많아, '공간=문화' 또는 '공간〈문화'의 관점으로 준비되는 경우는 상당히 드물다는 사실을 직접 확인하였고, 이는 결국 디자인이나 설계, 가구에 포커싱Focusing된 공간 측면의 Input이 과도하게 투입되어 제대로 된 문화적 변화의 Output을 기대하기 어려운 모순의 직접적인 원인을 제공하게 된다. 애석하게도 결과에 대한 책임론이 불거질 상황은 순차적으로 제거된다. 모든 공사가 마무리되고 난 후, 입주 시점에서는 밝은 색채의 다채로운 디자인 가구들로 채워져 있을 것이니, 실제 다양한 사용자들의 공간 사용 피드백Feedback은 시스템System 운용과 성과 측면에서의 부정성은 차치且置하고, 공간 개선 만족도와 디자인 측면에서의 긍정적 피드백Feedback으로 과대 포장되어 그 '혁신革新'의 범주가 초기에서부터 좁혀지게 될 것이다. 이러한 초기 적응 상태를 경험하고 나면, 그 효율과 효과에 대한 미흡한 부분은 차후 부정적인 요소를 미연에 방지하기 위한 새로운 Input의 준비 과정으로 재설계되고, 조직은 불필요한 2차적 비용 지출의 리스크Risk를 떠안게 된다. 이러한 정체성은 '스마트 워크Smart Work'의 핵심 요소로 현대 조직에서 일반적으로 사용되는 용어인, '스마트 오피스Smart Office'의 진정한 필요성과 의미를 어지럽히게 되는 계기가 된다.

〈그림 1-2〉 스마트 오피스(Smart Office)

스마트 오피스 상담 과정에서 'A 기업'에 솔루션을 제시한 한 전문 업체의 예를 들어 보자.

"과도한 보고 문화와 반복되는 회의 문화, 신속한 의사 결정 체계를 위한 개선에 가장 필요한 것은 파티션Partition을 제거하고, 팀장석을 없애야 하는 것입니다. 또한 임원실을 개방하여 회의실로 사용하고, 통합 라운지를 조성해 의도적인 동선 구성으로 함께 만나고 모이고 부딪히는 공간을 만들게 되면 자유로운 교류와 창의적인 협업이 가능해집니다."라고 제시한다. 놀랍지 않은가? 무슨 자신감으로 이러한 발상을 제시하는지 모르겠지만, 화려하게 꾸며질 공간은 최고의 결과물로 제공될 뿐 그에 앞서 추진되어야 할 시급한 솔루션Solution은 공간이 절대 아니라는 이야기다. 경직된 보고 문화에 대해 조금 더 깊이 살펴보자. 보고 문화 개선을 위해서 최우선으로 필요한 '인풋Input'은 중간급 리더Leader에 대한 권한 부여를 통한 결재 단계의 축소, 전자 결재와 이메일Email 및 온라인 메신저On-Line Messenger 보고의 활성화, 클라우드 컴퓨팅Cloud Computing을 적극적 활용을 통한 대면 회의의 최소화, 실시간으로 피드백Feedback을 주고받으며 빠르게 업무를 처리할 수 있는 업무 플로Flow의 개선과 학습 공유, 기타 임원 및 부서장, 팀장의 스케줄을 직원들과 실시간으로 공유하고 핵심 위주로 보고서 양식을 간소화하는 원칙을 세우는 과정 등으로 사전 준비 사항이 간단히 정리된다. 공간은 이러한 업무 형태의 변화, 문화적 제도적 기틀과 함께 구성되는 촉매제로써, 때로는 '최고最高'의 결과물이 되지만, 때로는 '최악最惡'의 결과물로 막대한 비용만 낭비된 채 방치될 수 있음을 필자는 경고한다. 우리는 '유비무환有備無患'의 자세를 강조한다. 시장에서 빠르게 확산되는 스마트 워크플레이스Smart Workplace의 기류에서 성공적인 공간 구축을 이루고자 한다면, 앞서 한 가지의 예시만 들었지만, 공간을 변화하기 전에 '문화'와 '제도'를 먼저 변화해야 할 것이다. 당장 문화와 제도의 변화를 추진하는 것이 어렵거나 두렵다면, 변화의 방향성이라도 명확히 도출하여 공간 계획에 반영해야 하고, 후에 실행으로 이어져야 한다. 이러한 준비가 'Input'이고, 공간은 'Output'의 일부가 된다는 것을 명심해야 한다. 우리는 진정한 'Input'의 준비를 도와 최고의 'Output'을 만들어 내는 과정을 적극적으로 돕는 컨설팅을 준비해 왔다. [WvU; Work-val-U Corp.]는 일반적인 스마트 오피스의 공간뿐만 아니라, 제도와 문화의 현황을 세밀히 점검하고 변화 과제를 함께 도출한다.

현시대는 코로나19를 기점으로 그간의 산업/의료 시스템이 위협받고 있으며, 소상공인을 필두로 하여 시장의 대응이 사회/경제적 변화의 속도를 미처 따라가지 못하고 있다. 즉, 시스템화되어 있던, 산업과 시장의 '생태계'가 근본적으로 위협받고 있는 것이다. 아울러, 전문가들도 섣불리 예측 불가능한 사회/경제적 현상이 대두되고 있다. '변하지 않는 기업은 살아남지 못한다.'라는 말이 당연하게 강조되는 '불확실성'을 넘어선 '초불확실성'의 시대이다. 우리는 너무나 매력적인 키워드인 '변화' 그 자체에 심취하기보다, '왜 변화해야 하는가', '어떻게 변화할 것인가', '무엇을 변화할 것인가'에 방점을 두고 더욱 고민을 거듭해야 하는 시기가 아닐까?

2. 왜 정체되고 있는가, 2) '이상理想' vs '현실現實'

필자는 컨설팅 초기 과정에서 니즈 기업 담당자의 질문을 다양하게 받는다. '스마트 오피스Smart Office를 구축하면 정말 수평 문화 구현이 가능합니까? 회의 시간, 보고 시간 등이 효율적으로 줄어들 수 있나요?' 라는 질문도 빈번하게 받는 편이다. 아이러니Irony 하게도 반신반의半信半疑한 질문자의 눈빛도 정답을 이미 알고 있다. 정답은 물론 'No!'이다. 향후 본서의 출간 이후 필자는 '스마트한 일터 만들기 구축 시리즈 2부'의 일환으로 2022년 내, 다양한 질문과 답변이 정리된 — 질문만 수백 가지가 예상된다! — 수록을 F.A.QFrequently Asked Questions 형태로 만들어 가이드북Guidebook을 제작할 계획이다. 본 서에서는 공간의 필요성을 제시하면서도 동시에 일하는 문화를 선도하기 위한 필연적인 과정 — 성공과 실패의 적응 과정 — 의 활성화를 반복적으로 하여 만들어 가는 체계화 된 학습 및 시스템화의 필요성을 우선적으로 강조한다.

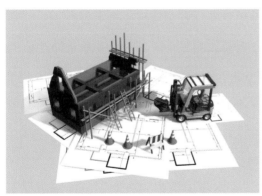

〈그림 1-3〉 공간 설계

이번엔 컨설팅을 진행한 'B 기업'의 예를 들어 보자. 우리는 공간&문화 혁신 디렉터Director로서 회의 문화의 개선점을 반영한 공간 설계를 위해, 가장 먼저 장시간 회의 문화가 발생하는 원인에 대해 분석하였다. B 기업의 회의의 문제점으로 내부 조사 과정에서 가장 많은 비중을 차지한 항목은 '의견을 내지 못하는 경직된

문화'가 눈에 띈다. 경직된 위계 문화를 우리 주변에서 자주 접할 수 있는 데 섣부른 개방형 좌석 배치가 망설여질 수밖에 없는 상황이다. 우리는 가장 먼저 회의 원칙을 제정하는 데 많은 공을 들였다. 보고로 시작해서 보고로 끝나는 회의를 지양하는 방법으로써 중요한 원칙은 참여를 촉진하기 위해 반드시 제도적 장치를 선행하여 마련하는 것이

다. 경직된 분위기에서 잘못된 의사를 전달할 경우 받을 불이익에 대한 '눈치 문화'의 제거는 때로는 중/장기적 관점으로, 때로는 파급 효과를 위한 단기적 관점으로 시각을 달리해야 한다. 참여형 회의 원칙을 제정하면, 평균 이상의 직위를 가진 자의 의견은 되도록 줄이고, 다양한 직원들의 의견을 긍정적으로 평가하며 프로젝트나 성과에 반영해 나가는 성과 중심 평가 시스템을 참여 문화를 통해 내재화한다.

우선 이 과정을 거쳐 내부 갈등 요소를 제거하고 적응 트레이닝Training의 시간이 흐르면, 세부적인 조정 원칙, 예를 들어 사전에 자료를 공유하거나 상석 등 직위나 직급별 좌석의 차등을 없애거나, 회의 시간제한, 회의 금지 시간대 및 요일 지정 등 주요 문제점들을 방지하는 원칙 및 규정을 도입하는 것이 뒤따른다. 조금 더 나아가, 문화적 개선점이 파악된 상황에서 공간의 설계 기준이 되는 가장 큰 근거는 개인 업무와 협업의 비중을 체크하여 회의실 수와 규모, 개방형/폐쇄형 회의실 구성 비율, 사용 밀도에 따른 예약 시스템을 통한 사용 효율 최적화, 화상 회의 시스템의 도입 여부를 분석하고 결정해 나간다. 이렇게 회의 문화 측면의 제도 개선 기틀을 마련하는 과정에서 B 기업의 직원들은 '보고서를 줄일 필요가 있고, 회의 자료도 형식을 간소화하거나 출력량을 줄일 필요가 있다. 사전에 회의 참석자의 준비를 위해 회의 안건에 대한 요약본을 공유하는 것이 바람직하겠다.' 등 다양한 의견이 적극적으로 개진되었고 피드백을 개선안에 반영하였다. 사실 보고서나 회의 자료의 형식 간소화나 권한 위임을 통한 결재 단계의 축소 등은 컨설팅 과정에 포함된 사항이었다. 실타래 하나가 풀리면 자연적으로 실마리를 해결해 나갈 수 있는 분위기가 조성된다. 우리는 이러한 변화 과정이 공간 혁신은 물론 성과형 조직의 기틀을 마련하는 핵심 포인트라고 인지하고 있다.

B 기업의 예처럼 스마트한 일터를 구축하는 단계에서 향후 만들어질 공간 개선의 결과물을 통해 섣불리 문화의 변화 결과를 단기적으로 기대하는 것은 리스크Risk가 클 것이다. '이상'을 '현실'로 만들기 위한 준비는 참여 조직의 의지에 따라 그 결과가 판이할 것으로 예측되며, 단연코 짧은 시간에 구축할 수 없는 필수 불가결한 학습 과정이라 할 수 있기 때문이다.

3. 궁극적으로 무엇을 변화시킬 것인가

왜 스마트한 일터를 도입하려고 하는가? 조직이 원하는 것은 무엇이며, 진정 조직원들이 원하는 것은 무엇인가? 대표 이사 또는 특정 임원의 의지, 신新사옥 건립, 사옥 이전, 노후화된 인테리어와 가구의 전면적 교체 등 도입의 직접적 계기야 여러 가지가 있겠지만, 근본적인 사유는 조금 더 깊은 고민이 필요한 시점이다. 필자에게 초기 상담을 요청하는 대부분의 기업은 위의 사유들을 기본적으로 제시한다. 기업의 가치를 올리기 위한 근본적인 계기의 마련이 필요하다는 시점에서 바라보면, 변화를 추진하는 것도 사람이고 변화에 적응하는 것도 사람이기에 지속 성장 동력 마련을 위한 조직의 가치를 끌어올리는 전략적 계기 마련에 업무 환경 변화에 대한 고민을 기획 단계에서 꼼꼼히 검토되어야 한다. 변화된 환경은 구성원들의 경험적 가치를 상승시키고, 소통과 혁신을 강화할 수 있는 행동 마인드Mind를 끌어내는 최고의 수단으로 작용할 수 있다.

우리는 변화에 대한 궁극의 목표점을 세 가지로 제시한다. 이는 공간의 변화, 문화의 변화, 제도의 변화이다. 여기에 중요한 선결 과제가 있다. 앞서 언급한 '사람의 변화'이다. 긍정적 경험을 창조하기 위한 기업의 노력은 발전하고 있으며, 현대의 조직들은 단순한 이윤 추구를 목적으로 사람을 고용하거나 육성하지 않는다. 어떻게 조직의 비전Vision에 귀를 기울이는지, 어떻게 기업 성장을 위한 지속성에 시너지Synergy를 내는지, 어떻게 일에 대한 열정을 유지해 나갈 것인지, 시대와 세대의 변화에 따른 구성원들의 개인적인 이익과 가치관 부합을 바탕으로 고민을 거듭하게 된다.

뒤에서 다양한 핵심 항목을 통해 변화의 경향과 지수를 제시하며 다루겠지만, 스마트한 일터 시스템 구축을 통한 '스마트한 공간, 스마트한 문화, 스마트한 제도'의 가치 실현을 위해 가장 중요하게 고민해 봐야 할 사항들이 몇 가지 있다.

구분	'스마트한 일터'의 가치실현을 위한 고려 사항
1	조직의 미션(Mission)과 비전(Vision)을 실현할 인재들에 대한 소속감 부여
2	개성과 자율성의 존중
3	조직 시너지(Synergy)를 돕는 근무 환경의 다양성이 담겨야 한다
4	조직 업무 특성을 반영한 최신 기술의 제공
5	성과 평가와 보상 시스템의 변화

〈도표 1-4〉 '스마트한 일터'의 가치실현을 위한 고려 사항

✔ **첫째,** 조직의 미션Mission과 비전Vision을 실현할 인재들에 대한 소속감 부여에 초점이 맞춰져야 한다. 최근의 조직 구성원들은 자신이 하는 일이 보다 큰 목적에 도움이 되고 있다는 미션 수행에 대한 성취감을 중요하게 여긴다. 이런 소속감 고취는 조직 운영 시스템의 기본적인 요소로 작용하게 된다.

✔ **둘째,** 개성과 자율성의 존중이다. 엄격한 규칙에 따라 통제되는 업무 일상을 벗어나 창의적 발상, 창발創發적인 사고를 유발할 수 있는 다양한 변화가 필요하다. 몰입과 이완은 다양한 기술과 분위기를 담은 공간 속에서 선택되고 자연스럽게 활용된다. 통제는 이러한 자율적 경험을 담는 새로운 관리 규정으로 재탄생되어야 하며, 축적된 경험은 스스로 조직의 변화점을 개진하는 긍정적 경험으로 순환될 것이다.

✔ **셋째,** 조직 시너지Synergy를 돕는 근무 환경의 다양성을 담아야 한다. 직무에 따른 몰입과 협업의 정도가 개인별로 다를 수밖에 없듯, 한정된 공간은 구성원들의 신체적, 감정적 니즈에 대응되어야 하며, 무엇보다 구성원들이 발생시키는 다양한 교류를 촉진하기 위한 편안하고 안락한 분위기의 공간은 관계성을 도우며 뛰어난 아이디어를 만들고 팀 시너지와 창의성을 증가시키는 계기가 될 수 있다.

✔ **넷째,** 조직 업무 특성을 반영한 최신 기술이 제공되어야 한다. 스마트 워크Smart Work의 근간이 되는 협업 네트워킹 시스템Networking System은 다양한 디바이스Device를 통해

업무가 연계되는 모바일 오피스Mobile Office로 이어진다. 실시간으로 정보와 아이디어를 공유할 수 있게 도와주는 업무 환경 최신 기술 요소들은 창발創發적 시너지Synergy를 통한 경험 축적의 가장 큰 배려로 작용한다.

✔ **다섯째,** 성과 평가와 보상 시스템의 변화이다. 이는 스마트 워크와 함께 시간, 공간, 방식, 지식, 성과를 혁신적으로 관리하기 위한 '워크 스마트Work Smart' 전략에 그 필요성을 공감하였으며, 정부가 추진한 주 52시간 근무 제도 변화 방침의 관점에서도 이제 기업들은 개인의 라이프 사이클Life Cycle과 건강 관리, 육아, 자기 계발 등 내부 고객을 바라보고 관리하는 관점을 새롭게 변화하여야 한다. 이제는 관행적인 야근을 강제로 금지할 수밖에 없으며, 제한된 업무 시간 안에서 다양한 생산 활동을 통한 성과 관리에 무게가 더해질 수밖에 없다. 이는 과정 중심이 아닌 성과 중심 체제로의 자연스러운 이동을 의미하며, 관리자가 눈으로 보고 평가하는 주관적인 척도 대신 이익을 내기 위한 생산 활동을 다양한 제도로 장려하는 객관적 지표를 통한 장치의 필요성을 야기한다.

4. 공간적 변화 과제

오피스 공간은 디지털 네트워킹Digital Networking의 발달과 사회 패러다임Paradigm의 변화에 따라 다양한 형태로 변화해 왔다. 오피스Office 구조는 고정형이고 계층적인 특성이 있었으나, 산업화 시대를 거듭할수록 가변형 탈脫계층적이고 선택과 집중, 창의적인 아이디어를 발생시키고 협업에도 용이한 다목적 공간의 특성을 점차 갖게 되었다.

ICTInformation&Communications Technology는 '스마트워크Smart Work'를 통해 시간과 장소의 구애 없이 일할 수 있는 유연한 업무 방식이 가능하도록 돕고 있다. 기술적 진보와 관련하여 현재 대다수 기업에서 시행되고 있는 '유연 근무 제도' 도입은 시간과 장소를 두

축으로 '스마트 오피스Smart Office, 모바일 오피스Mobile Office, 스마트 워크 센터Smart Work Center, 홈 오피스Home Office'의 4가지 공간 유형을 통한 업무를 어려움 없이 취사선택하여 수행할 수 있도록 한다물론, 조직의 제도적 방침과 시행이 선행되어야 할 것이다. 주목할 점은 위의 4가지 스마트 공간 영역이 ICT에 따라 시간과 공간에 구애 없이 점차 '탈脫영역화'되고 있다는 점이다.

구분	오피스 공간 구조의 변화
과거	고정형, 계층적 특성, 영역의 구분
현재	가변형, 탈계층적 특성, 탈영역화(멀티형 공간)

〈도표 1-5〉 오피스 공간 구조의 변화

우리가 일상적으로 사용하고 있는 '스마트 오피스Smart Office'는 '스마트 워크Smart Work'의 공간적 특성을 요소화한 것인데, '스마트 워크Smart Work'만 살펴보더라도 도입 취지 국가별로 그 도입의 시기와 목적이 각각 다르다. 우선 미국의 경우는 국가 생산성 향상, 에너지 절약을 목적으로 텔레워크TeleWork를 중점적으로 시행하고 있으며, 네덜란드는 탄소 배출과 교통 체증 감소를 통한 텔레워크TeleWork, 영국은 경제 위기 극복을 위한 공공 비용 감소 대책의 일환으로 '워크플레이스Workplace 2020 정책'을 시행하고 있는 중이며, 일본은 저출산 고령화로 인한 노동 인구 감소의 사회적 문제를 해결하기 위한 재택형 스마트 워커Smart Worker를 양산하고 있다. 한국은 2010년 스마트 워크Smart Work 실행 계획안 발표를 시작으로 일과 삶의 조화, 여성 고용 촉진 등을 위해 전체 노동자의 30%를 스마트 워커Smart Worker로 전환하기 위한 노력을 기울이고 있다. 이는 정부 주도의 계획이지만, 주로 민간 부문, 민간 기업에서 새로운 변화를 주도하고 있다.

앞서 살펴본 바, 범凡정부적 스마트 워크Smart Work의 도입에 따른 목적은 다양한 기대 효과를 낳는다. 국가 및 기업의 생산성 향상, 탄소 배출 및 에너지 소비 감소, 저출산/고령화 문제 해결, 일과 삶의 조화Work&Life Balance, 교통 체증 감소로 정리된다. 필자가 경험한 기업 차원에서의 스마트 오피스Smart Office 도입 취지는 워크Work의 도입에 연계한 프로젝트의 일환一環이라기보다, 공간 개선의 관점에서 주로 접근하였으며, 최근 10여 년의 흐름으로 볼 때, 공간 혁신 프로젝트를 스마트 워크Smart Work 업무 방식 도입에 연계함은 물론, 신新조직 문화 동력 마련을 위한 직원 커뮤니케이션Communication의 능력 향상, 문화적 차원의 경직/위계 문화 타파, 생산성에 초점을 맞춘 조직 크리에이션Creation의 개발, 신입 사원 등 새로운 인재 확보나 기존 직원의 애사심/충성심/소속감 등 고취의 목적으로 최고 의사 결정자의 벤치마킹Benchmarking이 등 직/간접적 경험을 계기로 본격적으로 추진되는 추세이다. 현재까지 전 세계적으로 계속되고 있는 '코로나19' 상황은 이와 같은 '스마트 오피스Smart Office'의 공간 형태는 물론, 대면을 최소화하고 접촉면을 줄이기 위한 기술적 활용 측면의 '스마트 워크 센터Smart Work Center', '홈 오피스Home Office'의 추진 또한 가속화하고 있다.

구분	'스마트한 일터'의 4가지 형태
1	스마트 오피스(Smart Office)
2	모바일 오피스(Mobil Office)
3	스마트 워크 센터(Smart Work Center)
4	홈 오피스(Home Office)

〈도표 1-6〉 '스마트한 일터'의 4가지 형태

필자는 민간 기업에서 주도하고 있는 공유 오피스 형태의 '스마트 오피스Smart Office'에 더해, '모바일 오피스Mobile Office' 및 비非대면 시대가 촉진하는 '스마트 워크 센터Smart Work Center', '홈 오피스Home Office'의 4가지 형태를 필두로, 다양한 산업 영역에서 생산되고 교류되는 공간의 특성을 '스마트한 일터'로 구체화하였다. 공간 혁신을 주도하는 기업 조직 사례를 참고할 때, 기업의 여력이나 자본이 충분한 대기업군에서 선행 사업을 시행하게 되는 경우가 많은데, 코로나19가 촉발제가 되어, 상당히 빠른 속도로 중견 기업이나 중소기업, 일반 소상공인 및 개인을 대상으로 컨설팅의 범주가 점차 확대될 것으로 예측된다. 과거 인테리어 개선 측면으로 접근되던 방식에서 그 목적성이 상당히 업그레이드Upgrade되고 있다. 기업 조직의 공간 혁신을 위해 우리는 초기 단계에서부터 공간의 디자인 콘셉트가 조직의 철학과 문화로 연결되는 역사성, 정체성을 강조한다. 기업 공간

콘셉트Concept의 아이덴티티Identity는 규모가 있는 경우, 그룹이나 계열사 측면에서의 디자인 연계성 및 일관성을 우선 과제로 삼아야 한다. 아울러 스마트 워크 시스템Smart Work System이 잘 정착할 수 있도록 클라우드 시스템Cloud System 구축, 데이터 접근성, 정보 접근의 검색성, 좌석 및 공간 점유 현황 파악 및 관리, 동선 활용의 효율성 등을 고려해야 한다. 또한, 창의성을 자극하는 공간의 역할이 중시되어 프로젝트Project나 아이디어Idea에 몰입할 수 있는 집중형 업무 공간, 일상적인 사무를 진행하기 위한 일반적 개방형 업무 공간, 개인 프라이버시Privacy나 기밀 보존의 특성이 반영된 보안형 업무 공간, 다양한 형태의 협업형 업무 공간, 업무 또는 비일상적인 이완과 교류 목적의 활용도를 높이기 위한 편의 공간 및 카페테리아Cafeteria 형태의 통합형 라운지Lounge, 여성 근로자나 육아를 지원하기 위한 복지 공간, 기타 구성원의 건강을 체크하고 치료하는 의료 공간 등의 형태의 공간 영역 함께 구축되어야 한다.

결론적으로 공간의 변화는 접근성, 가시可視성개방성으로 많이 표현한다., 확장성, 유연성, 수용受容성, 사용성 등의 다양한 척도를 기반으로 측정하고 분석되어 디자인/설계에 반영되도록 구축 관점이 변화되어야 한다.

다만 많은 조직이 공간의 변화를 디자인이나 가구 측면으로만 관점이 고정되거나, 총면적에 따른 업무 공간의 레이아웃Layout 요소와 설계 절차의 승인을 위한 제안서 등 직원 당사자의 실무적 목적에만 치중하게 되는 오류가 많이 범해지고 있다. 이 부분에 대한 해결점은 뒤에 8가지 기업 유형을 통해 발전향을 제시하는 3장에서 상세한 대안을 다뤄 보겠다.

5. 문화적 변화 과제

공간 부문의 변화에 앞서 또한 중요하게 다뤄져야 할 부문은 바로 '문화'적 측면이다. 다시 말하지만, 공간이 '하드웨어Hardware적' 측면이라면, 문화는 '소프트웨어Software적' 측면이다. 필자가 이 책을 발간하게 된 직접적인 계기도 공간과 더불어 중점적으로 추진되어야 할 '문화적 혁신'의 실행 요소를 차후로 미루고 너무 공간 형태 구성에 매달리게 되는 오류, 누구도 책임지지 않는 그 실패 요인에 대한 원인을 직접적으로 직면하여 이야기를 풀어 보고자 한다.

'문화文化'에 대해, 본서에서는 사회 전반의 광의적 영역이 아닌 기업 형태 조직의 문화로 그 범주를 좁혀 해석한다. 이는 조직의 형태가 고려된, '조직 문화' 또는 '기업 문화'로의 해석이 가능할 것이다.

'문화文化'에 대한 이해를 돕기 위해 한 가지 예를 들면, 조직의 스마트 워크Smart Work를 위한 공간 형태의 혁신은 '공간의 변화'로 해석이 가능하다. 전사적 스마트 워크Smart Work 시행에 따라 시스템System 정착을 위한 마인드Mind 또는 관점, 행동 양식의 내재화 등 제도 운영을 성공적으로 이끌기 위한 실행 기반 마인드-셋Mind-Set도 '문화의 변화'로 이해할 수 있을 것이다. 또한 호칭 제도의 변화를 포함한 직제의 변화, 유연 근무제, 근무지 예약 제도, 공유 좌석제, 성과 및 평가 제도 개선 등은 직접적 체계를 체제화하는 크고 작은 규정과 규칙의 변화들은 '제도의 변화'로 정리할 수 있겠다.

조직 문화는 업태와 업종, 조직의 특성, 리더에 따라 판단의 정도가 다르다. 특히 고유의 미션Mission과 비전Vision으로 모인 기업 조직 사례에서 이 문제는 상당히 '오픈 마인드Open Mind'적인 관점이 필요한 것이며, 실제로 컨설팅을 진행하면서 대표 이사, 경영진, 임원 등 고위직 간부, 팀장급 중간 관리자, 직위별 중하위급 관리자, 신입 사원의 조직 문화 인식 정도가 서베이Survey상으로도 상당한 편차를 보이는 것을 확인하였고, 지금도 경험하고 있다. 이는 과거부터 이어져 내려온 연령, 계층 간 발생하는 사일로Silo 측면을 넘어서서, 조직 구조, 리더십 특성, 세부적인 과업 수행 과정, 개인 업무와 협업의 비중, 기타 효율과 효과 측면에서의 다양한 지표 설정에 근거한 다각적 측면의 개선안 마련이 필요하다. 오히려 분석 자료는 다양한 형태로 해석을 달리할 수 있는 여지가 크니, 이를 받아들이고 개선점을 찾아 나가고자 하는 '오픈 마인드Open Mind' 결합의 중요성이 강조된다. 이를 간과하고 공간이 만들어질 경우, 팀장이나 임원, 상급자 옆에서 일하는 개방형 공간은 오히려 스트레스Stress를 더욱 유발하고 업무 추진을 부정적으로 방해하는 요소가 될 수 있다는 것을 명심하자.

코로나19 상황을 기점으로 현대 사회의 조직은 오히려 교류와 소통을 '비非대면' 형식으로 성과화할 것을 강조하고 있다. 얼굴을 마주 보면서 일을 해도 커뮤니케이션 Communication의 빈도와 효과에 대해 고개를 젓는 구성원들이 많은 기업을 보았다. 대면 접촉 기회 등 교류의 빈도가 줄어들 수밖에 없는 현재 상황에서 요구되는 '원격 감성 시너지Synergy'가 과연 단기에 효과를 나타낼 수 있을까? 문화적 공감대를 사전에 학습하고 내재화하지 못한 조직이 성급하게 공간 변화를 진행할 경우, 오히려 직원들의 적응성 측면으로 인한 다양한 문제를 야기할 수 있다.

〈그림 1-7〉 조직 부적응

우리가 수행하는 문화적 변화는 공간 변화의 효과를 대폭 높일 수 있다. 부분적 문화 개선의 과제를 광범위하게 도출하여 수면 위로 드러난 문제들을 부분적인 개선을 거듭해 결국 종합적으로 혁신하는 방법을 선택하여 진행하는 경우, 우리는 새로운 업무 방식에 익숙하지 않은 상태에서 예측되는 상황들에 대한 해결에 있어 좋은 결과를 유도할 수 있게 된다. 특히 이러한 점진적 문화적 변화 방식은 의사소통의 정확도가 떨어지거나 의사소통의 왜곡이 생기는 부분, 의사 전달의 방법, 커뮤니케이션Communication 및 피드백Feedback 기법, 체계적인 과업의 성과 측면에서 부분화된 문제들을 구체적으로 해결해 나가는 과정에서 개선의 목표점 도달에 도움을 준다.

이와 더불어, 과중한 업무 부담을 안을 일부 팀원들의 불만과 원하는 업무를 받지 못한 팀원의 불안감을 조정하기 위한 분업 플로Flow를 개선한다. 우리는 눈으로 보는 관리 중심의 시스템을 변화하기 위해, 과정 속에서 즉각 피드백Feedback하고 개선안을 교류하며 제대로 아웃풋Output을 평가하는 내성을 강화해 나갈 수 있다. 공간 관점으로 스마트한 일터 구축을 추진할 경우 빈번하게 발생하는 갈등이 있다. 바로, 일하는 공간과 휴식 공간의 경계가 모호하다는 피드백Feedback이다. 이는 대한민국의 경직된 위계 문화에 익숙해져 있던 조직이 겪는 일반적인 상황이며, 우리는 이 상황을 직접적이거나 강제적으로 개선改善하기보다, 과업 수행의 근본적 플로Flow를 개선하여 '업무 효율성이 저해되는 직접적 요인에 휴식 공간, 이완 공간의 활용이 긍정적으로 관여된다'라는 인식을 내재화하기 위한 선행적인 개선 노력을 강조하고 있다.

문화적 변화 과제는 앞서 '직원 존중'과 '오픈 마인드Open Mind'의 접근이 필요하다고 언급하였다. 중간 관리자 이상의 리더급 조직 구성원은 경험이 상당히 축적된 시니어Senior 계층이기 때문에 상황을 경험에 비추어 쉽게 예측하고 판단하는 경향이 크다. 또한 일방적인 공경과 존경을 강요해서는 교류와 화합을 이끌어 내기 어렵다. 젊은 직원들을 동료, 즉 동등한 인격체로 대우하고 이들의 패기, 열정, 도전 정신, 학습 의지 및 새로운 관점이나 사고로 보이는 장점을 배우고 공감하려고 노력해야 한다. 반대로, 중간 관리자급 아래의 주니어Junior급 조직 구성원은 리더나 시니어Senior 계층을 단순히 '경험 많은 소통 부재의 꼰대'라고 무시하기보다는 이들이 가지고 있는 경험, 태도, 끈기, 관계 능력을 간접적으로 학습하는 것이 자신에게 도움이 될 것이다. "눈과 귀를 열어 보라. 눈을 맞추고 경청하면서 보고 듣고 느껴 보라."라는 말이 있듯, 커뮤니케이션을 하면서 축적된 경험과 지식, 지혜 중 조금이라도 배울 점이 있으면 가져오면 된다. 이 작은 시작은 관계의 개선으로 이어지며, '오픈 마인드Open Mind'의 일상화로 연계되어 '문화의 질적 가치'를 높이는 조직으로 성장하는 계기가 된다. 이는 '스마트한 일터' 구축에 반드시 필요한 핵심 요소가 될 것이다.

6. 제도적 변화 과제

앞서 소개했던, '공간적 변화 과제', 이보다 선행되거나 중심이 되어야 할 '문화적 변화 과제'에 이어, 문화 체계화에 '실행의 혼魂'을 불어넣는 가장 큰 역할을 하게 될 장치, 바로 '제도적 변화 과제'를 소개한다.

대체로 기업에서 운영하는 제도라 하면 일반적으로 기업 운영의 각종 제도와 규정을 포함한 인사 제도와 임금 제도 등을 필두로, 채용 및 육성, 성과 평가 및 보상 제도, 복리 후생 제도, 근무 제도 등으로 구체화된다. 조직 컨설팅을 진행할 경우, 니즈에 따라 다양한 제도적 측면의 설계안을 제시하게 된다. 물론 이는 규모가 작거나 제도 설계 및 제도 시스템 구축의 전문 인력이 부족하여 어려움을 겪는 극소수의 조직 케이스가 대부분이다. '스마트한 일터 구축을 돕는 디렉터'라는 입장에서 조직의 변화 관리를 체계화하고 새로운 공간 적응에 유연한 조직을 만들기 위해 필수적인 개선 제도들을 나열하자면 이렇게 정리할 수 있겠다.

구분	제도 변화의 필수 과제
1	조직 체계화를 위한 조직 구조 개선
2	평가 및 보상 제도의 변화
3	직제 및 호칭 체계의 개선
4	스마트 워크(Smart Work) 도입을 통한 유연 근무 제도 시행
5	미래형 평생 학습 조직화를 위한 학습형 교육 훈련 제도로의 변화

〈도표 1-8〉 제도 변화의 필수 과제

✔ **첫째,** 조직 운영의 큰 틀에서 필요한 '조직 체계화를 위한 조직 구조 개선'이다. 조직 구조와 운영 체계를 조금 더 포괄적으로 들여다보면, 구성원인 사람까지 포함한다. 조직 구조의 형태는 각 구성원이 조직에 속하여 운영되고 있는 조직도를 의미한다. 조직도를 살펴보면 회사의 의사 결정 체계, 그 세부 단계 및 의사 결정 플로, 누가 주요 의사 결정 권자인지 쉽게 알 수 있다. 조직도의 개선은 스마트한 일터 시스템 구축의 성패를 가르는 중요한 초기 변수로 작용할 수 있다. 이는 '변화에 신속하게 대응하는 조직 체계화', '창의적이고 자율적인 능동형 협업 체계 구성', '기술적 네트워킹Networking을 활용한 실시간 의견 교류 및 정보 공유', '유연하고 수평적인 조직 문화를 만들기 위한 존중과 배려의 문화 구축', '지속적인 성과를 창출하는 프로젝트형 미션Mission 조직화' 등 미션Mission 및 비전Vision이 구체화되고 경영자의 전략 과제 실천에 큰 영향을 미치며, 미래형 조직의 강한 의지를 보여주는 새로운 의지로 표출된다. 예를 들어, 조직도의 개선에 따라 기존의

기능형 사업 부제 편성에 더해 다양한 과업을 동시다발적으로 수행할 수 있는 참여형&
실행형 프로젝트Project 조직으로 재구성할 수 있다.

✔ **둘째,** 스마트한 일터 구축에 중요하게 다루어져야 할 제도는 '평가 및 보상 제도'이다.
본 제도의 근본 목적은, 기업이 추구하는 목표 달성을 위해 요구되는 조직 구성원들의
바람직한 행동을 촉진하고 체계화하여 궁극적으로 기업의 성과를 극대화하는 데 있다.
평가 및 보상의 중요성에 대해서는 많은 조직이 공감하고 있으며, 회사의 비전 달성을 위
해 구성원들의 열정과 몰입을 유도하고 동기부여 할 수 있다는 큰 장점이 있다. 특히 보
상 제도의 현황을 들여다보면 회사의 성장이나 가치가 현 시점에서 어떻게 평가되고 있
는지에 대한 척도가 된다.

✔ **셋째,** '직제 및 호칭 체계의 개선'이다. 직제 개선은 조직 체계 개선을 위한 실행 단위
하위 항목일 것이나, 스마트한 일터를 도입하는 해당 기업들이 일회성으로 시도하는 캠
페인Campaign이 아닌, 핵심적으로 시행하고 있는 전략적 제도이기에 개선 항목에 추가하
여 강조한다. 최근 개인의 개성을 존중하고 위계 문화를 탈피하여 프로젝트Project 진행에
방해가 되는 요소를 제거하자는 수평 문화의 트렌드Trend에서, 내부 직제를 과감히 개선
하고 호칭을 '님'으로 변화하는 등 전례 없는 시도가 끊임없이 이어지고 있다. 또한 직제
를 과감히 간소화하거나 최소화하여, 불필요한 의사 결정의 중간 단계를 제거해 나간다.
고객의 니즈Needs와 변화에 신속하게 대응할 수 있는 선제적 조치일 것이다. 사원으로
시작하여 대표 이사까지 규정화 되어 그간 사용되었던 직함에 대한 변화도 눈에 띈다.
이제도 대표 이사 직함도 회사의 경영 체계나 고객의 마케팅 차원에서 과감히 생략되거
나 의도적으로 다르게 표현되는 시대이다. 또한 과거에는 경력 연수에 따른 승진 제도를
운영해 왔으나, 최근에는 수직적 직급 개념을 최대한 탈피하기 위해 직무 역량의 발전 정
도, 프로젝트 수행 역량, 리더 역량 등을 고려한 '매니저Manager, 리더Leader, 프로Pro' 등
의 개편으로 직급 단계를 단순화單純化하는 경향이 있다. 물론, 이에 대한 변화에 회의적
인 반응을 보이는 내부 구성원들이 상당수 존재하고 있으나, 이 또한 미래로 가는 큰 변

화의 작은 과정일 것이다. 조직이 변화하려면, 사람이 먼저 변해야 함은 자명하다.

✔ **넷째,** 조직 구성원의 직장 생활과 근로 방식, 삶의 패턴Pattern에 크게 영향을 주게 될 항목인, '스마트 워크'를 통한 '유연 근무 제도' 시행이다. 참고로, 참여 정부 시기인 2004년 7월 1일부터 주 6일제에서 주 5일제로 변화되어 십수 년을 주 5일제로 운영하고 적응해 왔다. 향후에도 제도적 개선을 통해 사람이 일하는 시간이 점차 줄어들게 될 것이 예상된다. 일하는 시간이 점점 한정적으로 줄어들고, 그만큼 몰입하고 교류하는 시간의 중요성이 높아진다. 더욱 중요하게 다뤄져야 할 근로자의 업무 시간은 그만큼 더욱 체계적인 관리가 필요하다.

유연 근무 제도의 종류는, 필수 근무 시간을 유지하고 자신에게 편리한 시간을 직접 정해서 출퇴근이 가능하도록 근무하는 '유연 출퇴근제', 회사 출퇴근 없이 집에서 근무할 수 있도록 하는 '재택근무제', 한 개의 일자리를 두 사람 이상의 인원이 나눠 근무하도록 하는 '일자리 공유제', 하루 근무 시간을 늘리는 대신 나중에 이에 대한 보상으로 추가적인 휴일을 갖도록 하는 '집중 근무제', 근무 기간과 근무 시간을 개인이 원하는 사항에 맞춰 줄이는 '한시적 시간 근무제'의 5가지로 구분된다. 대한민국은 정부 차원에서 2010년 8월부터 전체 중앙 부처와 지방 자치 단체가 유연 근무 제도를 시행하고 있으나, 민간 기업으로 확대된 후 전파를 주도하고 있고 코로나19로 스마트 워크에 대한 필요성이 당위성으로 강제된 후, 중견 기업 및 중소기업 단위로 급속히 확산되고 있다. 유연 근무 제도에 따른 내부 조직의 운영 관리 체계 개선도 함께 중요하게 다뤄져야 한다.

✔ **다섯째,** '미래형 평생 학습 조직화를 위한 학습형 교육 훈련 제도로의 변화'이다. 조직의 구조와 운영 체계, 근무 제도나 평가 제도가 갖춰지고 나면, 이를 성장 동력으로 발산하기 위한 발전과 개발의 노력이 반드시 수반되어야 한다. 21세기 지식 경제 시대의 도래, 4차 산업 혁명 시대에서의 역할과 방향, 기업의 변화는 선택이 아니라 필수적 생존 전략으로 요구된다. 한치 앞을 예측할 수 없는 현 시대의 기업 조직은 생존을 위한 선제적 대처로 조직 구성원의 학습 능력을 전향적으로 제도화하여 새로운 경쟁력의 원천으로 그 에너지를 활용해야 한다. 과거 학습 조직 초기 도입 단계에서 우리나라는 그 필요성과 당위성만을 강조하였을 뿐, 일정 프로그램이 이수되고 시간이 지나고 나면 마치 대

학교의 교양 과목 정도로 치부하듯이, 조직 구성원들의 행동 양식 구성에 대한 의지는 물론 그 효과도 극히 미비했다. 실제로 '조직의 행동 양식 내재화에 대한 중/장기적 효과 측면'의 실효성이나 실증 연구 자료가 일부 기업을 제외하고는 거의 없다고 봐도 무방할 정도이다. 학습 조직 개념은 실제의 맥락에 따라 해석되고 적용되는 방식에 많은 차이가 있다. 스마트한 일터를 구축하고자 기업 조직도 그 상황에 따라 적용 방식에 차이가 있을 수 있지만, 앞서 제시한 4가지의 제도 및 개선 과제를 빠른 시간에 진단하고 필요 과제를 선정하여 손쉽게 접목할 수 있다. 또한 '스마트 오피스Smart Office, 스마트 워크 센터 Smart Work Center, 모바일 오피스Mobile Office, 홈 오피스Home Office'에 대한 기술적 네트워킹Networking&협업 툴Tools에 대한 활용을 학습화하기 위한 교육 훈련, 공간 활용과 적응을 위한 학습 과제를 체계화體系化하는 것도 어렵지 않게 진행할 수 있겠다. 학습 조직화를 위한 준비-기획-실행-성과의 단계별 필수 요소와 솔루션에 대해서는 컨설팅 과정에 대한 설명 단계에서 본서에서 그 절차 및 효과에 대해서도 다뤄 보겠다. 다시 강조하지만, 이를 단/중/장기 전략 과제로 미션Mission화하여 수행한다면 스마트한 일터 구축 프로젝트는 성공적으로 마무리되고, 조직의 성장 동력으로 지속화될 수 있다.

지금까지 스마트한 일터 구축을 위한 우리의 철학과 방향성, 조직이 가져야 할 공간적 변화 과제, 문화적 변화 과제, 최소한의 제도적 필수 변화 과제에 대해서 공유해 보았다. 다음 장에서는 이 글을 읽는 독자가 궁금해할 '스마트한 일터'의 구체적 사항에 대해 저술하고자 한다. '혁신'의 시대적 흐름에 따른 '공간 혁신'의 구체적 방향성과 구축 절차, 현재 많은 조직에서 도입하고 있는 '스마트한 일터'의 형태별 세부 추진 요소는 물론, 더 나아가 '스마트한 공간', '스마트한 문화', '스마트한 제도'와 직접적으로 접목되는 ICT 네트워킹 기술과 디자인/설계 부분에 대한 필자의 견해도 함께 다룰 계획이다.

변화와 혁신을 돕는
'스마트한 일터'의
개념 소개

2장의 구성	
구분	변화와 혁신을 돕는 '스마트한 일터'의 개념 소개
1	혁신의 계기와 추진 요소
2	'스마트한 일터' 만들기 : 스마트한 공간이란?
3	'스마트한 일터' 만들기 : 스마트한 문화란?
4	'스마트한 일터' 만들기 : 스마트한 제도란?

〈도표 2-1 2장의 구성〉

1. 혁신의 계기와 추진 요소

1) 경영 혁신의 도전과 그 시작이라는 의미

시대는 위기나 변화에 대처할 수 있는 새로운 경영 혁신 기법을 항상 요구한다. 지난 수십 년간 등장했던 경영 혁신은 '현재가 최선의 경영인가?', '현재의 경쟁력으로 시장에서의 경쟁 우위를 점할 수 있는가?', '변화하고자 할 때 감수해야 할 위험은 무엇인가?'라는 물음으로 시작하곤 했다. 이러한 흐름 속에서 몇몇 변화 선구자들은 새로운 아이디어에 막강한 추진력을 발휘해, 유례없는 수준의 성과를 달성하고 세계를 놀라게 하기도 했다. 예를 들어, 관리자들의 품질 개선과 원가 절감에 기여한 6시그마Sigma와 린Lean 생산 기법은 제조 기업의 새로운 원동력이자 혁신의 수단이 되었다.

기업이 일으키고 있는 혁신의 본질이 무엇이고 혁신의 사고방식과 운영 기법이 어떤 연관이 있는지 신중하고 사려 깊게 탐구하면 그 과정에서 창발創發된 아이디어들의 사업화 확률이 높아지고, 사업화된 프로젝트는 조직적으로 사업에 새로운 지식과 경험으로 내재화되는 선순환 구조를 만들어 내기 마련이다. 다만 급진적인 경영 혁신은 순식간에 위험을 초래하기도 한다.

과거 수년 동안 우리나라의 기업들은 팀제, 연봉제, 리엔지니어링Reengineering, 리스트럭처링Restructuring, e-비즈니스e-Business 도입 등으로 많은 경영 혁신을 시도하였고, 지금도 진행 중에 있다. 하지만 이것 자체로 큰 효과를 보았다는 기업은 많지 않은 것 같다. 그 이유 중 가장 큰 것은, 변화하고자 하는 기업에 반해 오히려 내부에서 직원들이 이를 반대하거나 따라오지 못하기 때문이라고 세간에서는 평한다. 제 살을 깎는 고통과 변화에 대한 수많은 리스크Risk를 감내해 나가야만 하는 '혁신革新'은 이제까지의 '개선改善'과 단순한 '변화'의 그것과는 다른 것이기에, 경영 혁신의 방향성에 따라 반드시 조직의 변화, 조직원들의 참여가 긍정적으로 따라오는 것은 아니며, 즉 기업 문화의 혁신은 어떠한 조직이든 쉽게 받아들이지 못하는 것이 일반적이다.

다음의 조직 예시를 살펴보자. 전산화를 해 놓고 업무는 수작업으로 이중 처리한다. 인터넷을 통해 주문하도록 시스템을 만들어 놓고도 이를 제대로 활용하지 못하고 전화로 중복 접수를 받아 추가로 입력하는 일이 어느새 새로운 '일'이 되어 버렸다. 전자 결재가 있지만 보고의 편의성을 위해 임원용으로는 여전히 종이 서류를 만들어야 하고, 결재 서류에 보고 자료는 수십 페이지가 첨부되기 일쑤다. 이메일Email 업무 교류를 활성화했으나, 회의에 불참한 상사가 회의 시간을 사전에 전화나 메시지로 알려 주지 않았다고 화내는 일도 있다. 스마트 워크Smart Work로 인한 모바일 오피스Mobile Office는 시니어Senior들로 하여금 벌써부터 꽤나 적응하기 번거로운 일로 치부되어 버린 기업이 있고, 자율과 창의의 시너지를 불러일으켜야 할 스마트 오피스Smart Office에서도 일부 임원들은 내 방이 반드시 필요하다고 강력히 주장하고 있으며, 개방 공간으로 내몰렸다는 고급 관리자들은 과거와 달라진 급속한 기업의 변화에 어느새 민감해지고 동력이 소실되는 기분이든다고 한다. 일부 기업에서는 시니어Senior와 주니어Junior 영역으로 공간을 구분한다. 확연히 구분된 그들만의 공간은 문화도, 제도도 기타 모든 개선의 노력과 의지도 함께 정체시키고 고착화固着化한다.

이러한 현상을 어떻게 바라보아야 할까? 단순히 기업은 혁신에 도전하였으나 구성원들, 즉 사람이 실패한 폐단의 사례라고 판단하여도 될 것인가? 미국의 Stephen P. Robbins 교수는, "경영 혁신은 기업의 핵심 역량을 새로운 기업 문화로 변화시키고 이를 승화시키는 과정이다."라고 정의했다. 장대한 미션Mission과 비전Vision으로 사업을 진화하고 다각화하고 중/장기적 전략을 통한 기업의 핵심 원동력을 찾아가는 등 실질적인 기업 발전의 노력도 경영 혁신의 목적지지만, 최고 경영층으로부터 수립된 혁신의 세부 계획들은 그로부터 나오는 모범적인 행동을 통하여 문화 변화가 시도되고 추진되는 지속적인 과정이어야 그로 인한 변화는 진정한 혁신의 밑거름이 될 수 있다.

2) 성공하기 위한 새로운 기업 문화의 방향성

앞서 Stephen P. Robbins 교수가 말하는 성공하기 위한 기업 문화의 절차는 의미 있는 원칙들로 규정된다.

1. 최고 경영층이 그의 행동을 통하여 문화 변화의 모범을 보인다.

2. 현재의 문화를 타파할 수 있는 새로운 심벌, 의식, 새로운 성공담을 만들고 축적하라.

3. 새로운 문화에 적합한 사고방식, 가치관을 가지고 있는 사원을 발견해 내고, 그들을 적극 지원하여 승진시켜라.

4. 새로운 문화에 적합한 사내 사교적 활동 방법을 개발하고 학습하라.

5. 새로운 문화에 적응하도록 급여 체계와 평가/보상 체계를 변경하라.

6. 현재 사용되고 있는 관행을 없애기 위한 노력에 집중하고, 새로운 규정을 엄격히 적용할 수 있는 새로운 제도를 공식화하라.

7. 현재 사내 고유의 문화로 인한 사일로Silo를 없애기 위해 대대적인 인사이동을 취하라.

8. 상호 신뢰의 분위기를 만들고 사원 각자의 참여를 독려하여 사내 합의를 이룰 수 있는 분위기와 커미티Committee를 조성하라.

〈그림 2-2〉 다양한 조직 개선 활동

'스마트한 일터'를 만드는 추진 맥락과 참으로 일치한다. 혁신은 위로부터의 변화에 기인하고, 새로운 문화에 대한 목표점을 명확히 하며, 변화하고자 행동하는 조직 구성원에 대한 평가를 달리하게 된다. 새로운 문화를 구축하고, 유연하고 역동적인 창의적 조직화를 위한 프로그램의 개발과 학습이 뒤따르며, 제도적으로 조직 혁신을 보완해 나가는 일련의 활동들은 보다 유의미한 성공을 선사해 줄 것이다. 결국 경영 혁신의 과정은 기업 문화의 혁신이 필수 불가결한 과제이고, 그 해결책은 '변화의 결과'가 아닌 '반드시 변화하려는 과정'에 있을 것이다. 뒤이어 소개할 '스마트한 공간&스마트한 문화&스마트한 제도'를 만들어가는 구체적인 솔루션Solution도 '결과'보다 '실행'에 무게가 더해져야 할 것이다.

2. '스마트한 일터' 만들기: 1. 스마트한 공간이란?

1) 일터는 어떻게 변화하고 있는가?

산업 혁명 이후 20세기에 들어서면서 사무 작업은 경제 환경과 노동 시장의 다양화, 정보 통신 기술의 발달로 인하여 진화된 기술과 커뮤니케이션을 통한 처리 능력을 요하는 지식 교류 작업이 증가하고 있다. 또한, 사회 구조 및 경제 환경의 다양화는 오피스에서의 작업이 단순한 집계와 기록에 그치지 않고 산업 형태의 분업화, 전문화에 따르는 업무 정보의 처리와 전달이라는 양상을 띠게 되었다. 19세기 후반 제2 차 산업 혁명 이후 사회 조건이 현격히 변화하면서 가구와 정보 기기의 발전은 오피스 공간이 단순한 작업장이 아닌, 사용자들, 즉 다양한 사람들의 복잡한 상호 작용이 이루어지는 복합체 혹은 유기체로서 인식하는 경향이 나타나기 시작하게 되었다. 이러한 집단 작업의 심리를 반영한 최초의 오피스는 유럽을 중심으로 발달하였으며, 미국의 오피스Office와 실내 디자인의 학술에 상당한 영향을 주게 된다.

〈그림 2-3〉 4차 산업혁명(4th Industrial Revolution)

1980년대 이후 사무 공간의 도시화는 IT 기술 발전에 따른 작업 환경에 지대한 변화를 일으키게 되고, 컴퓨터를 이용한 작업 환경이 본격적으로 조성되게 된다. 이러한 현상은 도시 자체를 사무 공간이 밀집된 통합 환경으로 구축하는 계기가 되어, 어느 지역에서 오피스Office를 설치해도 근무가 가능한 구조를 양산할 수 있는 여건이 마련되게 된다. 이러한 사무 형태의 변화는 기능별 분산을 가속화加速化하는 오피스Office 형태로 발전하는 데 기여하게 되었다. 사무 내용은 갈수록 고도화되고, 다양화되며, 협업과 커뮤니케이션Communication의 중요성이 주요 구축 과제로 급부각되기 시작한다. 결국 21세기의 오피스Office 공간은 다양한 변화 형태를 담고 있다. 온라인On-Line이나 기술적 요소를 소화해 낼 수 있는 첨단형 오피스Office, 창의적 사고와 커뮤니케이션Communication 및 협업이 중심이 되는 교류형 오피스Office, 업무 특성에 따라 정해진 모듈의 반복 및 형태를 통한 모듈형 오피스Office, 어느 장소에서나 무선 랜과 노트북을 이용한 업무를 가능하게 하는 모바일 오피스Mobile Office, 더 나아가 가상 공간의 네트워킹Networking을 구현해 내는 가상 오피스Virtual Office 등으로 발전하게 된다. 아울러 공간의 형태는 부문 단위의 유닛Unit, 개별 단위의 팀에서 확장되는 오픈형 공간으로 점차 트렌드Trend가 변화하고 있다.

이러한 오피스Office 역할의 변화에서 우리가 특히 주목해야 할 사항은, 공간 변화에 기인한 직접적 요소가 바로 사람의 일하는 방식에 있다는 것이다. 사람에 의한 지식과 아이디어의 축적, 발굴이 기반이 되는 경영 환경은 합리적인 조직 체계의 구성과 창의적 아이디어 발로가 가능한 오피스Office 역할과 그 환경 개선의 변화를 요구하게 되었다. 또한 인재의 고용과 채용 형태를 변화하게 하며 작업의 질을 높이기 위한 구성원들 간의 협업을 자연스럽게 유도하는 필요성이 강하게 인지되어 현재의 '개방적 공간 형태 구성' 계기가 만들어지게 되었다.

그렇다면 시대적 변화가 만들어 낸 미래의 '스마트한 일터'는 어떠한 목표점을 가지게 될 것인가? '스마트Smart'가 가지고 있는 단어의 일반적인 뜻과 같이 더욱더 똑똑하고 영리하게, 더욱 더 지능화되고 시스템화된 환경 속에서 개인의 지식 발휘와 다양한 아이디어 창출이 가능한 '일터'로 변모하게 될 것이다. 다양한 경로의 워크 플로Work Flow가 데이터와 정보로 축적되고 실시간으로 공유되며, 지식 교류를 통한 집단 지성이 활성화되고, 창의적인 커뮤니케이션의 결합으로 창조력이 발휘되는 환경으로 변화될 것이다. 가치관의 다양화, 사무 작업의 고도화 시대의 급속한 변화에 유연하게 대응할 수 있도록 '공간'과 '문화'와 '제도'는 더욱 상호 작용이 활성화活性化가 될 것이라 예측한다. '스마트한 일터'는 수평 문화와 함께 커뮤니케이션Communication이 형성되도록 다양한 교류의 조건을 만들고 유인하는 요소들이 자연스럽게 녹아들 것으로 보인다. 이제 미래의 '일터'는 단순한 사무 환경 개선만을 위한 공간 제공이 아닌 미래를 지향하는 차세대 기업의 문화적 경쟁력과 연계하는 제도적 특성이 시스템으로 자리를 잡아야 할 것이고, 이는 새로운 '스마트한 일터'의 다양한 개발 형태를 촉진하게 될 것이다.

2) '스마트한 공간'은 무엇일까?

앞서 '스마트한 일터'를 구성하는 핵심 요소로 '스마트한 공간'과 '스마트한 문화', 그리고 '스마트한 제도'에 대해 반복된 언급을 하였다. 그렇다면 먼저, '스마트한 공간'에 대해 함께 고민하는 시간을 가져 보고자 한다. 우리는 우선 많은 기업이 서둘러 도입하고 있는 '스마트 오피스Smart Office' 의미를 '스마트한 공간'에 포함시켜 그 의미를 보완/확대하고자 하였다. '스마트 오피스Smart Office'의 정의는 '도심에 있는 본사 사무실에 출근하지 않고 원격지에서 업무를 처리하는 IT기반 사무실을 말한다.' 정도로 되어 있다. 이는 본사가 아닌 본사 사무실과 같은 시설의 외부 사무 현장을 의미하는 것인데, 스마트 워크Smart Work에서 그 요소의 의미가 파생되다 보니 학술적 정의와 현장에서 접목하고 있는 의미에 약간의 괴리가 보이는 사례라고 볼 수 있겠다. 컨설팅을 진행하다 보면, 일반적으로 스마트 오피스Smart Office구축을 원하는 고객이나 일선 현장에서는 '스마트 워크Smart Work가 함께 구현되고 첨단 ICTInformation&Communications Technology가 접목되며, 수평 문화의 일환으로 자율 좌석이나 개방형 교류가 가능한 레이아웃Layout과 가구 특성이 담긴 다양한 목적 공간의 형태를 띤 사무실' 정도의 의미로 사용되고 있다고 보인다. 다만, 최근 코로나19로 인한 스마트 워크Smart Work의 부각으로 단순히 '사무실'에만 국한하여 사용되기에는 용어의 한계점이 보이기에 우리는 이를 재정립하여 '스마트한 공간'에 대한 견해를 확실히 밝히고자 한다.

〈그림 2-4〉 스마트한 공간의 필요성

본서에서 다 다루지는 않지만, 넓은 의미의 '스마트한 공간'은 앞서 언급하였듯, 4가지 형태를 띠고 있다. 우선, 일반적으로 출근하는 본사 사옥과 같은 출퇴근이 계약에 따라 지정된 사무실의 범주를 '스마트 오피스Smart Office'라고 하겠다. 둘째로, SKT 등의 기업에서 진행하고 있는 '본사 사옥에 출근하지 않고, 집 근처에서 업무를 진행할 수 있는 거점 오피스 마련 정책' 추진 사례를 참고하여 스마트 오피스Smart Office에 준하는 업무 환경이 구비된 거점 오피스의 개념인 '스마트 워크 센터Smart Work Center', 셋째, 카페나 이동 현장에서 모바일Mobile을 통해 손쉽게 근무를 진행할 수 있는 '모바일 오피스Mobile Office', 넷째, 코로나 팬데믹Pandemic 시대에 더욱 앞당겨진 재택근무 체계로 그 중요성이 더욱 부각되고 있는 '홈 오피스Home Office'. 이 네 가지 범주에 더불어 향후 가상 공간, 가상 현실 속에서 커뮤니티Community가 조성되고 네트워킹Networking이 구현되는 '가상 오피스Office'의 요소가 필히 더해지리라 생각한다. 일단 본서에서는 앞서 소개한 네 가지 유형의 오피스Office를 '스마트한 공간'의 범주로 해석하여 설명하며, 주로 '스마트 오피스'와 '모바일 오피스'의 범주에 대해 논하게 되니 참고를 부탁드린다.

3) '스마트 오피스'가 지녀야 할 7가지 특성

그렇다면, 일반적으로 현대의 조직들에 의해 구축되고 있는 '스마트 오피스Smart Office'는 어떠한 특성을 지니고 있는가? 필자는 기업의 공간 컨설팅 추진 경험과 타사의 솔루션을 토대로 가장 먼저 공간에 대한 만족도를 'As-Is'와 'To-Be'의 영역으로 구분하여 조사해 왔다. 설문의 품질도 해를 넘길수록 달라지는 기업의 디자인 요청에 따른 니즈Needs와 나름의 학습과 연구를 통한 요구 특성에 맞춰, 보완과 수정의 단계를 거치게 되었는데, 이 과정에서 현 시대에서 일반적으로 요구되고 있는 기업 조직의 '스마트 오피스' 7가지의 주된 특성을 먼저 정리하여 소개한다.

구분	스마트 오피스(Smart Office)의 일반적인 특성
1	'스마트 오피스'는 '연결성'이 담겨 있어야 한다.
2	'스마트 오피스'는 '소통성'이 강조되어야 한다.
3	'스마트 오피스'는 '개방성'이 포함되어야 한다
4	'스마트 오피스'는 '공유성'을 지녀야 한다.
5	'스마트 오피스'는 '다양성'이 확보되어야 한다.
6	'스마트 오피스'는 '창의성'이 고려되어야 한다.
7	'스마트 오피스'는 '사용성'이 간과되어서는 안 된다.

〈도표 2-5〉 스마트 오피스Smart Office의 일반적인 특성

1 '스마트 오피스'는 '연결성'이 담겨 있어야 한다. 각 목적 공간은 업무의 진행과 협업이 용이하도록 기능적으로 연결되어 있어야 하며, 개인 업무는 물론 타 부서원과의 협업을 촉진하는 공간적 특성이 요소에 접목되어 있어야 한다. 또한 서로 만나고 부딪히는 물리적 대면을 유도하는 공간의 연결성은 공간과 문화적 변화의 중요한 요소가 될 것이기 때문이다.

2 '스마트 오피스'는 '소통성'이 강조되어야 한다. 각 공간 구조와 레이아웃은 조직 구성원들 간 커뮤니케이션의 질적/양적 빈도에 있어 큰 영향을 주게 된다. 따라서 공간은 협업 프로세스와 연계하여 활용에 전혀 문제가 없어야 하며, 업무적이거나 때로는 비업무적 커뮤니케이션과 교류를 촉진하는 공간의 소통성은 공간과 더불어 문화적 변화의 중요한 요소로 자리 잡고 있다.

3 '스마트 오피스'는 '개방성'이 포함되어야 한다. 사무 환경의 공간 개방은 답답하지 않고 시야가 충분히 확보되는 시각적 효과를 극대화할 수 있다. 비근한 예로, 위계 문화를 타파하고자 하는 일반 조직들의 '오픈 마인드Open Mind' 구축에 대한 첫 대응은 '개방적 공간의 구축 방안 마련'에서 공간적 해결점을 모색하는 경우가 많은 만큼, 그만큼 공간의 개방성은 중요하다. 또한 경우에 따라 '임원 존Zone'을 임원 미사용&외근/출장 시 개방형 회의실로 오픈/변형하여 운용하는 사례가 많고, 앞서 언급하였던 교류의 저해 요인을 최소화하기 위한 '오픈 마인드Open Mind' 관점에서 공간의 개방성은 중요하게 작용할 것이다.

4 '스마트 오피스'는 '공유성'을 지녀야 한다. 이제 사무실의 개념은 점차 '자기 책상 중심'의 개인 업무, 동선 고정 형태의 운용을 벗어나 교류와 커뮤니케이션 네트워킹의 화합을 강조하고 있다. ― 코로나19로 인하여 심지어 비非대면 네트워킹Networking의 교류 감성까지 강조하고 있는 상황이다 ― 전체 사무 공간의 면적 대비 개인 좌석의 비중은 극소화되어 공간 공유 면적을 최대한 활용하는 추세이며, 한정된 공간 면적

에서 새롭고 스마트한 목적 공간의 창출을 위해 행해지는 개인 점유 공간 비율 축소에 따른 공유 공간 확보는 어쩔 수 없는 선택이 될 것이다. 결론적으로 개인 공간 점유비를 줄이고 공용 공간 활용도를 높이는 것이 공간 구축 최적화에 도움이 되고 있다.

5 '스마트 오피스'는 '다양성'이 확보되어야 한다. 컨설팅에서 현재 공간을 분석할 경우, 가장 흔한 케이스는 다양한 협업 공간, 즉 미팅/회의 공간의 부족을 들 수 있으며, 편의 공간의 구성 또한 너무나 미흡한 사례가 많은 것을 확인하였다. 따라서 개인이 진행하는 다양한 형태의 업무 공간 구성은 물론 공동으로 여럿이 모여 추진하는 협업 공간도 다양하게 마련되어야 한다. 또한 편의 및 복지 공간의 요소도 강조되는데, 한정된 근무 시간에 항상 몰입하여 일할 수 있는 것이 아님은 누구나 인정하는 부분이기에 집중적 몰입과 부분적 이완이 활발히 로테이션Lotation을 할 수 있도록 구축되어야 한다. 아울러, 외부 방문자 및 클라이언트Client 간, 개인의 프라이버시Privacy를 위해 심사나 평가, 기밀 태스크Task를 수행할 수 있는 보안 공간의 요소도 다양하게 확보되어야 한다. 참고로, '스마트한 일터' 구축 시 담당 임원, 담당 부서나 TFTTask Force Team, 직접적으로 공간을 사용하는 해당 구성원이 변화에 대한 새로움을 느끼고 만족도의 차이를 유발하는 요소로 꼽는 사항이 바로 공간의 다양성임을 강조한다.

6 '스마트 오피스'는 '창의성'이 고려되어야 한다. 페이스북 본사의 창의성 연구 사례를 감안할 때 천장의 높이와 편안한 색감조차도 인간의 창의성을 촉진할 수 있는 중요한 요소로 작용될 수 있다는 것을 확인하였다. 공간과 가구 특성이 사용자의 업무 능률 향상과 안정감에 큰 도움을 주고 있는지, 디자인으로 연출된 색감이나, 조명 시설, 사무실 내 공기 질, 냉난방, 온습도 등이 불편하거나 쾌적한지, 몰입과 이완을 촉진하는 요소가 공간 내에 잘 담겨 있는지, 실제로 업무를 추진함에 있어 아이디어 발현이나 사색이 잘 되는 공간이 존재하는지, 커뮤니케이션이 촉진되거나 저해되는

공간적 특성이 있는지, 이완을 목적으로 하는 편의 공간이 신체 리듬에 긍정적인 영향을 주고 있는지, 휴식과 사색이 어떤 영향을 주고 있는지 등 공간의 창의적 요소에 대한 고려 또한 끊임없이 추진되어야 한다.

7 마지막으로, '스마트 오피스'는 '사용성'이 간과되어서는 안 된다. 이후 '스마트한 공간'과 특히 '스마트한 문화'의 본론에서 다루게 될 내용일 것이나, 큰 비용을 들여 앞의 6개 항목을 잘 구축해 놓고도 '스마트 오피스'의 초기 적응에 애를 먹는 조직을 많이 확인하였다. 공간의 '사용성'은 조직의 문화적 수용 단계에 대한 직접적 피드백 Feedback으로 측정할 수 있는 척도가 된다. 현재 마련되어 있는 새로운 업무 공간, 편의 공간을 눈치 보지 않고 자율적이고 능동적으로 활용할 수 있어야 한다. 이 부분은 상당히 중요하다. 실제로 다수의 기업 컨설팅 인터뷰에서 확인한 놀라운 점은, 대표 이사는 "우리 조직은 상당히 유연하고 수평적인 특성이 있다. 가족 같은 분위기 속에서 자유롭게 의견을 낸다."라고 담담하게 평한다. 하지만, 인터뷰 대상자로 선정된 직원들에게 대표 이사 평에 대한 피드백Feedback을 살피면, 그 반응이 때로는 참혹한 수준으로 냉담하다. 때로는 이것이 현실이다. 이러한 기업들의 조직적 특성을 폄하할 생각은 추호도 없다. 다만, 대한민국의 기업 문화가 아직은 대체로 경직되어 있고 위계적인 구조로 구성되어 있음을 누구도 부인하지 못할 것이다. 공간의 '사용성'은 감히 성공과 실패를 평가 할 수 있는 가장 큰 잣대가 될 수 있으며, 가장 마지막에 배열하여 특히 강조하는 이유일 수밖에 없다. 반대로 문화가 잘 갖춰져 있고 유연한 수평적 조직이라 할지라도, 다양하게 마련된 사무 환경의 적극적 활용에 의해 발생되는 갈등과 혼란을 줄이기 위해서는 명확한 규정에 따른 관리 및 피드백 반영 등의 시스템이 제도화되어 운영되어야 한다. 이는 '스마트한 제도'와 직접적으로 연계되는 부분이며, '스마트 오피스' 구축에 있어 현대 조직이 가장 간과하는 부분이기도 하다. 본 챕터Chapter의 마지막에 소개되는 '스마트한 제도' 편에서 상세히 논의하게 될 것이다. 스마트한 공간을 만들기 위한 '사용성'은 사무 환경의 적극적 활용을 문화적 시너지를 촉진하고 제도 수립과 제도 보완의 중요한 척도로 자리 잡는 만큼, 다

양한 지표 설정에도 큰 도움을 주는 계기가 된다.

4) '스마트 워크Smart Work'를 위한 '스마트한 공간'의 4가지 구성 형태

본사나 사무실에서의 '스마트 오피스Smart Office', 사무실이나 주거지 인근에서의 거점 역할을 대행하는 '스마트 워크 센터Smart Work Center', 이동 또는 현장에서의 원활한 개인 업무나 협업을 돕는 '모바일 오피스Mobile Office', 재택 형태의 특성을 갖는 '홈 오피스Home Office'는 '스마트 워크Smart Work'를 실행하는 주된 공간의 역할을 하게 되며, 본문에서는 앞서 소개한 '스마트한 공간'의 4가지 구성 형태에 대해 간단히 짚어 보는 시간을 갖겠다.

'모바일 오피스Mobile Office'는 스마트 워크Smart Work의 기술적 구성 요소로써 '스마트 오피스Smart Office'와 함께 광범위하게 사용되고 있다. 다만 직접적인 공간의 형태로 정의할 수는 없으나, 컨설팅을 진행하면서 영업 부서나 해외 업무 관련 추진 부서의 외근이나 출장이 잦은 사례가 많음을 참고할 때, 근로자가 일과 중 일을 하게 되는 장소와 시간의 다양한 발생 경로나 그 가능성을 착안해서 범주에 넣었음을 참고하길 바란다.

뒤에 3장의 '스마트한 일터' 구축 프로세스를 소개하며 사례와 함께 다루겠지만, '스마트한 공간'의 형태가 '공간'이나 '장소' 자체로도 큰 의미가 있지만, 점차 다양하게 진보되고 있는 첨단 도구를 활용한 업무 집중이나 네트워킹Networking 측면이 강조되고 있는 실정이다. 이는 현장에서 조직 혁신의 다양한 부서장과 접점을 맺고 있는 필자가 직접적으로 느끼는 바이며, 분명한 것은 2019년 하반기, '코로나19'로 인한 팬데믹Pandemic의 도래, 기업들의 변화하고자 하는 혁신 의지, 한시도 섣불리 예측할 수 없는 산업 생태계의 혼란이 결합되어 나타나게 된 우리가 직면한 현실이다.

'스마트한 공간'을 구성하는 이 네 가지 형태의 오피스는, 개인의 특성과 집단의 특성, 몰입의 특성과 이완의 특성을 갖는다. 이는 공간의 구조가 만들어지는 초기 단계에서 의사 결정에 아주 큰 영향을 미치게 된다. 또한 조직의 처한 상황이나 예산에 따라 구축의 순서와 규모를 달리한다. 같은 의미로 사무실의 존재가 기반이 되고 있는 현대 사회에서 스마트 오피스Smart Office 외의 다른 오피스 형태를 선택하지 않는 조직도 있을 것이다. 이는 '스마트한 일터'의 '스마트한 제도' 구축이 먼저 결정된 후 선택되는 사항으로 해석될 수도 있겠다. 뒤에 이어지는 3장의 '스마트 일터' 구축 과정에서 상세히 다루겠지만 '스마트한 공간'의 4가지 형태에 대한 일반적인 특징을 먼저 살펴보겠다.

구분		'스마트한 공간'의 특성
1	스마트 오피스 (Smart Office)	본사 중심의 거점 사무실, 다양한 공간 형태, ICT, IoT 결합, 몰입/집중/소통/협업/창의 강조
2	모바일 오피스 (Mobile Office)	비거점 특성, 현장에서 모바일 도구를 활용한 실시간 협업 가능, 네트워킹/효율 강조
3	스마트 워크 센터 (Smart Work Center)	본사 외 근로자 편의를 고려한 외부 사무 거점, 스마트오피스 축소형, 시간/비용/효율 강조
4	홈 오피스 (Home Office)	시대/조직/개인의 상황에 따라 재택근무가 가능하도록 구성, 네트워킹/생산성 강조

〈도표 2-6〉'스마트한 공간'의 특성

① 우선 '스마트한 공간'의 가장 첫 번째 형태인, '스마트 오피스Smart Office'는 앞서 소개한 공간 혁신의 변화 기조에 따라, 대화를 유도하기 어려운 폐쇄적 공간을 협업과 소통을 유도하는 개방형 공간으로 탈바꿈하는 데 우선의 목적이 있다. 개인 업무 위주의 과거 방식에서 협업 위주로 프로젝트 수행 특성이 바뀌면서 함께 수반되는 직급 구분 없는 수평적 공간으로 유도되며, 변형이 어렵게 고정되어 있던 공정형 공간을 직제나 프로젝트 수행에 유리한 가변형 또는 이동이 용이한 모듈형 공간으로 구성한다. 또한 개인별 부서별로 독점적으로 사용하거나 명확하게 구분된 공간을 부문 간, 팀 간 자유롭게 공유하여 사용할 수 있도록 공용 공간 점유비를 높이는 추세이다.

주목할 만한 특징은 조용하고 일률적이었던 사무 공간의 디자인이 카페에서나 볼 수 있을 법한 일터의 형태로 개선되고 있다는 것이다. 레이아웃Layout 설계 시, 조닝Zoning의 구성은 사업부의 인원에 따른 책상 배치가 1순위였던 과거와 달리 실제 공간을 사용하는 사용 유저User들의 이동 동선을 고려한 설계에 초점이 맞추어진다. — 물론 이는 사업부 Zone 구성 방식을 없애고 자율 좌석제 등 제도적 설계를 확정한 조직에 한한 이야기이다 — 커다란 서버Server들이 공간을 차지하던 방식에서 클라우드 시스템Cloud System의 도입으로 공간 여유분을 확보할 수 있으며, 서랍장을 없애고 업무 테이블의 사이즈Size를 축소/다양화하는 특징이 있다. 데스크톱 베이스Desktop Base의 환경은 노트북이나 스마트 워크Smart Work형태의 업무가 가능한 도구로 교체된다.

일부 다중 모니터가 필요한 유저User의 경우는, 컨설팅 시 2~4개의 모니터가 구축된 자리에서 모바일Mobile과 연동하여 업무를 진행할 수 있도록 별도의 다중 모니터실이나 다중 모니터 존Zone을 마련해 주기도 하였다. 현장에서 모바일 오피스Mobile Office로 참여하는 외근/출장자나 기타 내부 임직원, 협력사 또는 클라이언트Client와 실시간으로 네트워킹Networking 할 수 있는 화상 회의실이 마련되기도 한다. 기타 IT 기술이 접목된 보안형 출입 통제 시스템을 추가하여 구성하거나 자동 센서Sensor를 통한 첨단 컨트롤 시스템Control System의 구축이 가능하다.

스마트 오피스Smart Office 구축 서비스를 제공하는 일부 업체에서는 만나고 모이는 동선 구성의 효율성을 높일 수 있도록 O/A Zone의 전략적 배치를 강조하기도 한다. 앞서 언급한 서랍장이나 기타 비품 및 서류를 담는 탁자나 책장 등이 최소화最少化되는 만큼 사업부나 팀, 개인이 활용하게 되는 로커Locker의 중요성이 커지고 있다. 소통형 공간은 캔틴Canteen의 성격이 가미된 통합 라운지Lounge를 개방된 공간의 중심에 배치하는 경우가 많으며, 특히 업무 공간과 편의 공간의 활용 효과 증진을 위해 공간의 사용 목적을 다양화多樣化한다. 즉, 통합 라운지Lounge에서 업무와 미팅, 휴식과 티타임Teatime이 공존하게 함으로써 자연스러운 공간 사용을 독려하고 연출하기 위해 초기 적용 단계에서 많은 조직이 이 부분에 부단한 노력을 기울이고 있다.

추가로 피트니스 존Fitness Zone, 돌봄 센터, 수유실, 수면실, 샤워실, 탁구대 등과 같은 특수 목적의 복지 시설이나 체육 시설도 조직의 예산이나 목적에 맞춰 함께 구축하고 있다. 기타 조직의 역사를 담은 역사관 또는 제품의 쇼룸을 1층 로비 또는 특정 장소에 설치하거나, 외부 인력이나 파트너, 또는 계열사의 직원이 내방해서 현장 업무를 보거나 미팅을 진행할 수 있도록 외부인 접견 공간이나 별도의 스마트 워크 Zone&Room을 설치하여 활용하기도 한다. 공공 기관은 설립 취지에 맞추어 민원인을 위한 별도의 상담 시설이나 어린이 돌봄 시설, 노약자나 임산부, 장애인을 배려한 돌봄 시설, 주민 자치 공간 등 서비스 존을 개설하고, 정부 정책에 맞춰 비용, 에너지, 탄소 배출을 최소화最少化하기 위한 의도가 설계 단계에서부터 반영된다. '페이퍼리스Paperless'나 '클린 오피스Clean Office' 캠페인Campaign은 공공과 민간을 막론하고 추진되는 트렌드Trend다.

② 모바일 오피스Mobile Office는 스마트 워크Smart Work 구현을 위한 필수적으로 구성해야 할 스마트 모바일Smart Mobile 업무 처리 환경을 의미한다. 모바일 오피스Mobile Office는 언제 어디서든 실시간 업무 처리가 가능하기 때문에 급변하는 시장 환경 및 고객 요구에 즉각적인 대응이 가능하다. 이러한 대응은 브랜드 가치에 대한 신뢰감 제고 및 서비스 만족도를 높이는 데 큰 도움을 주게 된다. 또한 내부적으로 업무의 효율성과 생산성을 향상시킬 수 있는 효과를 기대할 수 있다. 모바일 오피스Mobile Office를 실행하는 조직의 경우, 유연 근무제를 동시에 시행하는 경우가 많으며, 일부 일정을 사전에 정하여 굳이 출퇴근을 하지 않아도 업무를 처리할 수 있게 함으로써 이동 시간에 대한 낭비 제거, 자기 계발, 몰입과 이완의 효율적 분배, 삶의 질 향상 등 노사 모두에게 긍정적 효과를 줄 수 있다.

1995년 IBM이 국내 최초로 모바일 오피스Mobile Office제도를 도입하여 그 시작을 알렸고, 글로벌 기업을 중심으로 확산되게 되었다. 이후 2000년대에 들어, 삼성/SK/포스코/코오롱 등 국내 기업들도 모바일 오피스Mobile Office환경 구축에 적극적으로 동참하면서 스마트 워크Smart Work및 스마트 오피스Smart Office에 대한 기반 마련의 계기가 확산되기 시작한다. 이 기업들의 경우 임직원에게 스마트폰을 지급하여 내부에서는 물론 외부에서도 모바일 업무 처리를 할 수 있도록 하였으며, 업무 프로세스 및 기업 문화 개선을 위한 일환으로 모바일 오피스 시스템Mobile Office System을 구축하기도 한다.

반면 사무실에서 직장 동료와 대면하는 시간이 상대적으로 적어지면서 동료애가 감소하고 회사에 대한 소속감이 절하될 수 있다는 것은 모바일 오피스Mobile Office가 해결해야 할 과제로 보인다. 특히, 중요 업무나 보안 업무를 처리할 경우 관련 정보가 누출되는 보안상의 위험을 가져올 수 있다는 점과 무선 랜을 통한 해킹과 도청 혹은 스미싱Smishing, 파밍Pharming 등을 통해 모바일 기기의 정보 유출이 발생할 수 있으므로 모바일 오피스Mobile Office 도입 시 보안 시스템 구축에 대한 각별한 계획이 필요할 것이다.

③ 스마트 워크 센터Smart Work Center는 '스마트 워크Smart Work' 제도 시행에 따른 국가 차원의 지식 정보화 사회 발전의 일환으로 대두된 개념이다. 공공 기관의 공무원은 물론 최근에는 혁신 체제 개편이나 비용 절감, 친환경 정책의 수용, 기타 낭비되는 시간적 요소를 고려하여 민간에서 더욱 활발하게 계획/추진되고 있다. '사람이 일을 하는 것이 아니라, 사람이 일이 같이 움직이는 시대', '직장이 아닌 직업을 선택하고, 취업이 아닌 창업을 하는 문화' 이것이 정부 주도의 스마트 워크Smart Work의 '캐치프레이즈Catchphrase'다. '스마트한 공간' 형태의 구성 요소로 스마트 워크 센터를 구분하였지만, '시간과 장소에 얽매이지 않고 언제 어디서나 일할 수 있는 체제' 마련을 위한 스마트 워크 도입 취지에서 스마트 워크 센터와 모바일 근무, 재택근무의 개념이 처음 도입되었다.

스마트 워크 센터Smart Work Center는 스마트 오피스Smart Office의 공간 요소를 담되, 모바일 업무 처리를 위해 거점 오피스를 활용하고자 하는 명확한 사용 목적의 일환으로 스마트 오피스Smart Office 세부 요소의 규모와 범주를 업무 특성에 맞춰 필요한 만큼 최소화하여 공간을 구성할 필요가 있다. 민간에서는 조직의 사업 전략을 위해 별도로 배치된 사업부나 물류, 영업, 연구, 기타 구성된 조직의 운영 시스템이 고려될 사항이고, 또한 미래형 사업화를 위한 구조 개선 차원의 동력 마련을 위한 거점 오피스 구축을 고려하기도 한다. 허나 민간 기업의 경우, 예산이 허용되는 범위 내에서 실행하거나 현실적으로 반드시 스마트 워크 센터Smart Work Center가 필요한 상황에서만 진행되는 사항이기에 모든 기업 조직에 스마트 워크 센터Smart Work Center구성을 제안하기보다 기획 단계에서부터 기업의 특성, 사업 특성, 경영 전략 및 예산 등을 고려하여 그 규모와 구축 범주의 면밀한 계획이 선행되어야 할 것이다.

④ 코로나19로 앞당겨진 재택근무 형태를 띠게 되는 홈 오피스Home Office는 회사의 규정 또는 출퇴근의 어려움이나 개인 시간의 부족, 자녀 양육 문제 등 복합적 사유로 시행하게 되었다. 집 안에 사무 공간의 요소를 더해야 하므로 평소 휴식 등 일상적인 생활 패턴을 영위해 오던 익숙한 장소에서 일을

능률적으로 하기 위한 공간의 변화에 제대로 적응하지 못하는 사례도 빈번히 나오고 있다. 이에 따라 홈 오피스Home Office가 지극히 자신만의 공간이면서도 사무실에서 일하는 것처럼 고도의 집중력과 협업 네트워킹Networking의 업무 플로Flow를 동시에 유지하기 위한 사전 준비와 관점의 변화도 함께 뒤따라야 한다.

홈 오피스Home Office는 사업장으로 출근하지 않고 근무하는 형태이기 때문에 실시간 연락 및 네트워킹이 가능할 수 있도록 스마트 기기와 연결망이 필수적으로 갖춰져야 한다. 홈 오피스는 주거지가 곧 업무 공간이 된다. 이에 따라 주거 환경이 업무 공간을 포함, 안정감을 줄 수 있도록 구성되어야 하며, 업무 공간이 주로 서재의 개념이었던 독립 공간의 개념에서 주거지를 몰입과 이완의 요소가 동시에 담긴 공간으로 개념을 확대하여 바라보아야 할 것이다. 홈 오피스는 일상적인 생활 공간의 일부를 할애해 사무 공간을 구성하는 방법과 전체적인 업무 패턴과 사무실에서 몰입과 이완을 하던 개인의 행동 패턴에 맞추어 전체적인 공간을 홈+오피스Home+Office의 관점으로 접근하는 방법이 있다. 이는 사용자가 의도하는 업무들을 원활히 볼 수 있게 한다는 목표에 따라 집의 면적 가구의 특성, 배치 등을 종합적으로 고려하여 결정할 필요가 있다. 다만 홈 오피스Home Office는 쾌적한 환경을 조성함과 동시에 사무 환경의 기능을 균형적으로 조성하여 너무 경직되거나 너무 긴장이 풀어지는 상황을 미연에 방지하기 위한 다양한 요소들이 담겨야 한다.

서재가 있는 정도의 규모라면 독립된 공간을 자신이 정한 콘셉트Concept에 맞추어 일부 가구의 추가, 배치의 변형만으로도 큰 효과를 불러일으킬 수 있지만, 대부분의 가구에서는 식탁이나 책상을 활용하여 업무를 진행하는 경우가 많은 것으로 조사되기 때문에, 환경이나 면적 면에서도 넉넉한 공간 확보가 어려운 것이다. 그러므로 현실에서 비용을 최소화하여 공간 개선을 시도하는 방법을 선택하는 것이 효율적일 것이다.

우선 눈의 피로와 심신의 안전을 위한 조명을 쾌적하게 구성할 필요가 있다. 장시간의 서류 검토나 모니터 사용으로 인해 사무실에서보다 눈의 피로가 더 축적될 수 있기 때문에 홈 오피스Home Office 조명 전구는 되도록 LED 조명으로 교체하고, 작업에 따라 조도와 색감 등 테이블에 놓인 서류와 화면을 바라보는 눈의 안정감을 최우선으로 고려한다. 홈 오피스Home Office 사용 시, 사무실에서보다 이동의 범주가 확연히 줄어들 가능성이 있기 때문에 몸의 피로가 쉽게 쌓이며, 때로 너무 경직되거나 반대로 너무 풀어진 자세에서 오는 신체적 리듬의 저하도 사전에 대비해야 한다. 가습기나 공기 청정기를 사용하거나, 산소와 습기를 자동 공급하는 능력을 지닌 식물의 의도적 배치도 일의 집중을 도우며, 주변을 환기시킬 수 있는 역할을 한다.

홈 오피스Home Office를 혼자 활용하는 1인 가구일 경우에는 전체적인 집의 구조를 사무와 휴식이 동시에 가능하도록 하는 등 종합적인 접근이 용이하지만, 가족과 함께 생활하는 경우에는 분리된 형태의 근무 환경이 더욱 바람직할 수 있다. 공간 분리를 위해서 가벽假僻, 파티션Partition을 설치하는 것도 고려해야 하며, 온/습도, 통풍, 방음, 조명의 영향 등 여러 요건을 고려하여 위치를 선정한다. 또한 일부 벽재僻材의 변화나 액자 등 인테리어의 소모품을 활용한 변화도 저비용으로 사무 공간의 콘셉트Concept를 구성하는 것에 도움을 주며, 개인의 취향에 따른 소품 등을 활용한 창의적 구성으로 딱딱한 공간에 재미와 활력을 불어넣어 줄 수 있을 것이다.

우리는 지금까지 '스마트한 일터' 구축을 위한 첫 번째, '스마트한 공간'이 무엇인가에 대해 알아보았다. 일터의 변화 과정에 따른 흐름, '스마트한 공간'의 개념과 의미, 그 구성 형태와 다양한 고려 사항 등 공간이 주는 효율과 효과는 '일터의 혁신'의 추진을 적극적으로 돕는 역할을 하게 되는 주요한 수단이다. 다음 장에서는 '스마트한 일터' 구축을 위한 두 번째 시간, '스마트한 문화'에 대한 개념과 의미, 그에 따른 구축 고려 사항 등에 대해 함께 탐구해 보도록 하겠다.

3. '스마트한 일터' 만들기: 스마트한 문화란?

문화적 변화에 대한 정의는 너무나 광범위해 그 해석은 다양하게 존재할 것이다. 시스템 혁신을 통한 종합적인 조직 혁신의 범주를 문화의 변화라고 넓게 해석하는 조직도 있을 것이며, 수직적 위계 문화를 수평 문화로 바꾸는 것이 문화의 변화라고 생각하는 조직도 있을 것이다. 문화적 변화에 정답이 있을까? 조직의 목표 관점에서 바라본다면 다양한 시각에서의 해석이 나오는 것은 어쩌면 당연할 것이다. 그렇다고 문화적 변화에 대한 범주를 지정하지 않은 상태에서 이야기를 풀어 나가는 것이 독자의 이해를 방해하는 요소로 작용할 것이기에, 본서에서는 '스마트한 일터' 구축이라는 프로젝트 목표를 적극적으로 도울 수 있는 '문화'의 범주로 해석을 유도하며, 그 기본 마인드-셋Mind-Set으로 작용할 '스마트한 문화'는 무엇이며, '스마트한 문화'가 다른 두 요소인 '스마트한 공간' 및 '스마트한 제도'에 어떤 영향을 미치는가에 대해, 그에 대한 개념과 의미, 고려 사항 등을 본서에서 상세히 풀어 보도록 하겠다.

서두에서 '스마트한 일터'를 구성하는 '스마트한 공간', '스마트한 문화', '스마트한 제도'에 대해 이해를 돕기 위한 간단한 예시를 기술하였다. 다시 살펴보도록 하자.

'문화'에 대한 이해를 돕기 위해 한 가지 예를 들자면, 조직의 스마트 워크Smart Work를 위한 공간 형태의 혁신은 '공간의 변화'로 해석이 가능하고, 전사적 스마트 워크Smart Work 시행에 따라 시스템 정착을 위한 마인드Mind 또는 관점, 행동 양식의 내재화 등 제도 운영을 성공적으로 이끌어 가기 위한 실행 기반 마인드-셋Mind-Set은 '문화의 변화'로 이해할 수 있을 것이다. 또한 호칭 제도의 변화를 포함한 직제의 변화, 유연 근무제, 근무지 예약 제도, 공유 좌석제, 성과 및 평가 제도 개선 등은 직접적 체계를 체제화 하는 크고 작은 규정과 규칙의 변화들은 '제도의 변화'로 정리할 수 있겠다.

다시 한번 정리하자면, 본서에서의 '문화'는 위해 그간 축적된 조직 전반의 경영 철학, 특성과 상황에 따라 부서와 개인으로 이어지는 행동 양식과 그 마인드Mind의 산출물로 정의하고, '스마트한 일터'를 구축하기 위한 '스마트한 문화'는 '위기의 대응에 유연하고 미래 변화상이 투영된 오픈 마인드Open Mind적 관점의 행동 양식의 변화와 마인드-셋Mind-Set'으로 정의한다. 또한 '스마트한 문화'는 '스마트한 일터'를 구축하고 그 시스템을 정착화하기 위한 근원의 초기 자양분 역할을 수행하기도 하며, 반대로 가장 마지막에 '스마트한 공간'과 '스마트한 제도'의 성패를 가늠하는 결과로써도 평가받게 된다. 필자가 현재 한국의 조직 문화를 참고하여 내놓는 '스마트한 일터'의 현실적인 대안은 '스마트한 제도' 요소를 통한 전사적 변화 개선 과정을 필두로 '스마트한 공간'에 이어 결국 '스마트한 문화'의 내재화로 그 순서와 중요성을 강조하고 있다. 하지만 '스마트한 일터'의 가장 이상적인 조직은 언제든 '현재의 문화체'를 기점으로, 모든 조직 구성원의 참여를 통해 제도와 공간이 상황에 맞게 자유롭고 전향적으로 변화하는 과정을 담게 되며, 또한 자율적이고 창발적인 구성원들로 인하여 '새로운 문화체'를 내재화하고 학습화하는 성장형 조직 구조로 재탄생되는 변화 과정이 현재 수준에서 가장 이상적인 절차라 생각한다.

'스마트한 일터'를 만들기 위한 '스마트한 문화'는 이를 구축하기 위한 핵심 요소가 필요하다. 필자가 공간 컨설팅을 현장에서 지도하고 수행하며 체득한 다음의 10가지 요소는 크게 조직, 사람개인, 과업 관점에서의 3영역으로 구분할 수 있으며, 이는 문화적 개선 과제로 체계화된다. 다음에 소개하는 조직, 사람, 과업 3영역의 10가지 핵심 변화 과제또는 '스마트한 문화'의 핵심 10요소를 정리하여 소개하니 참고를 바란다.

1) '스마트한 문화', 조직 관점:
기존의 관행과 결별하는 조직으로의 재탄생

구분		'스마트한 문화'의 10가지 요소
스마트한 문화와 조직		기존의 관행과 결별하는 조직으로의 재탄생
1	조직 관점	조직의 본질과 핵심에 집중하라
2		조직 간 벽(Silo)을 허물라
3		조직 문화 혁신을 지속화 할 개선 전담팀을 만들라
스마트한 문화와 사람		오픈 마인드(Open Mind) 관점에서 시작되는 새로운 미래
4	사람 관점	리더의 메시지를 일관되게 하라
5		조직의 성공을 위해 '개인의 성공'을 재정의하라
6		조직의 변화에 따라 개인에게 디테일(Detail)한 가치를 부여하라
7		개인이 능동적으로 참여할 수 있는 공정한 평가/보상 시스템을 마련하라
스마트한 문화와 과업		능동적, 자율적으로 참여하는 선순환 과업 시스템의 구축
8	과업 관점	과업에 대한 실패 사례를 용납하고 개선에 대한 아이디어를 장려하라
9		구성원 간 역량과 창의력을 끌어올릴 수 있는 미래형 학습 조직을 만들라
10		인재를 중시하며 일하는 문화를 만들라

〈도표 2-7〉 '스마트한 문화'의 10가지 요소

(1) 조직의 본질과 핵심에 집중하라

'스마트한 일터' 구축을 위해 조직은 최우선적으로 그간의 형식주의와 결별하고 새로운 효율을 추구할 필요가 있다. 예를 들어, 최근의 기업들은 '보고가 아닌 공유'라는 캐치프레이즈Catchphrase를 내세운다. 이는 그간의 축적된 업무 플로Flow가 시스템System으로 고착화固着化되었고 과거 업무 효율을 가져다주었던 절차, 규정, 보고 체계가 하나의 일, 즉 목적 그 자체가 되어 버리며 조직 내 비효율이 만연하여 발생된 폐해라는 것을 기업 조직이 인식하고 있다는 증거이다. '비효율을 없애는 다른 방법은 없을까?', '핵심을 전달하기 위해 가장 간소화된 절차는 무엇일까?'와 같은 근본적인 고민이 시작되어야 하며, 일의 본질과 핵심에 집중하는 문화의 내재화는 조직적 관점에서 전반적인 형식주의를 타파하는 최고의 계기가 된다.

(2) 조직 간 벽Silo을 허물라

일반적으로 '조직 내 독립성이 강한 특정 부서'를 경영학에서 사일로Silo라고 표현한다. 최근에 '사일로Silo'는 '사일로Silo 효과'라는 단어를 통해 부정적으로 사용되곤 한다. 사일로Silo 효과는 조직 내 각 사업부가 공동체라는 관점에서 벗어나 타 부서와 교류하지 않는 모습을 빗대어 표현한 말이다. 각 조직에서 자기 부서만의 이익을 위해 일하는 것이 오히려 회사 전체의 변화를 방해하고, 결국에는 해를 끼치는 사례가 발생하는 것이다. 조직 내 사일로Silo는 '스마트한 일터'의 안착을 방해하는 큰 요소로 작용한다. 이는 소통의 부재를 야기하고 심지어 부서 이기주의利己主義로까지 번질 수 있다. 이는 개방적 관점에서 네트워킹Networking을 교류하고 창의적 발상을 유도하는 새로운 기업 문화의 걸림돌이 될 것이다. 물론 세계적인 기업들도 처음부터 소통이 잘 이루어지지 않았다. 다양한 해외 글로벌 기업들도 내부적으로 부서 간 사일로Silo가 존재했으며, 이를 극복하기 위해 많은 시도를 거듭하였다. 영국의 석유 회사 BP는 고질적인 소통 저해 시스템을 타파하기 위해 150개가 넘는 사업부를 전체 13개의 '동료 집단Peer group'으로 분류하여 집단 내에서 경험과 지식이 적극적으로 공유될 수 있도록 전문가의 도움을 받아 지속적인 워크숍과 미팅 프로그램을 통해 '동료 간 지원Peer assist' 시스템을 정착시켜, 결국 부서 간 이슈를 공유하고 도움을 주고받는 끈끈한 기업 문화를 형성하는 데 성공하였으며, 현재 세계 3위 석유 회사로 발돋움할 수 있었다.

(3) '새로운 조직' 구축을 돕기 위해 조직 문화 혁신을 지속화할 개선 전담팀을 만들라

컨설팅을 진행하다 보면 흔히 '우리는 교육, 문화 개선을 전담하는 부서가 있어서 문화적 개선은 필요 없고 인테리어Interior 설계에 필요한 평면도 등 아웃풋Output이 담긴 디자인 플랜Design Plan만 있으면 된다.'라는 피드백Feedback을 받곤 한다. 4차 산업 혁명 시대를 맞아 많은 기업이 조직 문화를 바꾸고자 하지만 실패하는 이유는 여전히 20세기 '효율성' 위주 경영 전략을 추구하면서 조직 문화만 따로 떼어 내 바꾸려고 하기 때문이다. 우리는 글로벌 기업들의 생동감 있는 현장을 매스컴에서 자주 접하곤 한다. '해외 문화이기 때문에 우리에게 접목하기란 현실적으로 불가능하다'라는 자조 섞인 평가도 상담 과정에서 빈번히 들리곤 한다. 조직 문화 개선 팀은 최우선의 권한을 토대로 성장해야 하며, 그 역할은 '스마트한 일터' 시스템을 저해하는 모든 요소, 즉 조직 곳곳의 숨은 문제까지 해결하도록 미션Mission을 주고 트레이닝Training이 되어야 하며, 새로운 인재들로 꾸준히 채워지고 변화해 나가야 한다. 기업 문화의 개선은 오랜 시간을 들여 고착화된 직원들의 잘못된 생각과 행동을 바꿔 나가는 어려운 과정이다. 승진 제도에 기업 문화 개선 전담팀 활동에 대한 수행 평가 규정을 신설하거나, 리더 육성 과정에서 새로운 교육 훈련 프로그램으로 도입하며 시작하는 것도 좋은 사례가 될 것이다. 개선 전담팀은 모든 조직 구성원의 다양한 목소리를 들을 수 있는 권리와 동시에 임원을 비롯한 전 직원에게 변화를 요구할 수 있는 실질적인 창구를 다각적으로 모색해야 하고, '변화한 자'와 '변화된 자'의 성과가 모두 인정받을 수 있는 기초 체제 마련을 위한 경영진 및 조직원의 지지 기반 마련에 온 힘을 기울여야 할 것이다.

2) '스마트한 문화', 사람 관점:
오픈 마인드Open Mind 관점에서 시작되는 새로운 미래

(4) 리더의 메시지를 일관되게 하라

조직의 문화는 '리더십'으로 판명된다. 필자가 기업을 판단하는 1차적인 기준은 평가 척도가 되는 재무 및 실적 데이터와 제반 자료가 우선이 아닌, 초기 상담에서 얻어지는 리더들의 조직에 대한 생각과 업에 대한 철학이다. 그들에게서 조직의 현재와 미래를 들여다볼 수 있다. 조직 문화를 바꾸려면 이를 기업의 부분적인 문제로 치부해서는 안 된다. 문화를 바꾸려면 최고 경영진이 직접 움직여야 한다. 제대로 권한도 주지 않은 채 조직 문화를 개선한 전담팀을 만든 기업들은 개선 전담팀이 아닌 '고충 처리반'의 역할만 수행한 채 기업의 역사 속으로 사라지게 될 것이다. 문화를 바꾸고자 하는 기업은 '전략'과 '리더'와 '문화'가 별개가 아니라는 것을 먼저 인식해야 한다. 전략은 경영 환경에 따라 때때로 바뀔 수 있으나 '문화'는 전략의 변화를 지탱하는 굳건한 거목으로 자리 잡아야 한다. 변화하는 전략에 흔들림 없이 미션Mission을 수행하기 위한 일관된 메시지를 전파해야 한다. 시장이 흔들리고 매출이 흔들리고 실적이 흔들려도, 리더는 경영 철학을 지탱하는 작은 거인의 역할을 묵묵히 일관되게 수행해야 한다. 따라서 전략과 리더십, 문화의 통합 과정은 반드시 필요하며, '스마트한 리더십'이 창출되고 선순환될 수 있도록 하는 조직 거버넌스 차원에서의 리더십 커미티Committee를 의도적으로 구성하고, 이를 통해 조직의 전략, 리더십, 문화 미래상의 통합을 일관된 메시지로 전파하는 구조, 상호 공감할 수 있는 구조, 의사 결정 체계의 약속된 프로토콜Protocol을 설정해야 한다.

(5) 조직의 성공을 위해 '개인의 성공'을 재정의하라

문화는 영속된 것이 아니다. 결국 문화를 구성하는 것은 인간, 사람이며, 따라서 조직원의 생각, 의견, 주장이 문화에 고스란히 반영되게 되고 축적되어 굳어진다. 이는 다른 측면으로 심각한 문화적 편향을 초래하는 원인이 될 수 있다. 이는 제도적 불공평에 의해 강화되며, 조직의 철학과 일치하지 않는 개인의 정보는 철저히 무시하고 결과로써 단죄되기 마련이다. 이러한 상황은 조직의 미래를 어둡게 만들고, 개인의 기회를 앗아가며, 결국 조직을 오염시키고, 개인을 떠나게 만드는 직접적 원인이 된다. 오염된 물속에, 뛰어 나고 새로운 청정수를 넣어도 결국 '오염수'로 남게 될 뿐이다. 조직은 올바른 문화의 구축을 위해 '개인의 성공'을 명확히 정의하여야 한다. 조직의 미션과 비전에 개인의 열정과 참여가 얼마나 중요하며, 파트너Partner로서 어떻게 함께 성장해 나갈 것인가에 대한 비전Vision을 구체적으로 명확히 보여 줄 필요가 있다. 그렇다면 '스마트한 문화'의 안착을 위해서, 우선 '성공'에 대한 재논의가 필요하다. 지금까지 성공의 기준으로 자리 잡았던 재무성과 중심의 단순 KPIKey Performance Indicator 지표가 아닌, 비非재무적인 성공에 대해서도 동일한 비중으로 함께 재정의되어야 한다. 문화의 올바른 변화를 위한 비재무적 지표를 새롭게 만들어 가는 과정에서 그간 홈페이지나 규정상으로만 조직이 추구해 왔던 핵심 가치, 행동 강령, 윤리, 리더십, 인재상 등에 대한 해답이 새롭게 변화된다. 개인의 성공은 성과 측정을 위한 재무적 성공과 더불어, 문화 혁신의 기여를 위한 비재무적 성공을 함께 정의하여야 한다. 개인의 행동 양식과 마인드-셋Mind-Set에 실질적인 변화를 가져오기 위한 재무적, 비재무적 지표의 재설정은 시도 자체에 의미가 있으며 시도는 모든 것을 달라지게 만든다. 다만, 시도하지 않으면, 변화는 없다.

(6) 조직의 변화에 따라 개인에게 디테일Detail한 가치를 부여하라

문화는 새롭게 정의한 기업의 성공 기준을 재정립함으로써 재무적 차원의 성공과 비재무적 차원의 성공을 어떻게 조직원 개개인에게 전파하고 균형 있게 가치를 추구해 나갈 것인가에 대한 원칙을 세우는 데서 비롯된다. 이러한 원칙을 세우고 실천하는 과정에서 성과는 비로소 발현되기 시작한다. GE의 전 회장인 잭 웰치Jack Welch는 자신의 커리어Career 후반기에 자사의 조직 전략을 전환하는 과정에서 500명의 관리자들에게 이렇게 말했다. "왜 작년에 좋은 수익을 낸 4명의 간부들을 해고했는지 그 이유를 설명하겠습니다. 성과를 내고도 그들이 떠나게 된 근본적 이유는 회사의 가치를 실현하지 않았기 때문입니다." 기업 문화 형성의 중요성은 일상의 작은 가치 충돌 상황에 대해 책임지는 일관된 행동 양식을 통한 대답을 할 수 있는 태도와 역량에서 발로發露한다. 문화는 결국 그 '디테일Detail'에서 잉태하고 내재화된다. 구성원들이 가치가 있다고 생각하는 부분은 무엇인지, 그러한 목표를 부여하기 위해 리더는 어떠한 노력을 기울여야 하는지 탐구해야 한다. 구성원들이 생각하는 가치 있는 목표는 무엇인가? 리더는 개인에게 목표를 부여하거나 평가하기 이전에, 가치가 높고 조직 여건에 대해서도 동시에 만족할 수 있는 목표인가에 대해 고민해야 한다. 이 고민의 답은 팀이나 부서, 부문으로 올라가면서 수반되는 협업 시스템에 지대한 영향을 줄 수 있다. 조직의 운영 면에서 적절한 권한과 책임이 주어진 목표는 스스로를 창의적이고 생산적인 존재라는 느낌을 갖도록 하는 개인의 정신적, 물질적 동기를 추진하는 동력이 된다. 아무리 조직이 일관되게 주장하는 합리적 목표도 개인의 니즈에 맞지 않다고 생각하면 추진력이 감소할 수밖에 없다. 다만 조직의 목표와 개인의 니즈에 맞는 일을 항상 부여하기란 쉽지가 않다. 구성원들이 '스마트한 문화'에 스스로 참여하고 적극적으로 동참할 수 있는 신뢰 구축의 단계가 필요하며 이러한 변화는 일 자체와 사람, 조직적 상황 등 혁신을 통한 문화적 전환점을 찾기 위한 체계적이고 단계적인 접근이 필요할 것이다.

(7) 개인이 능동적으로 참여할 수 있는 새롭고 공정한 평가/보상 시스템을 마련하라

과거 계층적 조직 구조에서는 구성원들의 업무 수행 방식이 현재와 비교하여 단순한 구조였고, 정확한 성과 평가보다는 연공서열 요소에 의해 보상이나 승진 등이 결정되었다. 이러한 조직에 소속된 구성원들의 성과를 평가하는 시스템이 전사적으로 동일한 경우가 많았으며, 이에 대한 구성원들의 불만도 크지 않았던 것이 사실이다. 하지만 산업화가 고도화되고 경쟁력 강화에 대한 요구가 전에 없이 거세지고, 생존에 대한 불확실성이 커지면서 경쟁력 강화를 위한 하나의 수단으로써 다양한 평가 제도에 대한 필요성이 증가되는 추세로 전환기를 맞이하고 있다. 결국 과정 중심의 성과 평가를 결과물 또는 산출물 중심으로 전환되는 대전환 국면에서 조직은 한정된 자원을 법 제도에 맞춰 최대한 효율적으로 활용하고 성과를 극대화하기 위한 일환으로 성과 관리 제도 개선에 대한 관심이 크게 대두되었다. 이는 '스마트한 일터'에 적용되는 HRHuman Resource 관리 기법에도 새로운 변화가 적극적으로 요구되는 계기로 작용하고 있으며, '시공간 제약을 극복한 유연, 원격 근무 체제' 하에서 '창의 기반 생산성과 워크&라이프 밸런스Work&Life Balance를 담을 수 있는 문화'로의 근본적인 변화를 의미한다. 경영 공식은 '실패를 용납하지 않는 통제 및 명령, 지시에 의한 관리' 방식에서, '실패에 대한 경험이 과거에 비해 과정으로 용인되며, 개인의 업무 스킬이 하이 스킬 레벨High Skill Level로 오를 수 있는 기회의 제공' 방식으로 변화하고 있다. 전통적으로 고수되었던 피라미드Pyramid조직의 계층적 관리 방식의 탈피가 불가피不可避한 지금의 시대의 경영 시스템에서는 직접 통제 방식에 의한 성과 관리 방식이 지양되고 있다. 또한 다양한 프로젝트와 협업이 교차하고 순환되며 TFTTask Force Team의 참여가 유연하고 능동적으로 이루어지는 성과 지향형 조직으로의 변화 등 확실한 시대적 트렌드Trend를 보여 주고 있다. '스마트한 문화'의 법 규정이 될 제도 부문은 '스마트한 제도' 편에서 상세히 다루겠지만, 이제 조직 문화의 제도적 차원은 일차원적 절대 평가나 상대 평가, 단순한 직무 평가의 체계를 넘어서야 한다. 평가 주체의 다양화, 리더의 편향적 평가 요소 제거, 고객에 대한 서비스 만족도 반영 방식 개선, 수시 평가 체제 전환에 의한 수시 보상, 다양한 협업 참여에 대한 시너지 보상, 아이디어&제안 평가 및 보상의 활성화 등의 혁신은 HRHuman Resource의 편리성 때문에 고정화되었던 관행적 정기 평가를 뛰어넘고, 이제는 '개인의 심장을 뛰게 만들' 새로운 혁신의 체제로 마련되어야 할 것이다.

3) '스마트한 문화' 과업 관점:
능동적, 자율적으로 참여하는 선순환 과업 시스템의 구축

(8) 과업에 대한 실패 사례를 용납하고 개선에 대한 아이디어를 장려하라

대체로 조직적 특성은 대체로 변화나 위험을 감수하고 새로운 아이디어를 장려하기보다는 현재의 상황을 유지하려는 경향이 강하다. 이러한 문화에 젖은 기업은 미래에 대한 명확한 비전 제시나, 실질적 변화에 필요한 지원을 제대로 수행하지 못한다. 또한 장기적인 성과보다는 단기적 성과에 집착하는 경향이 강하며, 단기적 성과에 대한 보상 시스템 강화를 통한 현 상황의 유지, 현재의 체제를 공고히 다지는 경우가 많다. 이러한 문화적 고착은 조직 구성원들이 현재의 구도 속에 안주하는 것이 바람직하다는 절대적 메시지로 인지하여 변화에 대한 거부, 실패에 대한 두려움은 조직 문화 내 깊은 '불포화不飽和 요소'로 자리 잡게 된다. 이 글을 읽는 독자들에게도 아마 상당 부분 익숙한 상황일 것이다. 필자는 컨설팅 중에도 변화 기틀 마련을 위한 다양한 시도를 하게 되는데, 가장 난감한 부분은 이미 고착화/정형화되어 버린 내부 조직에 대한 변화의 필요성은 인지하면서도, 그 주체가 되어야 할 각 구성원들조차 이미 그 문화가 익숙해져 있어 행동 양식 또한 그에 맞는 패턴으로 굳어 버렸다는 데 있다. 업무 부담이 너무 크거나 지식의 부족 등으로 인해 주어진 일만 하기에도 시간이 부족한 경우가 있다. 평가와 보상은 '새로운 일' 보다, '이미 수익을 내는 일'의 전문성에만 맞춰져 있다. 이러한 문화 속에서 뭔가 새로운 아이디어를 생각해 내고, 새로운 일을 주도적으로 추진한다는 것은 매우 힘든 일이다. '스마트한 문화'는 이러한 장애 요인을 제거해 나가야 한다. 필자의 경험으로 볼 때, 장애 요인 제거에 있어 두려움 없이 가장 먼저 혁신되어야 할 사항은 '직제 파괴', '리더 재평가', '新인재 발굴'이다. 위계적 직제가 계속 잔존하는 한, '스마트한 문화'의 길은 더디다. 또한 조직의 리더십에 대해 재해석이 선행될 시점이다. 필요한 경우 다양한 분야의 기득권을 가지고 있는 리더들에 대한 옥석玉石을 가려내야 한다. 이러한 재평가 과정은 문화 혁신의 '주동력主動力'이 될 리더들의 갈등과 반발도 초래하게 되지만, 정체가 심하고 미래에 대한 준비가 더더욱 부족한 조직이라면 조정은 필수적 선결 과제일 것이다. 새로운 인재는 내부의 재원과 외부의 재원을 동시에 고려할 수 있겠지만, '실패를 책임지고, 책임을 회피하지 않고, 성과를 공유하고, 스킬을 전파하고, 창의력을 장려'하는 인재가 최우선으로 필요할 것이다.

(9) 구성원 간 역량과 창의력을 끌어올릴 수 있는 미래형 학습 조직을 만들라

새롭게 변화하는 조직의 가장 큰 걸림돌은 구성원들의 능력과 의지 부재가 아니다. 앞서 언급한 관리자, 즉 리더들의 리더십 스타일Style이 조직의 변화 방향과 제대로 조화가 되지 못했기 때문에 발생하는 것이다. 따라서 명령/지시 위주의 통제형 리더십에 대한 개선안이 마련되고 공감대가 형성된다는 가정하에, 뒤이어 수반되어야 할 과정이 능력이 부족하거나 협업 방식에 문제가 있는 구성원들을 조직의 전략에 따라 한 단계 업그레이드Upgrade할 수 있도록 하는 시스템을 마련해 주어야 한다. 단기간의 교육 훈련을 통한 과업 스킬에 대한 향상은 기대할 수 있겠으나, '스마트한 문화'를 구성하는 핵심 과제일 '자율/능동적으로 참여하는 창의적 교류를 통한 성과의 확산' 문화 구축에는 부족함이 있을 것이다. 기업은 중/장기적인 관점에서 조직 구성원들이 '마인드Mind 혁신', '과업 실행 수준 상승', '행동 양식의 변화', '내재화', '시스템화'의 과정에 도달하고자 한다면, 절대적으로 '미래형 학습 조직화'에 투자하여야 한다. 미래형 학습 조직화를 위해서는 조직의 현재 내/외부 현황과 미래의 미션Mission 및 비전Vision의 요구에 맞게 체득화體得化된 정보의 공유가 선행되어야 하며, 현재의 수익과 연결되는 직접적 과업에 대한 연결이 '1차적 목표', 새롭게 창출되는 지식과 아이디어로 이를 전파/보급하여 급변하는 경영 환경에 대한 대처 능력, 조직 전체의 성장 발전 능력을 향상시키는 데 기여하도록 전개하는 것이 '최종 목표'가 될 것이다. 미래형 학습 조직은 '고객 만족, 회사 만족, 직원 만족'의 근원적 필요성에 기인한다. 경쟁자, 고객, 기술, 정부 정책 등 여러 방면에서 변화의 속도는 빨라지고, 그 깊이와 폭이 심화되는 예측 불허의 방향에서 기업은 당면 문제와 예측 불능의 미래 문제를 해결하고 새로운 미션을 달성할 전략 과제 실행을 위해 구성원들의 과업 스킬은 물론 창의력을 배양해야 할 필요가 있다. 본서의 3장, '미래로 가는 열쇠', '스마트한 일터'의 구축 절차와 방법 편에서 그 솔루션Solution에 대한 과정을 세부적으로 다루겠지만, 기존 혁신 노력의 한계 극복이 필요한 조직에서 '스마트한 일터'를 구성하고자 하는 근본적인 이유도 성과 향상과 체질 개선을 위해 노력했던 그간의 과정들이 그만큼의 효과를 내지 못했기에 이어지는 트렌드Trend라고 필자는 진단하는 바이다. 우리는 혁신 노력에 의해 창출될 지혜를 관행으로 가로막고 있었고, 지식이 조직의 미래를 위한 자산화資産化가 되지 못한 점, 조직 구성원들을 현재의 '충분재원充分財源'으로만 생각했지 미래의 '필요재원必要財源'으로 존중하지 못한 점 등은 현재 시점에서 많은 조직이 통렬히 반성할 부분이라 생각한다. 창조력 증대를 위한 미래형 학습 조직화는 코로나19로 앞당겨진 산업 간 산업 내 경쟁의 불확실성, 글로벌 차원의 전면적인 무한 경쟁 시대를 맞아,

'과거식 모방 학습만으로는 생존하기 어려운 한계에 봉착해 있다'라는 교훈을 담아 당면 개선 과제로 시급해 시행되어야 하며, '불확실성不確實性'의 가시화는 '창의적 교류와 그 산출물'이 미래 기업 성패의 열쇠가 될 것이라고 단언한다.

(10) 인재를 중시하며 일하는 문화를 만들라

이제 기업은 구성원들이 회사가 자신의 발전을 위해 노력하고 있다는 것을 느낄 수 있도록 인적 자산을 중시하는 문화를 더욱 신경을 써 구축하여야 한다. 이는 마지막으로 반드시 수반되어야 할 의도적 과제이며 '문화 혁신'의 전략이다. 새로운 아이디어를 생각해 내고, 과거의 관행에 얽매이지 않고 새로운 행동 방식을 실험해 나가는 것은 '오픈 이노베이션Open Innovation'의 시작이며 '오픈 마인드Open Mind'를 통한 개선된 '행동양식行動樣式'을 제공하게 될 것이다. 성장하지 못하는 모든 조직은 이러한 시도로 초래되는 위험을 먼저 걱정하며 도전하지 못하고 정체된다. 단기의 성과가 유지된다고 해도, '준비하지 못함'은 장기적으로 실패다. 기업은 조직 구성원들이 이러한 위험을 감수하고 업무를 주도적으로 추진하고 커뮤니케이션Communication할 수 있는 '스마트한 문화' 조성을 위해 격려와 응원을 아끼지 말아야 하며, 이를 '스마트한 제도'로 뒷받침해야 한다. 결국 '문화 혁신'의 핵심은 '조직 구성원들이 얼마나 능동적으로 조직 내에서 자신의 역할 수준을 재정립하고 이를 실행해 나가려고 하는 마인드Mind를 확립하는가'에 달려 있다. 세대를 거듭할수록 구성원 개인이 선호하는 '워크 스타일Work Style'과 '라이프 스타일Life Style'도 개인의 소신과 철학, 기호에 따라 달라지고 있다는 점도 인정해야 한다. 이제 개인은 집단주의적 사고방식에서 개인 중심의 일과 삶의 균형을 강조한다. 예를 들어, 대기업의 높은 연봉을 포기하고 사회적 평판은 물론 비교적 업무의 가치가 높이 평가되고 과밀도가 적다고 느끼는 '교직', '공무원' 등으로 이직을 하는 20~40대를 매스컴Mass Communication에서 자주 볼 수 있는데, 이는 앞서 말한 '워라밸work&life balance'에 대한 니즈는 물론 집단적 동질성을 강조한 위계/통제 문화보다, 다양성과 수평적 의사소통, 탑다운Top-down 방식보다 바텀-업Bottom-up 방식으로의 체계 전환, 눈치 보기 문화 및 야근/장시간 근무보다 효율적 스마트 워크Smart Work를 강조하는 특성이 있음을 환기하여야 한다. '스마트한 인재'는 '스마트한 문화'를 구성하는 최근원의 주체이며, '인재 존중'과 미래형 인재 육성'은 그 자체로써 '의미'보다, 기업의 성패를 위해 반드시 내재되어야 하는 '장기적 미션'으로 삼아야 하며, 이는 '의도적'이고 '전략적'으로 추진되어야 하나, 그 근본엔 '인문학적 철학과 존중'이 담겨 있어야 할 것이다.

우리는 지금까지 '스마트한 일터'를 구성하게 되는 핵심 3요소, '스마트한 공간', '스마트한 문화'에 대한 개념과 의미를 함께 살펴보았다. '스마트한 공간'이 '인체'이고, '스마트한 문화'가 '행동 철학과 인격'이라면, 다음에 소개하는 '스마트한 제도'는 강력한 '행동 규범'이 될 것이다. 이제 2장의 마지막 편인 '스마트한 제도'를 소개하며 필자의 '스마트한 일터' 구축 핵심 3요소에 대한 개념 소개를 마무리하도록 하겠다.

4. '스마트한 일터' 만들기: 스마트한 제도란?

자, 이제 공간과 문화의 변혁을 위한 여건에 대해 알아보았다. 우리는 서두에서 우선적으로 인지해야 할 제도적 변화 과제에 대해 간단한 예를 들어 살펴보았다. 이제 제도의 사전 환기를 위해 언급한 필요 과제를 포함하여 '스마트한 제도'를 정립하기 위한 제도적 과제들을 본편에서 세부적으로 살펴보아 그 개념과 필요성을 정립하도록 하겠다.

구분		'스마트한 제도'의 구축
1	'스마트한 제도' 구축 조직 구도 개선 포인트 : 조직 구도를 재점검하자	조직 구도 개선은 기업의 입장에서 설계하는 것이 아니라, 고객의 입장에서 설계한다.
2		조직 구도 개선은 사업 부문별 가장 위의 정점에서 전략에 따라 설계하는 것이 아니라, 최하위단의 현장의 상황에 맞게 설계한다.
3		조직 구도 개선은 관리적 차원에서 편의를 위해 설계하는 것이 아니라, 자율성 증진 차원에서 설계한다.

4	'스마트한 제도' 구축 조직 구도 개선 포인트 : 인사 제도를 재점검하자	인사 제도의 개선을 위해서는 최우선으로 공정성을 확보해야 한다.
5		인사 제도의 정착을 위해서는 결과가 반드시 합리적으로 결과가 측정되어야 한다.
6		인사제도의 유지를 위해서는 구성원의 피드백이 반영된 보완점을 수렴하여야 하고, 특히 평가/보상 제도는 목적화된 평가 철학을 필히 반영해야 한다.
7	'스마트한 제도' 구축 조직 구도 개선 포인트 : 근무 제도를 재점검하자	다양한 근무 제도의 정착을 위해서는 '스마트 워크(Smart Work)' 기반, 유연 근무 제도가 선행하여 구축되어야 한다.
8		다양한 근무 제도의 정착을 위해서는 기존에 주로 추진되었던 '대면' 방식의 근무 형태에서, '비대면' 방식으로 확장되어야 한다.
9		다양한 근무 제도의 정착을 위해서는 새로운 시대에 요구되는 '비(非)대면' 근무 방식이 구체적으로 개발되어야 한다.

〈도표 2-8〉 '스마트한 제도'의 구축

1) '스마트한 제도'의 구축:
조직 구조를 재점검하자

제도 구축에 앞서 초기 단계에 가장 먼저 고민해야 할 사항은 조직 구조 현황의 재점검이다. 전통적 조직은 위계가 명확한 형태를 띠고 있다. 피라미드화가 되어 있고, 기능별로 계층화되어 있으며, 조직 내의 모든 업무가 사업부의 목표에 따라 개별적으로는 단일 업무 형태의 업무를 주로 진행하게 된다. 다분히 계층적이고, 그 목표는 상부에서 주어지는 경우가 많다. 리더의 형태는 강하고 명백한 관리적 지도자형 유형의 인재들이 상부의 명령에 따라 상명하복과 지시, 품의 형태의 절차에 따라 정보를 때로는 폐쇄하고 때로는 독점하기도 한다. 보상은 사업부 목표에 따른 연공주의적 성격과 개인 보상 성격을 나타낸다. 다만 과업 형태의 한계로 목표에 대한 책임은 사업부가 지나, 하위로 내려갈수록 세부적인 업무에 대한 책임은 업무 과실을 물어 개인이 지게 되는 경우가 많았다. 평가의 구조는 상부 조직에 대한 기여도와 충성심이 주가 된다. 성과는 주로 사업부의 목표에 의한 기능별 지표에 대한 객관적 평가보다, 핵심 관리자에 의한 막강한 권한으로 인한 주관적 평가 성향이 강하게 나타날 수밖에 없는 구조였다. 업무는 관리자가 상부의 지시에 따라 계획하고, 배분하며, 통제하고, 개선해 나가는 모든 역할을 수행하는 것이 일반적이었다.

〈그림 2-9〉 제도를 통한 구성원 참여

다른 상황을 보자. 국내에 일본식 구조의 기능형 구조에 더해 팀제의 형태가 도입된 것도 벌써 수십 년이 흐른 상황이다. 팀제를 가장 먼저 도입한 기업에 대한 의견은 차치하고라도, 팀제는 수평적이고 유연한 성과 문화를 만들어 나가자는 취지에서 많은 경영자가 경직된 조직 구조를 타개하고자 자연스럽게 선택한 시대적 흐름이었다. 수평적으로 도입되었다는 팀은 '사업부', 하위의 '과' 명칭을 통합해 일반적인 '팀'으로 바꾸어 놓는 역할을 하게 된다. 이러한 '팀'들은 팀의 미션을 수행하기 위해 개인별 단위 업무에서 팀원이 협업하는 전체적 다수 업무의 흐름으로 변화되는 계기가 된다. 현재 팀제를 운영하는 구성원들이 보기에 의견이 갈릴 수는 있으나 애초에 팀제를 도입하면서 팀의 목표는 스스로 찾아내고자 하는 것이 취지였고, 집중화된 리더의 권한을 리더십 개선을 통해 팀의 다양한 리더들 및 차기 양성되는 우수한 팔로워들에게 공유하도록 유도하였다. 상명하복이 아닌, 상호 간 의견을 전달하고 토론/토의하여 프로젝트 수행의 목표점을 합리적으로 조정해 나가길 원했다. 정보는 일부 관리자에 의한 폐쇄적이고 독점적인 형태에서 개방적인 공유를 원칙으로 도입되었고, 연공이나 개인 위주의 보상에서 팀의 성과에 기인한 공동의 목표 달성 정도와 능력에 따라 성과급이 배분되었다. 팀은 결과에 대한 공동 책임을 지며, 팀이 의도한 목표 대비 달성률이 명확한 평가 기준의 지표로 활용되었다. 팀제는 업무가 통제되는 것이 아닌, 팀 전체가 공유하여, 업무를 계획하고, 배분하고, 통제하고 개선해 나가는 등 관리자의 일방적 결정이 아닌 팀의 협의체를 기반하여 업무 사항을 결정하게 된다.

앞서 소개한 두 가지 조직 구조 방식을 읽었다면, 다소 고개가 갸우뚱해질 것이다. 기능식 구조와 팀제의 구조, 분명히 우리 조직은 팀제를 선택하여 사용하고 있는데 아직까지 구시대적 기능식 구조의 성격이 많이 보이는 것은 왜일까? 이런 의문에 대한 해결은 많은 저서에서 다루고 있으나 제시된 대안들에 대한 개선점이 아직까지 '확실히 바뀌었다'라고 결론짓지 못하는 것은, 국가별, 문화적 차이로 인한 전통에서 그 원인을 찾을 수 있을 것이며, 수많은 기업의 최고 경영자를 포함하여 이미 세대를 거듭해 온 조직 기득권층, 즉 기존의 직업관으로 성장/발전하고 학습된 리더들의 내재화된 사고방식을 한 번에 흔들기도 여간 쉽지 않은 문제인 것 같다.

그렇다면, 글로벌 추세에서 팀제 등 대한민국 기업이 채택/변형하여 운영하고 있는 한국 기업 특성의 조직 개선 구도의 한계는 어떻게 변화해야 할 것인가? 더불어 현실적이고 직접적인 제도적 개선 과제를 찾자면 무엇이 있을까? 필자는 이러한 의문의 시작, 고민의 포인트에서 '스마트한 제도'가 출발할 수 있다고 본다.

1　'스마트한 제도' 구축을 위한 조직 구도 개선 포인트 하나: 조직 구도 개선은 기업의 입장에서 설계하는 것이 아니라, 고객의 입장에서 설계한다.

　기사가 바둑판에 한판의 바둑을 두어 나가듯, 최고 경영자는 최종 형태를 예측할 수 없는 기업의 입장에서 한 수, 한 수의 구성을 시작하게 되는 경우가 많다. 하지만 사업의 전략과 변화 측면에서 보자면, 가장 먼저 척도로써 고려되는 것은 고객의 니즈Needs이자 고객의 소리다. 같은 맥락에서 직제상의 어려움을 타개하는 관점을 또 다른 예측 불허의 상황 속에서 제2, 제3의 조직화를 구상하는 시도보다, 고객을 지향하여 고민하게 되는 접점에서 개선안은 그 규모와 범주가 쉽게 결정될 수 있다.

2　'스마트한 제도' 구축을 위한 조직 구도 개선 포인트 둘: 조직 구도 개선은 사업 부문별 가장 위의 정점에서 전략에 따라 설계하는 것이 아니라, 최하위단의 현장의 상황에 맞게 설계한다.

　고객에 대한 신속한 대응, 정확한 서비스, 불편함 없는 사후 관리까지 가능한 조직 구도라면 기업에 따라 제품 또는 프로젝트 형태의 그 중요도와 긴급도에 따른 조직도 내 부문별 팀의 세부 규모와 범주가 결정될 수 있을 것이다. 다만, 하나의 시스템System으로써 조직 형태로 제도화하고자 한다면, 최고 경영자와 관리자급 리더는 항상 조직의 효과성 극대화를 위한 가장 하위 유닛Unit의 현장 과업 플로Flow를 함께 고려해야 한다. 지속적으로 시장에 진입하고 고객 만족을 수행하는 그 접점, 그 핵심 구조를 개선하는 것은 조직의 헤드라인Headline을 개선하는 것보다 수십, 수백 배의 고민이 담겨야 한다. 어떠한 업종, 어떠한 서비스 형태의 기업이든, 1차적으로 마련된 고객을 위한 조직 구조의 형태는, 2차적으로 고객 접점의 현장에서 시스템화된다는 것을 명심하길 바란다.

3 '스마트한 제도' 구축을 위한 조직 구도 개선 포인트 셋: 조직 구도 개선은 관리적 차원에서 편의를 위해 설계하는 것이 아니라, 자율성 증진 차원에서 설계한다.

'스마트한 제도'를 구축하기 위해서는 전통적으로 여겨 오던 '사람'에 대한 인식을 달리하는 것에 그 개선의 의미가 있다. 제도적 개선은 직원을 '비용'으로 여기는 것이 아닌 '투자'로 인식해야 하며, 투자로 인해 '통제'하는 것이 아닌 '육성'의 개념으로 발전해야 하며, 육성을 위해 '관리'하는 것이 아닌 공정하게 '평가'하는 개념으로 변화해야 하며, 궁극적으로 변화를 위한 다양한 기회들이 '폐쇄'되는 것이 아닌, '개방'되어야 할 것이다.

조직이 관리적 차원의 조직 구도 개편을 반복하다 보면, 조직화의 개선을 어느 부문에 적용해야 효과적인가에 대한 부분적 개선 효과를 일시적이거나 때때로 얻을 수는 있겠으나, 장기적으로 위계적 조직, 수직적 구도, 기능적 중심 사고의 조직 문화는 제도의 실패로 인해 그 한계가 더욱 명확해지고 제도적 병폐病弊는 더욱 고착화固着化될 것이다.

2) '스마트한 제도'의 구축:
인사 제도를 재점검하자

다음 순서로 '스마트한 제도' 구축을 위한 인사 제도의 변화 방향에 대해 논해 보겠다.

우선, 전통적 인사 제도의 흐름을 간략히 살펴보자면, 과거 동양을 중심으로 한 전통적 인사 제도인 연공형 인사 제도는 학력, 근속, 성별, 연령을 기준으로 한 연공급, 승진 중심의 인사 고과가 인사 제도의 중심축이 되는 인사 제도이다. 서양에서는 특히 선발 선진국이었던 영국과 미국식 인사 제도의 발전을 토대로, 유럽의 경우 노동력이 사회적 가치에 의해 임금이 결정되는 일종의 직종형 인사 제도로 발전해 왔다. 영미식 인사 제도는 직무급이 중심이 되지만, 유럽의 임금은 사회적인 노동력의 기능도와 숙련도에 따른 능력적 가치에 따라 결정되는 직종별, 숙련도별 임금 성격의 직종급이 중심이 되고 있다. 앞서 언급한 연공형 인사 제도는 일본을 중심으로 발전해 왔지만 1960년대 중반, 대대적인 노사 분규를 수습하는 과정에서 직무형 인사 제도의 장점을 일본식으로 토착화시킨 뒤, 이른바 직능 자격형 인사 제도를 발전해 왔고, 우리나라도 유사한 형태로 인사 제도를 도입하여 운영해 왔다. 이후 보완된 제도로써, 직능 자격 기준 등 능력주의적 인사 기준을 설정한 다음, 그 기준에 맞는 인재를 확보, 육성 및 적극적으로 활용하면서 개별 사원의 직무 수행 능력과 기여도를 평가하여 그 결과에 따라 승진, 승격, 승급 등의 처우를 결정하는 이른바 과업과 기능의 깊이에 따른 능력과 수준에 대한 인사 처우 및 직위/직급의 명확한 단계를 구분하여 채용부터 퇴사까지 경력 개발과 교육 훈련을 통한 직능 자격을 높여 나가고자 하는 '신新인사 제도'로 보완되어 우리나라에 적용되어 왔다. 참고로, 인사 제도의 요소로는 채용, 배치 및 전환, 평가 및 보상, 급여, 승진 및 승격, 교육 및 훈련, 경력 개발, 복리 후생, 퇴직 등으로 구분할 수 있겠다.

대한민국 중앙 정부, 지자체 및 민간 차원의 각 기업들도 최근에 능력과 적성에 따라 직책을 맡기고 업적과 성과에 따라 보상하는 것을 주요 내용으로 하는 혁신안을 '신新인사 제도'라는 타이틀Title을 걸고 진행하고 있는 추세이다. 온라인On-Line, 비非대면 채널Channel이 급증한 금융가는 물론, 서울시의 '성과 포인트 제도', 직무 성과급형 연봉제를 근간으로 한 한국타이어의 신인사 제도, 능력 개발형 인사 제도를 통한 적절한 보상으로 조직 전체의 강한 경쟁력을 축적하기 위한 LG전자의 신인사 제도, 기업 중심에서 직무 중심으로 채용과 승진, 임금 제도를 전환하여 개인의 능력과 성장에 상응하는 보상 체계를 마련하고 대내적인 형평성은 물론 대외적인 임금 경쟁력을 강화하는 계기를 마련하여 우수 인력의 확보 및 유지에 큰 효과를 거둔 유한킴벌리의 신인사 제도가 대표적일 것이다.

본격적으로 인사 제도에 대한 도입이 시작된 1960년대를 필두로 20세기와 21세기를 이어 오면서 인사 제도에 대한 인식은 생존 경쟁을 위한 각 조직의 변형적 강구책을 통하여 성공적인 사례를 통한 발전이 이어 오고 있으나, 성과주의 인사 제도의 원천이라 할 경과 중심 관리 체제의 본질에 대하여 인사 체제의 그 한계점이 드러나고 있다고 볼 수 있다.

우리는 여기에서부터 '스마트한 제도'에서 바라는 '인사 제도' 체제의 방향성을 수립해 보고자 한다. 우선 인사 제도는 제도의 수립 자체에 목적이 있는 것이 아니라, 수립된 체제의 운영을 통한 결과를 반드시 측정해야 할 것이다. 하지만 현재 많은 조직이 이 부분에 대한 측정을 객관성을 가진 제도적 분석 지표가 아닌, 리더의 주관적 평가에 맡기거나, 매출과 실적 또는 단기적 성과로 인사 제도의 검증 여부를 단순히 평가하는 등 그 평가와 검증의 오류에 빠져 있는 경우를 자주 보게 된다. 앞서 언급한 성과 평가 시 당연하게도 효과성에 대한 정확한 평가는 불가능할 것이며, 제도 설계의 전제상의 문제와 그 기대 효과 및 목표의 가정상의 문제가 뒤따른다. 결국 크게 보아 경영상의 목표점을 제외하고는 조직을 운영하는 철학과 가치관, 시스템의 운용이 산업이나 시장, 그 처한 환경에 따라 각기 다를 수밖에 없는 조직의 제도적 형태가 일부 성공 기업의 제도에 맞추어 복사되거나 재설계되는 과정에서 기업의 철학과 특성, 문화를 담은 제도적 시스템이 현실과 잘 맞지 않는다는 큰 문제점이 있을 것이다.

다만 대부분의 조직이 지금까지 운영해 오던 인사 제도 시스템을 한 번에 바꾸기가 불가능할 것이기에 '스마트한 일터'를 만들기 위한 '스마트한 제도' 부문 중 인사 제도에 대한 필수적 개선 방향성을 함께 검토해 보도록 하겠다.

4 '스마트한 제도' 구축을 위한 인사 제도 개선 포인트 하나: 인사 제도의 개선을 위해서는 최우선으로 공정성을 확보해야 한다.

'스마트한 일터'를 움직이는 동력은 '스마트한 문화' 의식을 갖춘 인재들이 '스마트한 공간'에서 '스마트한 제도'를 통해 행동 양식이 체득화體得化되어 시스템화System化된다. 새로운 환경에 기존 제도의 틀을 모두 맞추기는 불가능에 가깝다. 다만, 인사 제도 측면에서 여기엔 반드시 '공정성'을 어떻게 확보하는가에 달려 있다. 예를 들어 평가와 보상의 관점에서 고과 결과의 공정성이 확보되지 않으면, 직원들은 제도의 수용도가 낮아져 직무의 능률 및 회사에 대한 충성도가 함께 저하되고, 이러한 동기 부여의 하락은 조직의 '올바른 문화 형성' 과정을 저해하는 악순환으로 작용한다. 인사 고과를 진행하는 현장 관리자의 능력이 부족한 원인도 일부 있겠으나, 고과자의 능력보다 고과를 진행하는 주무 부서處의 고과 원칙 또는 고과자 스스로가 가지고 있는 개인적 특성이 대체로 개인주의적 존중을 지향하기보다 전통적 집단주의 문화 부분으로 조금 더 치우쳐진 사고를 하게 되는 것도 큰 문제적 발상으로 해석할 수 있다. 다음 장의 '스마트한 일터' 구축을 위한 절차와 솔루션 편에서 이러한 고민을 담아 현실적인 방안을 담아 보겠으나, 공간과 문화가 변화하는 데 있어 행동 규범을 체득화體得化하는 주도적 역할을 하게 될 인사 제도의 '공정성'을 담은 개선안이 지금보다는 더욱 엄정하게 추진되어야 할 것이다.

〈그림 2-10〉 제도로 쌓아가는 신뢰와 공정

5 '스마트한 제도' 구축을 위한 인사 제도 개선 포인트 둘: 인사 제도의 정착을 위해

서는 결과가 반드시 합리적으로 결과가 측정되어야 한다.

일부 선도 기업들을 제외하고, 인사 제도의 공정성과 합리적 의사 결정을 위한 객관적 자료의 합리화에 실패하는 모습을 자주 보았다. 이는 인재 확보가 어려운 작은 규모가 조직에서 더욱 두드러지며, 이 경우 제도 운영 부서와 구성원 각각의 전문성이 결여될 수밖에 없다. 다만 그럼에도 불구하고, 인사 제도를 통한 관리 시스템을 체계화하고 그 결과가 정기적으로 측정되고 측정된 데이터를 어떻게 합리적으로 평가에 반영하여 피드백을 할 것인가에 대한 고민은 그 규모와 기타 요인에 상관없이 '스마트한 제도'를 만들기 위해 모든 조직이 추진해야 할 사항이다. 제도 운용 결과에 대한 분석은 임금, 승진 사항은 물론, 교육 훈련과 인재 육성의 필요성 정도를 검토하고 예측하여 차후 제도에 개선안을 반영할 계기가 되고, 특히 조직 내 수직/수평의 커뮤니케이션 강화, 제도의 효율성 제고, 각종 개선 프로그램의 비용 예측과 경제적/직무적 효과 등을 예측할 수 있어, 향후 개선된 인사 제도를 추진하기 위한 근거로 남게 된다. 이처럼 인사 제도의 변화를 통한 합리적 지표의 설정, 정기적 측정과 분석을 통한 합리적 피드백 과정은 조직 내 의사소통 및 기타 다방면의 조직 관리에 활용되며, '스마트한 공간'은 물론 최종적으로 '스마트한 문화'의 정착에 기여하게 된다.

6️⃣   '스마트한 제도' 구축을 위한 인사 제도 개선 포인트 셋: 인사 제도의 유지를 위해서는 구성원의 피드백이 반영된 보완점을 수렴하여야 하고, 특히 평가/보상 제도는 목적화된 평가 철학을 필히 반영해야 한다.

조직이 성과를 창출한다는 관점에서 성과 창출의 한계나 제약 요소로 가장 많이 고충을 토로하는 부분이 바로 인사 제도의 운용, 특히 평가와 보상 제도에 대한 것이었다. 이 부분은 조직 구성원에게 감성적, 업무적으로 가장 많은 영향을 미치는 요소라고 할 수 있다. 조직 문화 관점에서 평가 제도는 근본적인 목적에 조직 차원의 합의체가 확립되어야 한다. 다만 조직 내에 누가 더 일을 잘하는지 못하는지를 가리는 일차원적인 사고나, '선의의 경쟁을 유발하여 개인과 조직 성과를 토대로 발전을 꾀하자'라는 일차원적 생각은 선순환 경쟁 시스템을 고사하고 오히려 조직 내 불필요한 정서적 압력과 경제적 압박만을 유발하여 조직을 구조적 타성에 빠지게 하거나 구성원 간 신뢰와 협력을 저하하고, 더 나아가서는 집단 내 개인의 주도성과 창조성을 억압해 실질적인 성과를 떨어뜨릴 소지가 있다.

'스마트한 제도'의 평가와 보상 제도는 반드시 인사 제도의 목적에 부합하여 설계되어야 하며, 구성원의 역량과 성장을 확인하고 이를 가속화하기 위한 개인, 조직 차원의 구체적인 합의점을 찾는 것에서 그 효과를 기대할 수 있다. 동시에 개인의 인정과 참여, 성과들이 모임으로써 조직 차원의 시너지를 발휘하게 된다. 구성원 개인의 성장과 일에 대한 몰입을 유도하기 위한 제도화는 평가&피드백 하는 일련의 과정이 구성원들의 일에 대한 가치를 알고 일에 대한 즐거움과 일의 의미를 더 많이 느낄 수 있도록 지원하는 장치로의 역할이 필수적이다. 목적이 분명한 제도 운영을 통한 개인의 성과 유도 및 개인 성과가 조직 역량으로 확장되기 위해서는 인사 제도를 조정해 나가는 활동이 이뤄지고 리더를 통해 구성원들에게 피드백Feedback하는 일련의 과정 속에 제도화되어야 한다는 것을 의미한다. 평가의 본질적인 목적에 부합하는 평가 제도, 구성원의 성장과 몰입을 이끄는 목표 지향 평가 제도는 반드시 합의된 평가 철학을 확립해야 한다. 조직의 리더들은 물론, 조직 전체 구성원 간 대화와 합의를 평해 평가의 목적과 보상 실행의 원칙, 그리고 그 원칙에 입각한 제도를 정립해야 한다.

3) '스마트한 제도'의 구축:
근무 제도를 재점검하자

앞서 '스마트한 제도' 구축을 위한 성과 평가 및 보상 시스템에 대한 필자의 견해를 밝히었다. 성과 관리에 대한 고민들은 '왜 다양한 근무 제도의 도입과 함께 논의되어야 하는가'의 의문에서 본문의 과제로 출발한다. 성과 관리에 대한 다양한 고민들은 기업과 조직의 현장에서 늘 있어 왔고, 각 기업들은 '어떻게 성과형 조직을 지속시키는가'에 대한 개선안에 대해서는 지금도 많은 고민을 거듭하고 있다. 앞서 논의했던 '스마트한 제도' 구성을 위한 성과 관리의 이슈와 문제점들은 다양한 업무 형태의 규범, 즉 다양하게 파생되고 확장되는 근무 제도의 도입과 그 효율적 운영에 따라 심화될 개연성이 크다. 정부의 '주 52시간 근무 제도', '워라밸Work&Life Balance' 시대와 '코로나19' 시대로 이어지며 달라진 법적 규제 상황과 개인이 기업을 대하는 가치관을 참고할 때, 다양한 근무 제도의 도입과 유연 근무 제도는 이제 '스마트한 제도'화를 위해 기업에게 주어진 필수 변화 과제이며, 조직적 '성장의 질'은 물론 개인적 '삶의 질' 또한 근본적으로 함께 다뤄져야 하며 동시에 제도적으로 해결되어야 한다는 점을 상기하자.

7 '스마트한 제도' 구축을 위한 근무 제도 개선 포인트 하나: 다양한 근무 제도의 정착을 위해서는 '스마트 워크Smart Work' 기반, 유연 근무 제도가 선행하여 구축되어야 한다.

유연 근무 제도는 통상적 근무 시간과 근무일을 사전에 회사와 협의/조정하여 구성원이 자유롭게 계약된 시간 안에서 자율적으로 활용할 수 있도록 법 제도를 기업별로 규정화해 운용하는 시대적 흐름에 맞춘 반가운 제도다. 이에 따라, 근로자는 근로 시간과 근로 장소 등을 선택하고 조정하여 일과 생활을 조화롭게 하고, 조직은 인력 활용의 효율성을 극대화할 수 있다. 현제 유연 근무제가 많은 기업에서 이슈화되는 주된 근거는 우선 정보의 주 52시간 근무 제도 추진에 따른 결과로 예측할 수 있으며, 더불어 생산성과 효율성이라는 '두 마리 토끼'를 모두 잡기 위한 '스마트 워크'의 제도적 핵심 요소이기에, 코로나19 상황으로 인한 재택근무와 유연한 근무 체계의 필요성이 맞물려 많은 조직이 앞다투어 도입하고 있음이 확인된다. 모바일 오피스를 구성하는 각종 도구들, 스마트폰, 태블릿Tablet을 포함 스마트 기기의 보급으로 근로자는 꼭 기업 사무실이 아니어도 업무 수행이 가능해지고, 시간과 공간의 제약이 없기 때문에 이동 시간의 낭비 개선을 포함, 다양한 긍정적 효과들이 종업원 만족도로 이어져 근무 효율성과 기업 생산성을 동시에 높여 주고 있다.

앞서 밝히었듯, 유연 근무 제도는 크게 보아 5가지로 구분된다. 유연 근무 제도의 종류는, 필수 근무 시간을 유지하고 자신에게 편리한 시간을 직접 정해서 출퇴근이 가능하도록 근무하는 '유연 출퇴근제', 회사 출퇴근 없이 집에서 근무할 수 있도록 하는 '재택 근무제', 한 개의 일자리를 두 사람 이상의 인원이 나눠 근무하도록 하는 '일자리 공유제', 하루 근무 시간을 늘리는 대신 나중에 이에 대한 보상으로 추가적인 휴일을 갖도록 하는 '집중 근무제', 근무 기간과 근무 시간을 개인이 원하는 사항에 맞춰 줄이는 '한시적 시간 근무제'의 5가지로 구분된다. 이는 개정된 근로기준법을 근간으로 다양한 근무 형태를 통한 '근로 시간'의 유연화, 재택 및 원격 근무제 등을 통한 '근로 장소의 다양화', 직무 공유제, 시간제 근로를 통한 '근무 총량 조정', 장기 휴가, 안식년 제도, 가족 의료 휴가 등 조직 제도의 유연성 확보를 통한 '근무 연속성의 유연화' 등의 효과를 보인다.

〈그림 2-11〉 근무제도의 유연성 확보

많은 직장인이 '퇴근 후의 삶이 보장'되는 현실을 꿈꾸고 있고, 기업도 효율적 조직 관리 차원의 유연성이 확보되는 등 근로 유연성의 필요 인식이 과거에 비해 크게 개선되었다. 하지만 여전히 많은 기업이 유연 근무 제도를 실시하지 않는 이유는 무엇일까?

그 예측되는 사유를 몇 가지 들자면, '부서, 협력사 등과의 협업 문제 가능성', '많은 업무로 인한 제도 도입의 여력 부족', '경영진의 우려와 반대', '제도의 악용 리스크', '제도 도입을 위한 시간, 비용, 관리 인력 등 투자 여력 부족' 등으로 정리할 수 있다. 다만 많은 조사 자료를 참고하여도 선택 비중이 높지 않은 요소가 한 가지 눈에 띄는데, 명분으로 내세우는 기타 요인들은 차치하고라도, 경영진을 필두로 각 사업 부문의 책임을 맡은 고급 관리자 이상 계층에서 가장 우려가 되는 부분은 필자의 현장 상담과 피드백으로 볼 때 현재와 비교하여 '전반적인 성과 하락에 대한 부정적인 판단 또는 운영 악화 리스크Risk에 대한 예측'이 아닐까? 다르게 표현해 보겠다. 대한민국에 등록된 법인 형태의 기업 90% 이상의 기업들, 그 경영자들이 시대적, 법과 제도적 필연성에도 불구하고 아직 유연 근무 제도를 시행하지 않는 이유를 '강하게' 표현하자면 그간 공들여 쌓아 오고 익숙해진 '현재 시스템의 고수'이자, 혁신에 반드시 수반되어야 할 '문화와 제도 변화의 거부'로 해석된다. 다음 3장에서 제도 변화에 대한 거부나 막연한 지연으로 인해, 공들여 변화한 '공간'과 그간 쌓아온 '문화'도 함께 무너질 수 있다는 위험성을 사례를 통해 소개할 것이다.

8   '스마트한 제도' 구축을 위한 근무 제도 개선 포인트 둘: 다양한 근무 제도의 정착을 위해서는 기존에 주로 추진되었던 '대면' 방식의 근무 형태는 물론 '비대면' 방식의 근무 형태로 그 규모나 범주가 확장되어야 한다.

앞서 '스마트한 제도' 구축을 위해 제도의 운영 형태 관점에서 '유연 근무 제도'의 도입 필요성을 강조하였다. 시대적 흐름에 맞춰 일하는 방식의 변화는 제도 자체의 운용도 중요하지만, 본 단락을 포함 두 개의 단락에서는 '근무 제도의 방식'이 아닌, '교류의 방식'을 축으로 그간에 계속 진행되었던 구성원 간 오프라인Off-Line '대면 방식'의 업무와 온라인On-Line '비非대면 방식'의 업무 형태 개선안에 대해 다뤄 보고자 한다.

'대면 방식'의 근무 형태는 우리에게 너무나 익숙하다. 특히나 현재 40대 이상의 연령층은 주로 사무실에서 오프라인Off-Line으로 협업하고 네트워킹Networking하는 업무 형태로 직장 생활을 시작했을 것이며, 이 방식에 익숙할 것이다. 질서와 위계, 규정과 규칙, 일관되고 통제된 조직 문화를 추구하는 기존의 HR 측면의 가치는 '상하 간 적극적인 소통'을 유도하였고, 그 유연성과 관계성을 위해 '중간 관리자'의 역할이 특히 강조되었다. 시대가 흐르며, 지식의 축적, 네트워킹의 유연성, 소통 역량이 강조되는 형태로 인사 관리의 중심이 급속히 전환되고 있다. 조직 구성원들이 각 직무에서 생산해 내는 '문서의 양'과 '조업의 양'이 중심이 되던 1900년대의 그 시절은 그저 '열심히' 만으로도 인정받을 수 있는 시대였다. 하지만 스마트 기기가 보급되면서 일은 그저 '열심히'에 안주해서는 안 되며 '잘' 다루고 '잘' 하는 인재가 부각되었으며, 스마트 IT 시대가 도래한 현재는 '열심히'의 개념이 점점 삭제되고 있다고 해도 과언이 아닐 것이다. 그렇다면 어떻게 일하는 인재가 일을 '잘' 하는 인재인가?

우선 온/오프라인On/Off-Line 양면의 관점에서 선행적으로 필요한 역량은 '스마트 IT 도구'에 대한 활용 역량이다. 필자가 정부 관련 모 국책 과제 컨설팅을 진행하면서 기업 등 각종 현장에서 은퇴한 시니어기업 요직을 수행한 고급 관리자 중심들을 현장에 컨설턴트로 내보내기 위해 사전 교육하는 과정에서 크게 느껴졌던 우려는 그들의 '스마트 기기 활용 역량'이 현저하게 떨어진다는 것이다. '신新세대'는 이를 '구舊세대'로 구분하는 가장 첫 잣대가 되기도 한다. 스마트 IT로 인한 급격한 변화는 연령, 성별, 계층의 지위 고하를 막론하고 스마트 기기에 익숙해져야 하며, 능숙하게 다룰 수 있는 학습과 활용 역량이 뒷받침되어야 한다.

대면 업무에 특히 강조되는 역량은 '소통 역량'이다. 업무 환경의 변화는 조직 및 인력 관리의 새로운 접근 방식을 유도하고 있다. 코로나19로 '비非대면' 방식의 네트워킹이 강조되고는 있으나 기존의 전통적인 근무 형태의 개선은 현재에 계속되고 있다. 필자가 공간 컨설팅을 추진하는 과정에서 각 회사들의 오프라인Off-Line 협업 비율:온라인On-Line 협업 비율을 조사한 결과 평균적으로 오프라인Off-Line 협업 비율이 온라인On-Line 방식에 비해 '8:2 또는 9:1' 이상의 비율로 높은 것을 확인하였다. 또한 개인 업무의 비율과 협업의 비율은 과거에 비해 협업 비중이 높아져 '개인 업무 7:협업 3'이라는 평균적 경향을 보인다. 일부 의사 결정 협의가 필요한 고급 관리자를 제외하고는 대다수의 구성원이 아직도 '자기 책상 기반'의 부여된 개인 업무 미션에 치중하고 있는 것이다.

다만 여기서 주목해야 할 사항은 소통, 즉 커뮤니케이션의 비율 증가가 아닌 네트워킹의 질적 측면, 그 '방식'이라는 데 있다. 하물며 고급 관리자들마저 회의나 미팅에 참여하는 시간의 점유가 크나, 대부분 최고 경영자의 의사 결정을 위한 보고 회의 성격이 강하기에 제대로 된 '소통 협의체'의 구성은 현실상 어렵다고 토로한다. 재미있는 것은, 임원급인 각 부문장들의 인터뷰에서 토로되고 있는 이러한 상황들이 각 부문의 사원부터 시작하여 중간 관리자, 고위 관리자까지 부문장님이 참여하시는 미팅은 그분의 의사 결정이나 현행 점검을 위한 '보고회' 성격의 회의가 대부분이라는 것에 있다. 소통 역량의 학습화는 '친절 교육', '예절 교육' 등과 같이 '교양' 차원의 프로그램으로는 절대 대체될 수 없다. 우리가 기억해야 할 점은 조직에서의 소통_{업무/비업무 모두 포함}을 위해서는 우선 소통의 목적이 명확해야 할 것이며, 직급이 높아질수록 말하는 자세보다 듣는 자세, 지시하는 자세보다 대화를 정리하는 자세가 필요할 것이다. 창발_{創發}적 아이디어는 적극적인 소통의 기회에서 시작된다. 그 가능성이 열려야 현장이 변할 수 있다. 커뮤니케이션이 빨라지면 대응의 속도가 빨라지고 소통 숙련도가 더해질수록 실시간 협업의 '질'과 '양'이 개선된다.

다음으로 대면 업무 형태 개선에 시급하게 다뤄져야 할 사항은 '공간 활용 역량'이다. 그간 '스마트 오피스'를 추진했던 조직들의 사후 평가에 대한 의뢰로 사무 현장을 방문하게 될 때 때때로 경악을 금치 못하는 상황을 마주하기도 한다. 한 대기업의 예를 들어 보겠다. 사업 부문 중 신성장 동력의 일환으로 '신사업 추진'이 현 시점에서 강조되고 있고, 이 부문의 신규 채용이 근 2년간 현재 대비 100%가 넘는다. 그럼으로 앞서 언급한 '전 조직원의 소통 역량'이 특별히 강조되는 기업이다. 신축 건물에 입주한 지 얼마 지나지 않았고, 그 도입 취지가 각별하였으나 구성원의 활용 효과가 미흡하다는 내부 판단으로 필자에게도 '평'에 대한 요청이 필요하여 담당 부서에서 연락을 취한 것일 터이다. 필자는 광활한 로비에서부터 역사관, 홍보관을 이어 통합 라운지, 각 층 복도 계단 부근의 사각에 설치된 편의 공간, 창가에 마련된 카페 스타일 좌석_{업무 미팅 및 업무 집중 공간으로도 활용이 가능한 다양한 사이즈의 형태}들이 한결같이 사람 없이 텅 비어 있는 공간을 목격하게 된다. 이에 대한 의문을 제시하니, '편의 성격의 공간은 팀장님에게 사전 결재를 해야 하며, 승인이 나면 사용이 가능하기에 대부분 눈치만 보고, 특별한 경우가 아니면 아예 신청을 안 한다'라는 것이다. 결국 구축된 스마트 오피스_{Smart Office} 사무 환경에 대한 피드백을 해 달라고 처음 찾아간 사무 현장에서 빼곡한 파티션형 업무 공간에 밀집되어 묵묵히 일을 하고 있는 직원들만 보고 오게 되었고, 미안하게도 필자는 일부 시급한 개선 방안 몇 가지를 제외하고는 대부분의 말을 아끼게 되었다. 독자들에게도 묻겠다. 이 사례가 스마트 오피스_{Smart Office}를 폄하하는 극단적인 예시로 보이는가? 아니면 자주 접할 수 있는 스마트 오피스 사무 환경으로 보이는가? 대면 업무의 비중은 아직도 절대적으로 높다. 특히 협업을 강조하는 통합 커뮤니케이션의 변화가 필요하다면 '공간'을 '제대로' 활용할 줄 알아야 한다. 옛말에, '똑똑한 사람일수록 무식한 사람보다 부족한 면이 많다'라고 한다. 이 말은 똑똑한 사람을 폄하는 말이 아니라, 비록 똑똑하지 못해서 부족할지언정 '변화를 받아들이고 순응하는 자세'가 사람을 더욱 지혜롭게 만들 수 있다는 점을 강조한다. 왜 우수한 인재들이 모여, 공간을 저렇게 단순하게 활용하는 것일까? 그만큼 '행동과 실천력'은 가치가 있다.

다음으로 대면 업무 형태 개선에 있어 향후 더욱 중요하게 다뤄져야 할 부분은 정보의 공유와 보안의 문제이다. 이는 비非대면 방식과도 연관이 있어 다음 단락에서 소개하겠다.

9️⃣ '스마트한 제도' 구축을 위한 근무 제도 개선 포인트 셋: 다양한 근무 제도의 정착을 위해서는 새로운 시대에 요구되는 '비非대면' 근무 방식이 구체적으로 개발되어야 한다.

대면 업무 형태 개선뿐만 아니라, 비非대면 형태의 업무 개선도 함께 구체적으로 고려되어야 한다. 코로나19로 인해 '언택트Untact'라는 용어가 생길 정도로 우리의 환경이 사람 간 접촉을 줄이는 방향으로 '급속화'되며 때로는 '강제화'되고 있다. 기업은 그 운영의 목적에 맞게 생산성에 집중해야 하며, 생산성은 사회적 현상에도 불구하고 유지 또는 개선되어야 하는 과제에 직면하고 있다. 유연 근무 제도와 함께 이른바 '재택근무'와 '원격 근무'도 강조되고 있다. 문제는 이러한 갑작스러운 변화에서 난생 처음 겪어 보는 근무 형태이다 보니, 기업들은 '왜' 해야 하는지는 알겠는데, '무엇부터' 해야 하는지 잘 모르겠다고 한다. 필자는 이를 '겸손한' 표현이라고 생각한다.

사실 기업 조직의 공간 개선 담당자들은 '무엇부터' 해야 하는지도 잘 알고 있지만, '어떻게 시작'해야 하는지에 대한 어려움을 토로하는 것이다. 더 정확하게 말하자면, '어떻게 주도해야 잘 따라오게 할 것인가'에 대한 고민을 거듭하여 자꾸 원래의 취지에서 벗어난 방향성으로 기획안을 수정하려 하고, 그에 따른 보고를 준비하니 상황이 더욱 어려워지는 것이다.

〈그림 2-12〉 공간 개선을 위한 공간 설계

과연 '어떻게' 해야 비非대면 시대에 잘 준비하고 대응하는 것일까? 일반적인 근무 개선에 따른 낭비 요소 제거와 업무 효율을 높일 수 있는 이론은 본문에서 생략하고 3장에서 정리한다.

유연 근무 제도의 운영 효율화 측면에서 재택과 원격 근무 적용을 위해 우리 조직에 맞는 클라우드 솔루션Cloud Solution, 화상 회의 솔루션Solution을 선택하여 운영할 필요가 한다. 이는 비非대면 의사소통을 할 수 있는 적확한 수단으로 활용되며, 비非대면 업무에서 많은 부분을 차지하게 된다. 필자는 화상, 원격 회의에 대한 효율과 효과를 높이기 위한 제도적 구축 방식과 그 준비 과정, 문서 공유에 대한 효율화, 프로세스, 절차, 효과 검증 등의 교육을 진행하면서 특히 다음의 한 가지를 더 강조한다.

디지털 시대에 추가로 강조되고 있는, 특히 대다수의 조직이 중요하게 인식하지 못하는 점은 바로 '보안' 문제다. 기업 운영에서 핵심 자산으로 축적되는 것을 꼽으라면 '정보 공유 및 정보 보안 관리'이다. '문서 보안' 부문을 예를 들어 '문서 관리'의 중요성이 강조될 수 있다. 대부분 조직은 주요 기밀과 핵심 전략이 담긴 문건들은 문서로 보관하기 때문이다. 과거에는 주요 문서들을 별도로 보관하는 '캐비닛'이 부서마다 두, 세 개 정도는 있었고, 이 캐비닛 중 특수 보안이 필요한 캐비닛은 잠금장치가 걸려 있었을 것이다. 이에 우리는 온라인On-Line '캐비닛'의 역할을 할, 온라인On-Line '보안' 솔루션Solution의 필요성을 간과해서는 안 될 것이다. PC가 상용화되고 업무에 활용되면서 비밀문서나 주요 문서에 대한 관리는 과거부터 강조되어 왔다. 다만 우리가 그 중요성에 대해 깊이 인지하지 못했을 뿐이다.

우리는 문서 암호화 시스템을 통해 암호화된 설정으로 열람과 편집, 인쇄 등 활용에 대한 권한을 설정하고 유출을 막을 수 있으며 보안 등급 관리를 통한 사용자의 무분별한 기밀 유출을 방지할 수 있다. 또한 문서 유출 방지 시스템을 통해 PC에 저장된 주요 정보, 클라우드에 쌓이는 데이터가 공유나 협업을 진행하면서 외부로 유출될 수 있는 위험을 사전에 감지하고 차단할 수 있다. 이동식 저장 장치의 제어는 물론, 사이트 접속과 비인가 프로그램의 실행도 사전에 차단하도록 관리할 수 있다. 아울러 백업을 통해 온라인On-Line 서버에 모든 정보를 저장함으로써 데이터 손실 방지와 정보 유출 관리가 가능하다. 재택이나 원격 근무를 시행해도, 공유 데이터나 기밀 데이터를 사전에 보호하고 유출을 방지할 수 있을 것이다.

또한 정부, 공공 기관이나 특정 기업을 노리는 랜섬웨어Ransomware와 피싱Fishing 공격도 급증하고 있기에 비非대면 업무 형태로 온라인On-Line 데이터의 축적과 관리 빈도가 높아지는 조직이라면 이에 대한 보안 시스템도 반드시 선행하여 구축되어야 한다. 언택트Untact 시대에 증가하는 각종 사이버 위협에서 조직의 소중한 자산을 지키고 보안의 취약성을 극복하기 위한 종합 보안 솔루션Total Security Solution은 시급히 도입되어야 한다. 이미 시중에 크고 작은 기업들이 다양한 솔루션을 자체 개발하고 있음은 물론, 분야별로 다양한 인터페이스Interface를 제공하여 사용자나 관리자가 쉽게 접근하고 사용할 수 있도록 시장이 구성되어 있기에 이는 보안의 정도나 예산의 범주에 따른 취사선택의 문제가 될 것이다.

크게 보아, 이와 관련하여 '정보의 통합화, 정보의 중앙화, 정보의 보안화' 시스템을 최우선 구축 고려 사항으로 정리할 수 있으며, 기타 사회/경제적 현상에 따른 재택이나 원격 근무의 보안, 기타 기능별 모듈화에 따른 문서 협업, 통합 검색, 개인 정보 처리 및 보호 등의 이슈도 사전 구축이 가능할 것이다.

지금까지 우리는 '스마트 제도'를 위한 근무 형태별 이슈와 개선 사항에 대해 알아보았다. 본서는 기-승-전-결의 1~4장으로 구분되며, 본편의 2장까지는 '스마트한 일터'를 구축하기 위한 당위성과 개념에 대해 필자의 견해를 밝히었다. 일부 '스마트 오피스Smart

Office' 구축 명목 아래, 그 필요성을 통한 다양한 근무 제도 도입에 대한 의지가 보이는 것은 긍정적이다. 허나, 일부 소수의 기업을 제외하고 대다수의 기업에서는 스마트 오피스Smart Office를 도입하고자 필자와 프로젝트를 협의할 때 '공간의 변화'는 쉽게 받아들이지만, 시스템 차원의 혁신에 반드시 필요한 '문화'와 '제도'의 변화에 대한 저항은 임직원을 막론하고 그 저항이 너무나 큰 것이 사실이다. 우리가 넘어야 할 그 '벽'은 아직 너무나 공고하다. 하지만 우리는 절대 잊지 말아야 한다. "서로 만나고 모이고 부딪혀 협업하고 소통하여 서로 동화하고 혁신할 수 있는 새로운 시대의 스마트 오피스Smart Office를 당사를 통해 구축해 드릴 수 있습니다."라는 보증 수표의 서비스는 단연코 없다. 이것은 일부 기업이 인테리어로 바꿀 수 있는 범주가 아니다.

〈그림 2-13〉 스마트 오피스(Smart Office) 도입은 반드시 성공의 보증수표가 아니다

우리는 '전체'를 혁신할 것인지, '부분'을 개선하여 혁신을 추진해 나갈 것인지 결정해야 한다. 우리가 필요 이상으로 걱정하는 것보다도 다행스럽게 스마트 오피스Smart Office의 형태 그 자체는 '너무나' 쉽게 구축할 수 있다. 하지만 '스마트한 공간'과 '스마트한 문화'와 '스마트한 제도'의 시스템과 혼이 깃들은 '스마트한 일터'는 단언컨대, '쉽게' 구축하거나, '아무나' 구축할 수 없다. 변화하고자 하는 마음가짐과 성과를 내려는 의지, 지속적으로 개선에 참여할 준비가 되어 있는 조직이 비로소 도전한다면 '스마트한 일터'는 구축될 수 있다.

꽤나 원론적인 이야기일 수 있지만, 필자는 '스마트 오피스Smart Office' 인테리어 기업에 직원으로 속해, 컨설팅 사업부를 총괄하며 최근까지 수년간 커리어를 이어 왔다. 스마트 오피스를 구축하고자 필자를 부른 다양한 미팅에서 필자는 '오피스Office'와 같은 '업무 공간Workplace'보다, '문화'와 '제도'와 같은 '워크Work' 부문에 더욱 관심을 두고 상담을 진행하였다. 회사의 정책에 반하는 참으로 못난? 직원이었다. 다만, 진정한 '변화 가치'가 결과론적

'공간'으로 고객에게 기만되고, '문화'라는 용어로 포장되며, 공간 외 다른 요소가 실제 컨설팅에서 소외시되는 것은 더 이상 외면할 수 없었다. 미팅에 참여한 기업의 핵심 관계자와 필자, 우리 모두의 '이상'은 같으나, '현실'의 갭은 아직 크다. 허나, 역사적으로 시대적 변혁은 항상 진행되었고 또한 어떠한 형태이든지 우리가 살고 있는 지금의 현실이 이루어졌다. 열쇠는 '행동'과 '도전'이다. 결과가 만족스럽든, 만족스럽지 않든 우리는 과거로부터 구축된 현재의 '현실' 속에서 '열심히' 적응하며 살고 있다. 필자도 '이왕 사는 거, '열심히' 사는 것도 좋지만, '잘' 살아야 하지 않을까?'라는 생각에서 '사업화'를 준비했고, '조직화'를 시도하였으며, '전문화'를 위해 부단히 학습하고 노력하고 있다.

우리에게 '조직'이라는 산山은 언제든 무너지지 않을 것 같은 거대한 '성城'으로 느껴질 수도 있을 것이나, 결국 조직도 무너지고 변화한다. 아니 무너지지 않기 위해서는 반드시 변화해야 하는 시대가 도래했다. '이상'은 결국, 도전하는 '현실'로 이루어진다. 시도되지 못한 '이상'은 '이상' 자체로도 좋은 평가를 받지 못한다. 도전하지 못한 '현실'은 이미 내일이면 과거의 '유물'로 남을 뿐이다.

3장(轉)

'미래로 가는 열쇠':
'스마트한 일터'의
시스템 구축
절차와 방법

이번 3장은 '스마트한 일터' 시스템화 과정에 있어 참고해야 할 4단계 '시스템화 절차'에 대해 8가지 사례를 들어 필자의 견해와 논리를 전개할 계획이다. 필자는 공공, 민간부문을 통틀어 '스마트 오피스Smart Office'를 구축하기 위한 절대적인 표준안이 아직 마련되지 못한 상황으로 확인하였다. 대부분 '혁신형 공간 개선 프로젝트'를 추진할 때, 추진부서처는 자체 조직 내에서 고려해야 할 사항들을 기준으로 기획을 준비하게 된다. 이에따른 예산을 수립하고 계획을 보완해 나가는 상황에서 전사적인 요구 사항이 만만치 않음을 느끼게 된다. 가령 추진 부서 입장에서 공간 모델링Modeling을 추진된 사항은 거듭되는 보고와 경영진의 의사 결정 과정을 거치며 조직 전반의 대대적인 개선안으로 확장되는 경우가 많으며, 담당자는 '일'을 가볍게 보았다가, 고려해야 할 사항이 많아지는 현실을 절감한다. 결국 일을 '제대로' 추진하기 위해 각고의 학습과 기획안의 수정 작업을거치며 다양한 분야의 전문가들과 기획 단계에서부터 보정 작업을 다시 시작하게 된다.

앞서 언급한 대표적 사례인 '공간 리모델링Remodeling' 관점으로 프로젝트를 준비한기업에서 '코로나19' 상황으로 인한 '스마트 워크Smart Work'를 시급히 도입해야 하거나,또는 재택근무나 스마트 워크 센터 시스템Smart Work Center System의 접목을 최우선 과제로 프로젝트의 방향성이 경영진에 의해 바뀌었다면 준비 과정을 어떻게 개선해야 할 것인가? 다른 예로, '스마트 오피스Smart Office'를 추진하는 과정에서 타 기업의 ICT 요소를벤치마킹하기 위해 '우리 조직은 예약 시스템이나 제도적 운용을 어느 범주까지 접목해야 할 것인가? 그 효과가 어떻게 예상되는가? 그만큼 기술적 도구의 접목이 사용되는 예산에 비해서 합당한 가치가 있는 것인가?'를 고민하기 시작할 때 이는 '공간 개선 프로젝트'가 아닌, '전사적 혁신 프로젝트'로 그 의미가 대폭 상향되게 되고, 그에 따른 책임과의무도 더욱 무겁게 가중될 것이다.

우리는 이러한 상황을 다양하게 경험하게 되면서 그들이 겪는 고민추진 부서의 팀장을 포함한 구성원들 또는 TFT, 담당 임원, 위로는 최고 경영자까지의 고민에 대한 직접적인 솔루션을 본서에서 어떻게 풀어 나가야 하는가에 대한 해결점에 상당한 고심을 거듭하였다. 그리하여 내린 결론에 대해 먼저 밝히자면, 다양한 문제와 그 원인에 기인해 사례로 초래되는 상황들에대한 직접적인 답변을 본서에 담기보다, 본서는 필자들이 정립한 프로세스와 사례를 최대한 표준화해 간결하게 소개하는 것으로 결정을 하였다. 차후 본서를 발간하고 난 뒤, 추진 조직들이 전반적으로 겪는 어려움, 관심 사항에 대한 중점 항목과 세부 항목을 일목요연하게 구분하여, 대략 추산하여도 수백 가지가 넘을 법한 다양한 질문에 대한 답변을 꼼꼼히 수록하여 일종의 방대한 'FAQ, Q&A 방식의 매뉴얼 북Manual Book' 형태로 2차 발간하기로 결정하였다.

앞으로 전개될 3장은 '스마트한 일터'를 구축하길 바라거나, 일반적으로 '스마트 오피스'나 '스마트 워크'를 고려하고 있는 조직에 참고와 비교 자료로써 상당한 도움이 될 수 있으리라 생각한다

필자가 컨설팅을 진행하는 '스마트한 일터' 시스템 구축 절차 4단계 구성은 대체로 다음과 같다.

1. '기획 및 준비 단계'로, '스마트한 공간', '스마트한 문화', '스마트한 제도'를 준비하기 위한 기획, 예산 수립 과정에서 도움이 될 수 있게끔, 각 요소별 방향성과 ICT 접목에 대한 의견을 제시한다.

2. '분석 및 목표 설정 단계'로, 앞서 언급한 '스마트한 일터' 구축 3요소에 대한 전략적 목표 수립 과정, 컨설팅을 통한 조사, 분석, 진단에 의거한 각 요소별 지표 수립에 대한 솔루션을 'KPI'로 담는다.

3. '입주 및 적응 단계'로 스마트한 공간에 어떻게 적응할 것인지, 스마트한 문화의 공감대를 어떻게 형태화할 것인지, 스마트한 제도를 어떻게 적용할 것인지'에 대한 고민을 담아, 이로 인해 형성되는 최소한의1년 이내의 단기적 '성과' 측면의 솔루션을 제시한다.

4. '적용 및 지속화 단계'로 '스마트한 일터' 3요소인 '스마트한 공간', '스마트한 문화', '스마트한 제도'의 진정한 '가치'에 대해 함께 구성원이 함께 고민하게 되며, 이를 지속화하고 '미래형 스마트 일터'로 거듭하기 위해 '일'에 대한 'Next Insight', 즉 '사람'이 중심이 되는 '스마트한 일터'의 '+@' 요소에 대한 제언을 더한다.

본서에서는 위에서 소개한 4단계 컨설팅 프로세스를 1~4단계의 흐름대로 단순 나열하는 방식을 과감히 벗어나, '스마트한 공간', '스마트한 문화', '스마트한 제도'에 따른 각 요소의 '개선 의지, 개선 시도, 개선 형태 등'을 종합한 현황을 8개의 조직 유형으로 구분하여 case로 정리하였다. 이는 각 사례별 문제점과 갈등이 초래되는 원인, 핵심 구축 사항과 고려 사항이 각 조직별로 상이하기에, 상황에 따른 컨설팅의 복잡성을 유형을 표준화해 독자들의 이해를 쉽게 돕고자 노력하였다. 본서를 읽는 각 조직의 관련자나 경영진이 '우리 조직의 문제점과 해결점'을 사례로 참고하여 '비교 또는 가늠'할 수 있게 되는 비교 지수나 새로운 지표를 향한 전향적 발상을 위해서도 그 의미가 크다고 할 수 있겠다.

자, 그럼 본격적으로 앞서 언급한 '스마트한 일터'를 구축하기 위한 '8가지 시나리오'를 통해 '과거'와 '현재'를 점검하고 '미래'를 함께 그려 보도록 하자.

▼ '스마트한 일터'의 시스템 구축 절차와 핵심 3요소로 풀어 보는 8가지 사례

필자가 본서를 풀어 나가기 위해 다음에 소개할 8개A, B, C, D, E, F, G, H 가상의 기업 형태로 규정하였다. 8개의 가상 기업은 '공간', '문화', '제도'의 3요소에 대해 각각의 3요소 평가와 그에 따른 개선 목표가 뒤따른다. 다만 실제 컨설팅 사례에 기반한 가상의 시나리오로 구성함에 있어 부연하자면, 실제 사례의 경험적 데이터가 일부 경향으로 쏠리거나 중첩되어, 새로운 샘플이 부족한 것이 첫 번째 이유이고, 세부적인 기업군을 다양하게 제시함으로써 독자의 이해를 빠르게 돕기 위함이 두 번째 이유이고, 실제 사례가 반영된 기업의 직접적인 노출을 방지하는 것이 세 번째 이유이고, 실제 사례를 접목한 가상의 시나리오를 통해 각 기업의 유형에 필요한 문제점과 해결점을 명확히 하려는 의도가 마지막 이유이다. 우리는 이번 장에서 '스마트한 일터' 시스템 구축의 절차와 '스마트한 공간', '스마트한 문화', '스마트한 제도'를 만들어 나가기 위한 상황별 구체적 요소를 포함하여 각 상황에 따른 해결점을 8가지 사례를 통하여 하나씩 구체화하여 다루게 될 것이다.

필자는 컨설팅에 반영하여 사용하고 있는 '스마트한 일터' 구축 3요소에 대한 평가 및 목표의 제시가 가능하도록 각 요소별 15가지로 축약, 총 45가지의 평가 항목을 제시한다. 참고로 실제 현장에서 조직을 대상으로 조사나 설문에 활용되는 세부적인 평가 항목은 정성적인 진단과 정량적인 진단이 모두 가능하도록 구성되어 있다. 필자가 현장에서 설문 등 조사에 의한 응답 척도 방식은 다양한데 본서에서는 5점 척도를 사용하여 5: 매우 그렇다 / 4: 그렇다 / 3: 보통이다 / 2: 그렇지 않다 / 1: 매우 그렇지 않다'의 5점 척도 응답 방식 이를 기반으로 0~100점 기준의 척도를 적용한다. 조직의 성향이나 컨설팅 특성에 따라 척도의 점수를 달리 구성할 수도 있다.

✔ 첫째, '스마트한 일터'를 구성하는 첫 번째인 '스마트한 공간'은 '공간의 역사성, 공간의 개방성, 공간의 연결성, 공간의 이동성, 공간의 다양성, 공간의 변형성, 공간의 소통성, 공간의 쾌적성, 공간의 공유성, 공간의 안전성, 공간의 보안성, 공간의 기술성, 공간의 창의성, 공간의 수용성, 공간의 사용성'이라는 15가지 핵심 평가 기준을 근거로 각 조직별 유형의 구분 및 현재 경향을 비교/평가할 수 있도록 함과 동시에 향후 개선 목표점을 수치화해 쉬운 이해를 돕도록 구성하였다.

✔ 둘째, '스마트한 문화'는 '스마트한 일터'를 구성하기 위한 '오픈 문화, 존중 문화, 연결 문화, 교류 문화, 동반 문화, 참여 문화, 자율 문화, 개선 문화, 근로 문화, 성과 문화, 낭비 제거 문화, 학습 문화, 친親가족 문화, 행복 문화, 수평 문화'라는 15가지 핵심 평가 기준을 두어 각 조직 유형별 문화적 경향과 목표점을 구분하였다.

✔ 셋째, '스마트한 일터'를 구성하기 위한 '스마트한 제도'는 '제도의 정당성, 제도의 평등성, 제도의 타당성, 제도의 신뢰성, 제도의 투명성, 제도의 유효성, 제도의 보완성, 제도의 수렴성, 제도의 전향성, 제도의 개발성, 제도의 객관성, 제도의 만족성, 제도의 공정성, 제도의 복지성, 제도의 학습성'이라는 15가지 주제를 두어 평가에 대한 경향과 목표점의 기준으로 삼았다.

앞서 '스마트한 일터'를 구분하는 3가지 핵심 요소공간, 문화, 제도에 대한 다양한 평가 기준에 더해, 각 요소의 구축 현황에 따라 어떠한 개선안과 목표점을 제시할 수 있는지에 대한 고민 끝에 A~H까지의 8가지 가상의 기업군을 제시하여 본서의 저술을 쉽게 풀어 나갈 수 있도록 결정하였다. 각각의 서두에 '공간', '문화', '제도'의 3요소 평가 현황을 '긍정Positive' 또는 '부정Negative'의 두 가지 상황으로 두고 평가하고, 각 사례의 3요소 목표치를 평가 척도별로 100점 기준으로 수치화해 독자의 편의와 이해를 더욱 도울 것이다.

아울러 A에서 H의 순으로 갈수록 '스마트한 일터'의 각 요소공간, 문화, 제도는 개선 목표점을 계승하여 발전향을 띠게 될 것이다.

또한 요소별 구축 현황을 고려할 때 문화적인 구심점이 부족하거나, 제도적인 시스템이 제대로 가동되지 못할 경우 공간의 효율성과 효과성이 극히 떨어졌던 현상을 감안하여 본서에서는 3요소 중 '제도〉문화〉공간'의 순으로 그 중요성을 순서화하였고, 이는 공간 개선의 효과 자체가 미약하다는 것보다 그만큼 조직의 문화가 내재화되어야 하고 문화를 유지해 나갈 수 있는 제도가 잘 갖춰져야만 지속적인 성과형 조직으로 발돋움할 수 있다는 의미로 해석할 수 있겠다.

3장의 구성					
주제	'미래로 가는 열쇠' : '스마트한 일터'의 시스템 구축 절차와 방법				
구분	유형	상황	공간개선현황	문화개선현황	제도개선현황
1	Case A	풍전등화(風前燈火)	부정,Negative	부정,Negative	부정,Negative
2	Case B	설상가상(雪上加霜)	긍정,Positive	부정,Negative	부정,Negative
3	Case C	옥석혼효(玉石混淆)	부정,Negative	긍정,Positive	부정,Negative
4	Case D	수주대토(守株待兔)	부정,Negative	부정,Negative	긍정,Positive
5	Case E	주마가편(走馬加鞭)	긍정,Positive	긍정,Positive	부정,Negative
6	Case F	박이부정(博而不精)	긍정,Positive	부정,Negative	긍정,Positive
7	Case G	물실호기(勿失好機)	부정,Negative	긍정,Positive	긍정,Positive
8	Case H	괄목상대(刮目相對)	긍정,Positive	긍정,Positive	긍정,Positive

〈도표 3-1〉 3장의 구성

이제 앞서 설명한 평가 요소들을 참고하여 다음의 8가지 기업군을 사례별로 구분하여 본문을 다루게 될 것이며, 당부를 드린다면, 각 기업군이 갖고 있는 현황과 목표점이 다르기에 각 조직이 바라는 이상향으로 나아가기 위해 제시된 일련의 솔루션Solution들이 하나의 단기적인 목표 또는 단기적 구축 형태로 머무르는 것이 아니라, A에서 H까지 본론이 진행되는 중 '스마트한 일터'의 3요소, 즉 '스마트한 공간', '스마트한 문화', '스마트한 제도'가 서로 연계되고 발전하며 진화하는 모습을 제시하여, 현시대에서 미래를 준비하는 많은 조직이 원하는 개선안을 찾아 나갈 수 있도록 도와주는 종합적인 솔루션Solution 으로 인지되길 깊이 바라는 마음이다.

Case A〉 풍전등화風前燈火:
'공간 개선 현황'부정,Negative, '문화 개선 현황'부정,Negative, '제도 개선 현황'부정,Negative

– '풍전등화風前燈火'는 '바람 앞의 등불'이란 뜻으로,

오래 견디지 못하고 매우 위급한 상황에 처해 있음을 가리키는 말이다.

우리가 먼저 소개할 가상의 'A 조직 또는 기업이하 A'은 '공간'도 '문화'도 '제도'도 제대로 구축되지 않은 '부정Negative' 상태다. 사실 공간에 투자하고자 우리를 찾는 기업은 '생존' 수준을 뛰어넘어 '안정화' 또는 '정착' 단계에 이르렀다. 이러한 대다수의 기업 조직은 다음의 레벨로 나아가기 위한 새로운 '혁신'의 포인트를 찾고 있고, 공통적으로 각자의 '역사', '문화'에 대한 자부심이 상당한데, 지금 소개하는 A는 '공간'과 '문화'와 '제도'적 측면에서 조직 내 전반적 개선 의지, 참여 의식, 구축 형태, 지속성 등이 부족하다고 판명되는 기업이다. 매출 실적은 적절히 유지되고 있으나, 그 증가 폭이 감소하고 있고, 특히 사업의 확장성에 있어 한계에 직면하여, 변화의 시도는 내부에서부터 거부되고 있다.

'인재'가 부족한 상황에서 톡톡 튀거나 의견을 개진하는 사람은 '인재人災'로 치부되어 살아남기가 힘들다. 대표 이사의 고심은 깊어진다. 이른바, '풍전등화風前燈火'이자, '진퇴양난進退兩難'으로 현재 상황을 평가할 수 있겠다.

구분	A 유형(Case A)의 '스마트한 일터' 개선 목표	
1	스마트한 공간 개선	작은 변화부터 시작하라
2	스마트한 문화 개선	최고 경영자에서부터 신입 사원까지의 공감대를 일치하라
3	스마트한 제도 개선	필생의 원칙을 세우라

〈도표 3-2〉 A 유형(Case A)의 '스마트한 일터'의 개선 목표

1) '스마트한 공간 개선', 작은 변화부터 시작하라

- A의 '공간' 변화 준비

A와 같은 기업 조직을 컨설팅할 때, 처음 조우遭遇하게 되는 기업의 느낌은 업무를 하기 위한 최소한의 형태로 공간이 구축되어 있다는 것이며, 이는 살아 숨 쉬는 조직들이 가지고 있는 고유의 '기업 문화가 반영된 공간'의 부재不在로도 해석할 수 있다. A의 공간은 대체로 위계로 정체되어 있고, 폐쇄형인 경우가 많다. 이러한 조직은 사업의 고도화나 추가 개발 여력, 새로운 사업화의 동력으로 확장할 만한 '혁신의 내성耐性'이 떨어지게 마련이다. 또한 개방형 업무 공간의 구성보다 파티션으로 구분하거나 폐쇄형 회의실로 구축하는 등 대체로 대다수 비중을 차지하는 업무 공간 비율을 중심으로 과거의 일반적인 사무 공간 형태를 띠게 된다. A 조직의 업무 공간은 대체로 직급/직위별로 서열화되는 특성을 보이며, 대부분의 사무 공간은 매우 획일화되어 있다. 임원에게도 별도의 임원실이 있으며, 그 공간의 면적 점유율이 높다. 팀장, 부장 등 부서장이 그 부서를 한눈에 볼 수 있는 위치에 앉고 그 앞에는 직급이 높은 순으로 좌석이 배치된다. 신입 사원은 부서장과 대화조차 하기 힘든 구조이며, 상하 관계를 중시하는 위계 조직에 최적화된 사무 환경이다.

우리는 A와 같은 조직의 요청으로 공간 컨설팅을 진행할 때 주무 부서 담당자의 여러 가지 고충을 확인하게 된다. 우선 그간 승인을 받아 꾸준히 진행해 왔던 과거 공간의 개선은 가구를 교체하거나, 파티션을 교체하는 등 비용과 노력을 최소화^{대대적인 레이아웃 변경 등을 최소화하고 사업부의 신성이나 확장, 축소로 인한 최소한의 변화}하는 방향으로만 주로 진행했음이 확인된다. 또한 일부 고위 임원의 입사로 인해 임원실을 별도로 추가하거나, 사업의 확장 여부에 따라 혹시나 기존 사업부의 레이아웃을 전체적으로 바꾸게 되는 상황이 발생되면 꽤 대대적인 공수와 비용이 들어 일부 직원들이 불편을 겪는 경우가 많아지게 된다고 토로한다.

- 급진적인 변화를 피하라

우리는 예측되거나 확인된 모든 상황과 정보를 접수한 이후, A에게 공간과 관련한 급진적 변화를 굳이 제시하지 않는다. 많은 회사가 권위주의를 버리고 수평적 기업 문화를 만들기 위한 급진적 수단으로 공간 디자인의 파격적 변화를 설계 단계에서부터 요청하게 되는데 이는 올바르지 않은 방법일 수 있다. 참고로 A의 경우 위계적 배치를 탈피한 일부 레이아웃_{Layout}으로의 단순한 변화만으로도 일정 부분의 교육 훈련과 적응 시간을 마치면 그 효과를 충분히 얻을 수 있다.

〈그림 3-3〉 Case A, 속도보다 꾸준함이 중요하다

또한 디지털 측면의 기술적 요소를 과감히 차후로 미룰 필요가 있다. 이는 공간에 다른 기술적 요소를 우선 고려하기보다 단순하게 디자인의 관점에서 접근해야 할 것을 의미하는데, 선행 사례의 성공적 안착에 승부를 걸어야 한다. '공간 리모델링_{Remodeling}'이라고 해서 단순히 변화에 미온적인 것만은 아니다. 하지만 변화하고자 하는 공간의 범주와 그 목표치는 최대한으로 줄인다. '일하는 방식의 변화'가 초점이 아니라, '성공적인 공

간 개선 사례의 확산'이 공간 리모델링Remodeling의 주목적이 된다. 특히 개방된 공간을 공유하고 그 안에서 소통하는 법을 배우기 위한 선행적 노력이 요구된다.

- 공간의 목적을 구분하지 말라

일반적으로 공간은 크게 '업무 공간'과 '편의 공간'의 성격으로 구분하거나, 다르게는 '개인 공간'과 '공용 공간'으로 구분이 가능하다. A는 하나의 영역을 따로 선택하거나, 두 영역을 한 번에 변화하고자 추진할 단계가 아니다. 즉, 복합적인 구성을 다양화하는 단계는 추후에도 얼마든지 구축의 필요가 발생될 시기가 올 것이며, 우선 1차적인 변화는 '공간 영역'에 대한 구성원들의 이분법적 의식을 없애는 것에 치중해야 한다.

예를 들어 '업무 공간'도 곧 '편의 공간'으로 활용할 수 있다는 생각이 의도적으로 내부에 스며들게 전략적으로 준비한다. 즉, 공간은 공유되고 소통을 촉진하기 위한 장소로 인식되게 만드는 것이 중요하다는 의미이다. 이에 따라 선택 사항일 것이나, 공간의 형태는 되도록 폐쇄형을 지양하고 개방형의 공간 성격을 가미하도록 한다. 의도적으로 구성된 개방형 공간은 '사용의 효율'과 '사용의 효과'에 대한 평가를 섣불리 진행해선 안 된다. 그보다, '사용자들의 수용성과 사용성'이 마음속 깊이 내재화되도록 필히 그 구축 방향성이 명분화되어야 한다. 공간 사용의 효율과 효과가 시범 공간에서 측정되는 것은 당연히 의미가 있을 것이나 그 면적이나 범주가 좁아지면 측정 자체의 의미가 부족할 수 있다.

궁극적인 목적은 조직원들을 공간으로 유도하고 사용을 장려하는 '경험의 힘'이다. 이 '힘'의 축적은 '공유'를 자연스럽게 이끌어 내고 '소통'을 유도한다. 최신 트렌드의 디자인과 고급 가구가 입혀진다고 자연스럽게 '창의創意'가 일어나는 것은 아니다. 작은 부분에서부터 '창의創意'를 위한 준비가 단계적으로 진행되어야 한다. 누구나 편하게 사용할 수 있고, 현재 쓰고 있는 회의실이나 비좁은 업무 공간, 정리되지 못한 공간 속에서 프로젝트에 대해 협의를 하는 것보다, 비록 작지만 새롭게 개선된 개방적 공간을 사용해 봄으로써, 그 작은 효과를 긍정적으로 느끼고 수긍할 만한 수준까지 끌어올리는 것이 A의 우선적인 목표가 되어야 한다. 향후 A는 이 작은 성공에서부터 점차 다양한 공간 형태의 개선으로 확대된다.

- 더 많은 추가 좌석을 확보하라

A는 공간 영역을 최소화하여 변화를 시도하기 때문에 '자율 좌석제'도 당장의 고려 사항이 아닐 것이다. 그렇다면 앞서 언급했듯, 폐쇄되거나 밀폐된 공간보다 별도의 개방형 공간 영역을 할애할 수 있도록 투자하는 것이 좋다. 하나의 예로, 자율 좌석 제도의 갑작스러운 도입이 부담스럽고, 조사의 데이터 경향이 내부적으로 부정적이라면, 기존의 '고정 좌석제' 운용에 더해, 새롭게 탄생한 개선 공간은 추가적인 '자율 좌석제'로 그 혜택만 더해 주는 것도 좋은 방법이 될 수 있다. 즉, (-)요소를 제거하고 (+)요소만 추가되는 것이다.

조금 더 설명을 이어 가자면, 기존 공간의 형태가 유지되며 변화가 추진되기 때문에 새로운 개방형 공간의 배치는 구성원이 잘 보일 수 있게 되도록 중앙이나 한눈에 보이는 위치에 의도적으로 구성한다. 추가 공간이기 때문에 당연히 수평적 좌석 배치로 구성해야 한다. 또한 중요한 것은 업무나 편의의 성격, 즉 몰입과 이완이 동시에 가능하도록 'Zone'의 명칭을 구체화한다. '몰입과 이완의 공간'이라고 직접적으로 표현해도 좋고, 다양한 아이디어를 공모하여 추진해도 좋다. 다시 말하지만 이 공간은 'A의 혁신'이나, '창의 촉진', '효율 극대화' 따위의 장대한 포부가 아니다. 이 공간이 만들어지는 당장의 목적은, '누구나' '근무 시간' 중 '자유롭게' 사용하기 위해 적극적으로 장려되는 '편안한 공간'이다.

의도적으로 자연스럽게 업무를 하거나 차를 마시며 O/A 기기를 활용할 수 있도록 캔틴Canteen이나 소규모 라운지Lounge 형태로 구성하는 것도 한 가지 방법일 수 있다. 일부는 스탠드형 테이블로 구성하거나 의자를 군데군데 의도적으로 빼는 것도 고려할 만하다. 각기 다른 형태의 몇 가지 가구만으로도 다양한 형태의 휴식과 소통이 가능하게 된다.

〈그림 3-4〉 개방형 공유 오피스 WeWork

공간 활용의 자율적 참여가 부족하다면 부서별로 일정한 시간과 규칙을 정해 사용할 것을 권장한다.

결론 부분에서 8가지 조직 유형을 통틀어 유형별로 중요시되는 '공간', '문화', '제도'의 핵심 지표를 따로 정리하여 제시하겠지만, 결론적으로 A의 공간 개선 목표는 '창의성'이나 '다양성', '기술성' 등이 초점이 아닌, '공간은 공유하는 것이고 소통하는 것이다'라는 절대적 이미지의 내재화를 근간으로, 반드시 모든 구성원에게 그 '수용성'과 '사용성'이 받아들여지고 활성화되어야 한다.

No	A 조직의 공간 개선 목표	리커트 척돗값
1	회사 아이덴티티와 경영 철학, 디자인 철학을 반영하고 지속적으로 확장, 발전해 나가기 위한 공간의 역사성	10.00
2	답답하지 않게 공간이 오픈되고 공간을 사용하는 모든 사용자의 시야가 충분히 확보되는 공간의 개방성	20.00
3	다양한 디자인 요소를 고려한 레이아웃을 통한 적절한 배치를 기반으로 서로 유기적으로 구성되는 공간의 연결성	10.00
4	사용자들이 사용 목적에 따라 각 공간을 이동할 경우, 동선이 충분히 확보되도록 용이하게 구성된 공간의 이동성	10.00
5	몰입 공간과 이완 공간, 업무 공간과 편의 공간, 기타 복지 공간 및 특수 공간 등으로 다채롭게 구성된 공간의 다양성	10.00
6	소통과 협업 목적의 BOX형 공간, 모듈형 공간 등 레이아웃의 변동이 손쉽게 가능하도록 설계된 공간의 변형성	10.00
7	다양한 공간을 통해 활발한 교류와 협업, 업무 & 비업무적 커뮤니케이션 등 네트워킹이 촉발되는 공간의 소통성	30.00
8	모든 사용자들의 신체적, 정신적 편안함을 위해 냉난방, 온습도, 공기 질, 조명, 환기 등이 고려된 공간의 쾌적성	10.00
9	개인이 점유하는 공간 사용을 지양하고 다양하게 구성된 공간을 모든 사용자가 공유하게 되는 공간의 공유성	30.00
10	오염 및 감염의 예방, 환경 이상 감지는 물론, 특정 사용자를 배려한 유니버셜 디자인 요소까지 고려된 공간의 안전성	10.00
11	개인 프라이버시의 존중, 특수 정보와 기밀 유지가 가능하도록 공간 및 시스템 솔루션을 제공하는 공간의 보안성	10.00
12	온라인 정보 및 지식 교류, 업무 고도화, 센서, 예약, 제어, 저장, 통합 관리 등 시스템 솔루션을 제공하는 공간의 기술성	10.00
13	다양한 요소들이 결합되어 모든 사용자들의 창발적 교류와 창의적 아이디어 생산을 촉진하는 공간의 창의성	10.00
14	사용자가 공간을 거부감 없이 받아들이고 모든 사용자의 적응이 최우선으로 고려되어야 하는 공간의 수용성	30.00
15	모든 공간을 적극적으로 활용할 수 있도록 장려하는 등 사용자들의 자율적 참여가 기반이 되는 공간의 사용성	30.00
	평균	16.00

〈도표 3-5〉 A 유형(Case A)의 공간 개선 목표

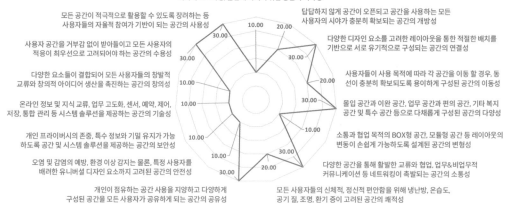

회사 아이덴티티와 경영 철학, 디자인 철학을 반영하고
지속적으로 확장, 발전해 나가기 위한 공간의 역사성

모든 공간이 적극적으로 활용할 수 있도록 장려하는 등
사용자들의 자율적 참여가 기반이 되는 공간의 사용성

답답하지 않게 공간이 오픈되고 공간을 사용하는 모든
사용자의 시야가 충분히 확보되는 공간의 개방성

사용자 공간을 거부감 없이 받아들이고 모든 사용자의
적응이 최우선으로 고려되어야 하는 공간의 수용성

다양한 디자인 요소를 고려한 레이아웃을 통한 적절한 배치를
기반으로 서로 유기적으로 구성되는 공간의 연결성

다양한 요소가 결합되어 모든 사용자들의 창발적
교류와 창의적 아이디어 생산을 촉진하는 공간의 창의성

사용자들이 사용 목적에 따라 각 공간을 이동 할 경우, 동
선이 충분히 확보되도록 용이하게 구성된 공간의 이동성

온라인 정보 및 지식 교류, 업무 고도화, 센서, 예약, 제어,
저장, 통합 관리 등 시스템 솔루션을 제공하는 공간의 기술성

몰입 공간과 이완 공간, 업무 공간과 편의 공간, 기타 복지
공간 및 특수 공간 등으로 다채롭게 구성된 공간의 다양성

개인 프라이버시의 존중, 특수 정보와 기밀 유지가 가능
하도록 공간 및 시스템 솔루션을 제공하는 공간의 보안성

소통과 협업 목적의 BOX형 공간, 모듈형 공간 등 레이아웃의
변동이 손쉽게 가능하도록 설계된 공간의 변형성

오염 및 감염의 예방, 환경 이상 감지는 물론, 특정 사용자를
배려한 유니버셜 디자인 요소까지 고려된 공간의 안전성

다양한 공간을 통해 활발한 교류와 협업, 업무&비업무적
커뮤니케이션 등 네트워킹이 촉발되는 공간의 소통성

개인이 점유하는 공간 사용을 지양하고 다양하게
구성된 공간을 모든 사용자가 공유하게 되는 공간의 공유성

모든 사용자들의 신체적, 정신적 편안함을 위해 냉난방, 온습도,
공기 질, 조명, 환기 등이 고려된 공간의 쾌적성

〈도표 3-6〉 A 유형(Case A)의 공간 개선 목표

ㄹ) '스마트한 문화 개선', 최고 경영자에서부터 신입 사원까지의 공감대를 일치하라

- 위계 조직의 한계와 역할 조직의 부각

앞서 서론 부분에 '문화'에 대한 필자의 견해를 밝히었다. 우리가 본서에서 다루는 '문화'는 사무 공간의 변화를 충분히 수용할 수 있는 문화의 성격을 더했다. 즉, '공간 리노베이션Renovation'과 '이노베이션Innovation'은 '별개'의 관점이 아닌, 통합의 관점으로 바라본다.

필자는 독자의 이해를 돕기 위해, 'A' 조직을 필두로 마지막 'H' 조직까지 '스마트한 일터'의 핵심 시스템 '스마트한 공간', '스마트한 문화', '스마트한 제도'의 구축 정도와 목표가 점차 발전하는 모습을 의도적으로 그리고자 한다. 3요소는 '구분'되었으나 '분리'되는 성격이 아니다. 각 요소는 서로 '연계'되어 영향을 주게 된다.

그렇다면 '풍전등화風前燈火' 상황에 놓인 A의 '문화'는 '공간'에 이어 현재 어떤 모습을 띠고 있을까? 아마도 '역할 조직'과 반대되는 '위계 조직'의 모습일 확률이 높을 것이다.

'역할 조직'은 그 역할에 따라 결정권을 갖고, 목표를 정한다. 또한 각자의 전문성을 살려 각자가 생각하는 최선을 팀과 소통하고 조직에 기여한다. 반대로 A 조직은 지위가 가장 높은 사람이 모든 것을 결정하고 아래에서는 정해진 결정을 빠르게 수행하는 역할만 중점적으로 주어지는 경향이 있다. 물론 '역할 조직'에도 '위계'가 있다. 하지만 이 '위계'는 프로젝트의 균형과 성패를 긍정적으로 이끌기 위해 필요한 '체계'라고 봐도 무방하다. 이 '체계'에는 '자율'이 있다. 그렇기에 결과적으로 '권한과 책임'이 두려울 정도로 깊이 고려된다.

필자가 현장의 데이터를 축적해 오는 과정에서 A 유형의 기업은 다른 문화적 요소에 비해 '역할 조직'과는 또 다른 의미로 '권한과 책임'이 강조된다. A는 '권한과 책임'이 '참여와 '기회'를 제공하기 위한 목적이 아닌, '위계'를 유지하고 회사의 매출을 유지하기 위한 강력한 수단으로 활용된다. 적어도 A의 대표 이사 입장에서는 '공간'과 '문화'와 '제도'가 전체적으로 경직되고 때로는 위계적인 수직 문화의 경향이 저해 요인으로 보일지라도 당장 기업 차원에서의 큰 리스크가 없으니 변화는 시기상조라고 생각할 수 있다. 또한 새로운 도전은 '투자'가 아닌 '비용'이고, 이에 따라 '효과'를 기대하는 대상, 즉 직원들은 '보상'의 관점보다 '평가'의 관점으로 냉혹하게 바라볼 가능성이 더욱 크다.

- 전략적으로 변화하라

여기에서 중요한 개선 포인트가 있다. A가 문화적으로 가장 먼저 개선해야 할 부분이 보인다. A의 '문화적 변화' 역시 급진적 시도를 추진하기보다는 '전략적 단계'를 거친다. 우선 시작은 사람, 즉 '동료'를 존중하고 인정하며, '리더'와 '팔로워'의 관계가 지시와 보고, 결재로만 얽힌 단순 관계가 아닌 조직 차원의 '동반자적 관계'라는 관점을 더 새롭게 구축할 필요가 있다. 이는 '권한과 책임'을 보다 유연하게 분산하거나 그 의미를 강화하는 등, 건강하게 재정립하는 것에서부터 시작한다. 또한 A는 다양하게 수면 위로 드러난 문화적 차원의 문제점들을 직면할 때, 직접적인 개선 활동을 시행하기보다 스텝을 한 단계 늦추어, 근로 측면의 변화에 능동적으로 대응할 수 있는 마인드Mind를 우선 심어 주는 것이 필요하다. 일하는 방식과 근무 시간의 변화는 시대적 기류이자 국가 차원에서의 제도 변화다. A는 가까운 미래에 '위계 조직'에서 '역할 조직'으로 바뀌어 나갈 것이라는 목적에 기인하여 근무 형태의 혁신, 즉 일하는 방식의 변화에 그 문화적 목표점이 맞춰질 시기가 곧 찾아오게 된다.

필자는 A와 같은 유형의 기업을 진단하여 위계에 따른 경직도가 심히 높다고 판단할 때, 직접적인 '수평 문화' 체제로의 전환을 강조하기보다, 최고 경영자를 포함하여 전체 조직 구성원이 각자 가지고 있는 '업業'의 본질과 그로 인한 '행복' 대해 먼저 고민해 보자고 제언한다. 내 '업'의 특성과, '업'의 플로Flow, '업'의 성과, '업'의 실패, '업'의 관계자들 등, 모든 사람에게 '일'에 대한 개선점을 '상대방'이 아닌 '나'로부터 그 문제점을 찾아 나가는 훈련을 제공하며, 모두가 참여할 수 있는 권한이 부여되는 조직, 모든 사람에게 참여의 결정권이 부여되는 조직이어야 개개인의 능력을 최대한 발휘할 수 있으며 '업業'으로 인한 '행복'에 더욱 가까워질 수 있다고 유도한다. '탈위계/탈권위/탈통제적' 수평 문화는 분명 혁신하고 변화하는 데 용이하다. 반면 그 변화의 강도를 초기부터 강하게 추진한다면 구성원들이 가지는 혼란은 가중될 것이며, 갈등의 또 다른 원인으로 작용될 소지가 있고, 그간 간신히 쌓아 온 권한과 책임의 시스템이 흔들리거나 약화될 소지가 있는 만큼, A의 경우 문화 구축의 초기 단계에서는 다음의 중요한 두 가지를 고려하여야 한다.

〈그림 3-7〉 위계적 조직 문화에서 벗어나자

✔ **첫째,** 팀이나 프로젝트의 '핵심 가치Core Value', '사명Mission' 각 참여 구성원의 비전

Vision과 최대한 부합하는지 확인하는 것이 중요하다.

✔ **둘째,** 모든 구성원이 '업그레이드Upgrade'되어야 한다. 이는 단순히 기능적인 업무 스킬Skill의 향상을 의미하는 것이 아닌, 참여의 자율권이 부여된 만큼, 그만큼의 책임을 위해 프로젝트에 기여하고 잘 해낼 수 있는 '마인드Mind'와 '스킬Skill'의 향상을 의미한다.

이에 따라서 A는 '문화'를 '스마트한 문화'로 개선하기 위해 '리더Leader'와 '팔로워Follower'의 연결 관계를 재정립해 나가는 도전이 '존중'과 '오픈 마인드Open Mind' 함양 이전의 최우선 과제가 된다. 앞서 제시한 공간의 '변화'도 '리더Leader'와 '팔로워Follower'가 그간 열지 못했던 소통과 아이디어, 심지어 업무상 갈등 요소와 어려움, 때로는 일상의 고민과 스트레스가 공유되고 해결점을 찾는 의미 있는 공간으로 활용하는 것을 최우선 목표로 진행할 필요가 있다고 하였다. '스마트한 일터'의 3요소 모두가 미약한 A 조직은 결국 리더가 혁신적이지 못하면, 미래가 불투명한 유형일 수밖에 없다. 결국 미래에 조직의 운명을 좌우할 핵심 요소는 '사람', 즉 '미래 인재'의 양성과 확보에 있다. 일례로 '무제한'에 가까운 자유가 주어진 구글의 'Smart Creatives'는 각자 자신만의 방법으로 세상의 정보를 조직하고 통합해서 모든 사람이 쉽게 쓰도록 하자는 구글의 미션에 기여하기 위해 노력하였다. 그 결과 수많은 혁신 제품이 쏟아져 나왔다. 'G-mail, Google Docs, Google Calendar, Google Maps, 자율 주행차 Waymo' 등 끝도 없이 많은 창의적인 프로젝트를 창출했다. '기업의 미션을 달성하기 위해 당신은 어떻게 창의적인 방법으로 전문성을 살려 기여하겠는가?'의 대답은 '책임과 권한'을 얼마나 올바르게 절제하고 효과적으로 사용할 수 있는가에 따른 문제이다.

A의 '스마트한 문화' 개선 과제의 성패는 결국 '열린 마음'과 '사람 존중', '동반 문화'의 기틀을 구축하기 위한 '新리더십&新팔로워십'의 재정립에 달려 있다. '권한과 책임'의 개선이다. '기획 및 준비' 단계에서부터 마지막의 '적용 및 지속화' 단계로 거듭하면서 동시에 기회가 장려되고, 오픈 마인드Open Mind가 함양되며, 참여 의식이 높아지는 등 '사람'과 '조직'의 행복이 중심이 되는 자율적 수평 문화의 체계로 진화하게 될 것이다.

No	A 조직의 문화 개선 목표	리커트 척돗값
1	새로운 문화를 적극적으로 수용하고 오픈 마인드를 함양하도록 유도하는 오픈 문화	30.00
2	인간 존중 사고를 근간으로, 개인의 가치관과 개인의 철학, 개성을 인정하고 받아들이는 존중 문화	30.00
3	새로운 기업 문화를 만들기 위해 新리더십과 新팔로워십을 재정립하고 상호간 결합을 돕는 연결 문화	30.00
4	모든 구성원들의 창발적 소통이 활발하게 이루어질 수 있도록 돕는 교류 문화	20.00
5	조직 간, 조직 내 내재되어 있는 부서 이기주의 등 silo 요소를 타파하고 새로운 비전을 함께 만들어 나가는 동반 문화	30.00
6	모두에게 동기가 부여되고 적극적, 자발적인 참여가 이루어지는 참여 문화	10.00
7	권한과 책임의 분산과 체계화를 통해 몰입과 이완의 자발적 선순환을 유도하는 자율 문화	10.00
8	기업이 추진하는 긍정적 변화와 혁신 의지에 대해 구성원들의 지속적 참여가 이어지는 개선 문화	10.00
9	국가의 제도 변화에 능동적 대처가 가능하고 일하는 방식과 근무 시간의 변화를 적극적으로 수용하는 새로운 근로 문화	20.00
10	과정에 대한 통제적 관리를 지양하고 과업의 효율과 효과에 초점을 맞추어 구성원의 과업 수행을 돕는 성과 문화	10.00
11	시간의 낭비, 서류의 낭비 등 물리적 저해 요소를 없애고 각종 회의/보고/결재 시스템의 최적화를 돕는 낭비 제거 문화	10.00
12	개인의 의식, 소양, 역량 등 다양한 부문의 학습 지원을 통해, 개인과 조직의 발전과 성장을 지속적으로 돕는 학습 문화	10.00
13	개개인의 삶과 가족에 대한 배려는 물론, 구성원의 가정에 대한 존중이 기반이 된 친가족 문화	10.00
14	출근이 기다려지는 조직, 동료가 있어 든든한 조직, 즐겁고 역동적인 조직을 만들어 나가기 위한 행복 문화	30.00
15	권위와 위계, 통제가 근간이 된 전통적 수직 문화를 타파하고, 탈위계/탈권위/탈통제적 사고가 근간이 되는 수평 문화	20.00
	평균	18.67

〈도표 3-8〉 A 유형(Case A)의 문화 개선 목표

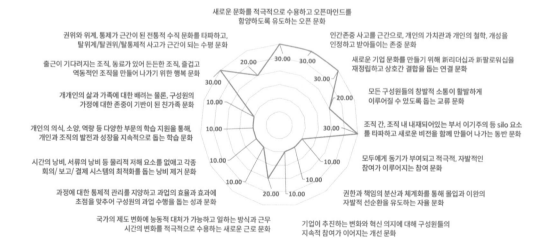

〈도표3-9〉 A 유형Case A의 문화 개선 목표

3) '스마트한 제도 개선', 필생의 원칙을 세우라

- 제도에도 새로운 철학이 필요하다

필자가 방문한 모든 기업에서 '제도'에 대한 질문에, 나름의 '시스템'과 '철학'을 자신 있게 강조한다. 그 축적된 '역사'는 존중해야 할 것이나, 문제는 '공간'이나 '문화'에 비해, '제도' 개선에 상당히 적은 비중의 시각으로 바라본다는 데 있다.

A와 같은 형태의 조직은 '제도' 측면에서 다음과 같은 특성을 가진다.

✔ 첫째, '공간의 변화'는 필요함을 인정하고, '문화의 변화'는 당위성을 인지하지만, '제도 변화'에는 상당히 미온적이다.

✔ 둘째, '제도의 변화'라는 관점을 그간 회사의 성장을 지탱해 온 '제도의 틀'을 깨는 것으로 오해한다. 심지어 '제도 변화'는 대표 이사 고유의 권한으로 받아들이며, 이것을 바꾸는 것은 마치 '권위에 대한 도전'으로 받아들이는 경향이 있다. 이들은 '작은 변화'에도 마치 '전체'를 바꾸는 것 마냥, 변화를 수용하지 못하고 힘들어한다.

✔ 셋째, 제도 측면, '시행의 유효성'과 '제도의 정착성'에 대한 직원들의 수용성은 크나, 검증과 개선의 여지가 없다. 이는 그간 유지해 온 다양한 측면의 조직 규범 속에서 이미 내재화된 그들의 문화로 자리 잡았고, 평등이나 공정, 객관성이나 개선안 반영 등에 대한 검증과 개선 행위가 거의 이루어지지 못하게 되었다는 방증이다.

- 제도적 변화는 '큰 틀'에서 시작하라

위의 세 가지 부정적 특성은 안타깝게도 정작 '스마트한 제도'에서 강조되는 다양한 개선 과제를 시작부터 가로막는 직접적 요인이 된다. 다만, 이후에 자세히 소개될 B~H의 사례보다 A 유형의 경우 특히 '제도'적 변화만큼은 그간 쌓아 왔던 제도 시스템을 잠시 내려놓고 '무無'의 관점, 즉 더 큰 틀에서의 고민이 필요하다. 이에 따라, 앞서 설명한 '공간'이나 '문화'의 변화보다도 '제도'적 측면은 변화의 관점을 작은 것에서 큰 것이 아닌, 비교적 큰 것에서 작고 세부적인 것으로 변화할 필요가 있을 것이다. 이는 긍정적인 상황으로 해석할 수도 있는 것이, 그만큼 조직의 규모가 작거나, 성장하고 있거나, 많은 준비가 필요한 기업이라는 사실은 최고 경영자에 따라서 '법'의 틀을 바르게 바꿀 수 있다면 나머지 문제는 비교적 빠르고 쉽게 풀릴 수 있다는 말이기도 하다. 필자는 A 유형의 경영진에게 현재의 난관을 근본에서부터 극복하고 미래에 필수적으로 필요하게 될 '스마트한 제도 구성을 위한 필생의 원칙' 4가지를 제언한다.

구분	A 유형(Case A)의 '스마트한 제도' 구축을 위한 4가지 원칙
1	조직의 본질적 핵심 역량이나 고유 경쟁력의 원천을 심연에서 끄집어낼 수 있는 제도의 원칙을 세우라
2	조직 내부적으로 제도는 늘 변할 수 있다'라는 개방성과 긍정적 긴장도를 유지하라
3	조직 차원의 집단적 성과 향상을 전제로 개인의 성과나 동기 향상에 직접적으로 독려할 수 있는 제도로 설계하라
4	'스마트한 제도'로 나아가기 위해 '과정의 공정성'과 '평가의 객관성'에 대한 조직 구성원의 신뢰를 확보하라

〈도표3-10〉 A 유형(Case A)의 '스마트한 제도' 구축을 위한 4가지 원칙

✔ 첫째, '조직의 본질적 핵심 역량이나 고유 경쟁력의 원천을 심연에서 끄집어낼 수 있는 제도의 원칙을 세우라' 제도에 깊이 고려하지 않은 근시안적 최신 경영 트렌드가령 무분별한 공간혁신 등 도입은 단기의 경영 성과는 물론이고, 중/장기적 조직 문화에 부정적인 효과를 초래할 수 있다는 점이다.

✔ 둘째, '조직 내부적으로 제도는 늘 변할 수 있다'라는 개방성과 긍정적 긴장도를 유지하라' 유연한 제도는 최고 경영자나 경영진의 일부 철학이나 경험적 가치 따위로 일방적으로 만들어질 수 없다. '민심을 헤아린다'는 착각에서 벗어나, '실제로 민심을 움직일 수 있는' 씨앗으로 제도를 구성해야 할 것이다.

✔ 셋째, HR, 즉 인적 자원 관리 제도와 관련해서는 성과 향상을 위한 제도 도입이나 설계 시, 특히 '스마트한 공간'과 '스마트한 문화'에 강한 영향을 주는 매개 변수임을 고려하

여, '궁극적으로 조직 차원의 집단적 성과 향상을 전제로 개인의 성과나 동기 향상에 직접적으로 독려할 수 있는 제도'로 설계되어야 한다. 이는 구성원 각자의 개인 능력과 잠재 역량을 존중하는 풍토로 변화해야 함을 의미하며, 혹시나 일차원적이고 일방적인 '평등'이 강제되고 다른 이면에서 '차별'이 만연되고 있진 않은지, 서로 간 차이를 인정하는데 인색한 '집단주의적' 폐해의 상황을 겪고 있지는 않은지, '제도'를 구축하기 전 이러한 풍토를 근본적으로 없애 나가야 할 것이다. 일반적으로 '스마트한 제도'는 '스마트한 문화'를 완성하는 최고의 요소이지만 변화하고자 하는 A 조직에게 '제도'는 '문화'를 만들어 주는 지름길이 될 수 있다.

✔ **넷째,** A는 '스마트한 제도'로 나아가기 위한 최우선 과제로 '과정의 공정성'과 '평가의 객관성'에 대한 조직 구성원의 신뢰를 확보해야 한다. 결국, 기업 성과를 좌우하는 가장 본질적인 요소는 '조직의 틀'을 강하고 유연하게 시스템화하기 위함으로 경영의 모든 측면에서 '시장 추종자' 이전에 '내부 추종자', 즉 각자의 '조직 구성원'이 먼저 고려되어야 할 것이다. 첨단 분야의 경우 일부 기술+인력의 이동만으로도 시장의 1등 기업과 2등 기업의 순위가 바뀌게 되는 세상이다. 1등이 누리는 가치는 2등의 그것과 비교할 수 없을 정도로 크다. 하물며, 시장의 선두 그룹에 속하지 못하는 하위 그룹의 고민이야 어련할까 생각해 본다.

반복하여 기술하지만 앞서 언급한 원칙에 따라, A의 '스마트한 제도'는 내부 직원들의 신뢰를 기반으로 사기와 동력을 극대화할 수 있는 제도적 목표를 사전에 면밀히 설정해야 한다. 결국 '과정의 공정성'과 '평가의 객관성'이 올바른 보상으로 약속되며 지켜질 수 있는 제도적 성과 지표가 우선하여 마련되어야 할 것이다.

No	A 조직의 제도 개선 목표	리커트 척돗값
1	명확한 비전과 목표 제시를 통해 명분과 정당성이 정립되도록 하기 위한 제도 개선	30.00
2	참여의 기회가 모두에게 주어지고 평등성이 보장되도록 하기 위한 제도 개선	30.00
3	제도 시행이 적절한가에 대한 타당성이 입증되도록 제도 개선	30.00
4	운영의 신뢰성이 전체 구성원들에게 확보되도록 하기 위한 제도 개선	30.00
5	제도 운용의 전 과정이 투명성 있게 추진되도록 하기 위한 제도 개선	30.00
6	전반적 제도 운용의 실질적 효과에 대한 유효성 검증 차원에 대한 제도 개선	30.00
7	조직에 실질적으로 유용하도록 제도의 주기적인 보완성이 확보되는지에 대한 제도 개선	30.00
8	구성원들이 개진하는 개선안의 적용 등 의견에 대한 수렴성이 반영되는지에 대한 제도 개선	30.00
9	회사가 제도 발전의 책임과 의무를 다하도록 미래 지향적 전향성을 가속화하기 위한 제도 개선	30.00
10	시대의 흐름과 기술력의 발전에 따른 근무 형태에 맞게 개발성이 확보되는가에 대한 제도 개선	30.00
11	구성원 평가의 절차와 방법에 대해 객관성을 확보하기 위한 제도 개선	20.00
12	성과 측면 보상의 규모와 범주에 대한 구성원 만족성이 충분한가에 대한 제도 개선	20.00
13	성과 측면의 보상에 대한 공정성이 명확히 유지되도록 하기 대한 제도 개선	20.00
14	구성원의 사기 진작은 물론, 특별한 관심과 보호가 필요한 부문의 복지성에 대한 제도 개선	20.00
15	구성원들의 꾸준한 역량과 잠재력의 발전을 돕는 학습성이 보장되는지에 대한 제도 개선	20.00
	평균	26.67

〈도표 3-11〉 A 유형(Case A)의 제도 개선 목표

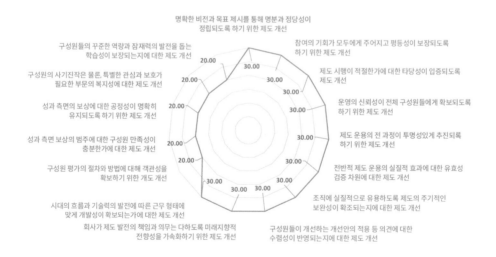

〈도표 3-12〉 A 유형(Case A)의 제도 개선 목표

우리는 지금까지 '풍전등화風前燈火'의 상황에 놓인 A 조직 유형의 '공간'과 '문화'와 '제도'의 구축안을 함께 살펴봄으로써 그 시스템 구축에 대한 첫발을 디뎌 보았다. 필자는 A와 같이 '스마트한 일터'의 3요소가 모두 부족한 것으로 진단되는 기업에게 '제도 개선'의 중요성을 항상 가장 먼저 설파한다. 준비 과정에서 모든 역량을 동원하여 '제도의 원칙'을 세우고 목표를 설정한다면, '공간의 변화'는 생각보다 그 범주가 명확히 줄어들 것이고, 향후 문화의 변화에 따른 공간 변화는 2차적인 과제로 분리될 것이다.

다음에 소개하는 B~H 조직의 케이스는 모든 요소가 '부정Negative' 평가되었던 A와 달리 3요소 중 일부 또는 전체에 '긍정Positive' 평가가 포함된다. H의 단계로 갈수록 공간과 문화, 제도의 구축 시스템에 대한 그 절차와 솔루션Solution을 단계별로 더욱 구체화하여 다룰 계획이다.

No	A 조직의 '스마트한 일터' 3요소 종합 목표치	리커트 척돗값
1	공간 개선 목표치	16.00
2	문화 개선 목표치	18.67
3	제도 개선 목표치	26.67
평균		**20.44**

〈도표 3-13〉 A 유형(Case A)의 공간/문화/제도 개선 목표

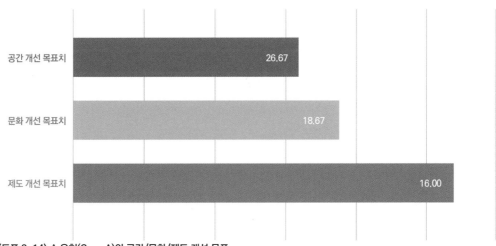

〈도표 3-14〉 A 유형(Case A)의 공간/문화/제도 개선 목표

Case B〉설상가상雪上加霜:
'공간 개선 현황'긍정,Positive, '문화 개선 현황'부정,Negative, '제도 개선 현황'부정,Negative

- '설상가상雪上加霜'은 '눈 위에 서리가 덮인다'는 뜻으로,

   난처한 일이나 불행한 일이 거듭하여 겹침을 비유한다.

우리가 두 번째로 소개할 B 조직은 공간 개선 현황보다 문화와 제도의 개선 현황이 아주 미흡한 상태다. B는 경쟁 기업이나 타사의 성공 사례를 벤치마킹하여 공간에 선행하여 투자를 하였을 가능성이 높다. 사실 필자가 상담하는 상당수의 조직이 '효과' 측면의 벤치마킹 사례에 대한 아웃풋Output을 기대하고 자사에 접목하려는 경우가 많다. B와 같은 조직은 '스마트 오피스, 스마트 워크, 유연 근무제, 자율 좌석제, 클라우드 PC 환경, 클린 오피스Clean Office, 워라밸Work&Balance, 페이퍼리스Paperless, 협업과 교류, 창의적 공간, 다양한 업무 공간, 편안한 휴식 공간' 등 매스컴Mass Communication에서 쉽게 접할 수 있는 공간 혁신 사례의 청사진에 따라 공간 구축의 선행을 '필연적必然的'으로 여긴다. 아마 B 조직도 '스마트 오피스Smart Office'를 구축하여 업무 효율성 극대화, 수평적 상호 존중의 새로운 가치를 확산한다는 높은 포부로 공간을 개선하였을 것이다.

현재 기준으로 B의 경영 성과가 좋다면 투자가 수반되는 인프라Infra 개조 및 혁신적인 공간 선행 조치들은 그 도입의 의미가 충분할 것이나, 비용Cost과 편익Benefit을 고려하여 가장 효과적인 수단에 대한 조치를 검토한다면 그 결과가 달라질 소지가 크다. 이는 같은 조직 내에서도 하부 조직의 업무 특성이나 문화적인 특성에 따라 다른 시각에서 접근해야 하는 만큼, 획일적인 제도를 운용하고 있거나 경직된 문화적 특성을 갖는 B의 경우에는 공간도 일하는 방식이나 추구해야 할 목적이 다를 수 있기에 공간 개선 이후의 추가 과제가 다양한 문제점으로 도출될 수 있다는 점을 고려해 봐야 할 것이다.

B도 A와 마찬가지로 '공간', '문화', '제도'의 측면에서 현황에 비례하여 새로운 목표를

어떻게 가져가야 할 것인가에 대한 고민을 함께 해 보겠다.

구분	B 유형(Case B)의 '스마트한 일터' 개선 목표	
1	스마트한 공간 개선	처음부터 다시 만든다는 각오로 임하라
2	스마트한 문화 개선	권력을 쥔 자부터 기득권을 놓아라
3	스마트한 제도 개선	'제재'보다 '기회'를 먼저 보장하라

〈도표 3-15〉 B 유형(Case B)의 '스마트한 일터' 개선 목표

1) '스마트한 공간 개선', 처음부터 다시 만든다는 각오로 임하라

- 선제적 공간 형성의 부정적 요소를 고려하라

B의 경우는 A의 경우와 비교할 때, 공간 개선 현황에 있어서는 긍정적인 평가 요소가 있겠지만, 오히려 우려가 되는 부분도 많다. 그 예측되는 난관을 공간 기준으로만 꼽아 보자면,

✔ **첫째,** 공간의 비효율성이다. 사용자의 수용도가 낮은 상태에서는 협업이나 교류, 소통과 몰입 등 업무 효율적인 측면에서 완벽한 근무 플로를 구축하기 어렵다. 공간은 최고의 수단이 될 수 있으나, 협업을 위한 최적화 지원은 사전에 어떤 인프라를 구축해야 하는지에 대한 결정이 중요한 만큼, 이에 대한 교육이나 준비가 철저하지 못한 상황에서는 사용자부터 흔들릴 소지가 충분하다.

✔ **둘째,** 사용자 불만족이다. 디지털Digital 사회가 된 오늘날에도 아날로그Analog적인 업무가 존재한다. 기업 트렌드Trend를 고려하였을 때 점차 일상적으로 진행되는 루틴Routine 업무를 진행할 확률이 점차 낮아지는 추세이다. 업業의 특성을 세밀하게 분석해 봐야 할 일이지만, B 조직은 일반적으로 개인의 창의성보다는 집단의 획일적인 노력과 시간의 투

입량으로 성장하였을 가능성이 크다. 또한 '스마트한 공간'은 구성원 개개인의 '자발성自發性'이 강조된다. 문화와 제도의 틀이 바뀌지 않은 상태에서 추진된 새로운 공간은 사용자들에게 '불편한 요소'로 작용될 수 있다.

✔ **셋째,** 비용의 낭비이다. 어떤 경영자이든 앞서 언급하였던 코스트Cost 대비 퍼포먼스Performance에 대한 기대 효과를 먼저 상정하고 투자를 감행한다. 조직의 특성이나 개인의 니즈, 경쟁자의 상황 등을 고려했을 때 공간 개선을 추진해야 할 당위성은 충분할 것이다. 하지만 다양하게 나열되어 있는 선택 가능한 대안들 가운데서 어떤 것을 먼저 추진해 나가야 할 것인가에 대한 문제가 남는다. '공간 개선'은 필수적으로 그에 따른 비용이 초래된다. 공간을 구축하고자 하는 기업들의 대다수는 비용에 대한 고민이 동시에 수반된다. '문화'와 '제도'의 개선은 '비용'이 최우선 고민이 아닐 것이다. '공간', '문화', '제도' 이는 선택의 문제일 것이다. 조직의 현황에 따라서 공간 개선의 선행이 최고의 수단으로 작용할 수도 있다. 다만 이 경우에도 적용성의 문제는 남는다.

- 사람만이 아니라, 공간도 함께 연결하라

A의 경우, 공간 공유의 원칙과 소통의 중요성을 일깨우는 것이 중요하다고 설명하였다. 또한, 사용자의 공간 수용성과 사용성에 대한 기반이 원천적으로 필요함을 함께 강조하였다. 따라서 공간 구축 효과에 대한 기대치를 우선 최소화하고 '작은 것에서부터 시작해야 함'을 부연하였으나, B 조직의 상황은 조금 다를 수 있다. 어떠한 방식이든 추진 부서나 TFT에 의해 공간 개선에 대한 자체의 조직 현황 점검이 이루어졌을 것이며, 그만큼의 의도가 공간으로 표현되는 과정에서 다양한 공간이 새롭게 연출되었을 것이다. 이는 당장에 되돌릴 수 없는 상황이기에, B는 우선적으로 구축된 공간들에 대한 연결성을 중요하게 고려하여야 한다. 이미 구축된 공간이라도 협업의 특성과 부서별 업의 특성을 고려하여 레이아웃의 재배치를 전략적으로 수정해야 한다.

〈그림 3-16〉 공간의 연결은 결국 사람을 연결한다

공간이 유기적으로 연결되는 것이 왜 중요한가? 예를 들어, 실리콘 밸리는 개인 간의 교류와 성과 그리고 혁신이 밀접하게 연관되어 있다는 강한 믿음이 있다. 그 믿음을 바탕으로 혁신가들은 자사의 문화에 맞게, 또는 자사의 새로운 문화 형성 및 강화를 위한 그들만의 사옥을 건설한다. 구글Google의 신사옥은 우연한 만남을 극대화하도록 설계됐다. 페이스북Facebook은 수천 명의 직원을 단일 공간에 모았다. 삼성Samsung은 기존 서열 문화와 극명하게 대조되는 공간 신축 및 개선 계획을 전사적으로 확장하겠다고 공개했다. 여기에서 얻을 수 있는 공통점은 단순히 협업만 생각한 것이 아니라, '사람들이 서로 부딪히면서 생겨나는 혁신의 연결점'일 것이다.

일반적으로 개방성을 지향하며 칸막이를 뜯어내고 벽을 없애고 트는 것에 공간 개선의 의미를 크게 두고 있으나, 사실 열린 공간일수록 생산성과 창의성이 올라감을 명확하게 뒷받침하는 증거는 없다. 예측만 있을 뿐이다. 다만, 공간의 연결성 측면에서 구성원들의 커뮤니케이션과 그것에 대한 촉진이 집단 성과에 미치는 영향은 데이터로 확보할 수 있으며, 그 데이터를 기반으로 분석이 가능할 것이고, 유의미한 공간 개선 효과를 도출할 수 있다. 이렇게 도출된 결과물은 어떤 식으로 공간을 디자인하며 배치해야 하는지 결정할 수 있다. 또한 각 부서나 프로젝트에 대한 업무 특성을 잘 살리면서도 협업의 포인트를 각 공간의 어느 지점에 요소요소 재배치하여야 효율적 대안을 마련할 수 있을 것인가에 대한 최적화된 답안을 예측하여 적용할 수 있다.

- 사용자들의 자연스러운 이동을 촉진하라

B 조직은 이렇게 공간의 연결성에 대해 고민을 거듭하다 보면, 사용자들이 사용 목적에 따라 각 공간을 이동할 경우, 동선이 자연스럽게 구성되는 것만큼이나 공간의 이동성이 용이하도록 이동 공간 또한 적절하게 구성되어야 함을 확인하게 된다. 때로는 제한된

면적 내에서 목적 공간의 디자인 특성을 최대한 담고자 이동 면적이 너무 비좁게 형성되어 이를 의도적으로 구현하는 경우도 있다 불편함을 토로하는 경우가 있을 것이고, 반대로 일부 목적 공간으로 이어지는 경로가 너무 광활하게 구성되어 있어, 공간 면적 대비 낭비의 비효율이 발생할 수도 있을 것이다. 면적의 제한으로 동선 확보가 부족한 이동 공간은 비교적 접촉이 제한될 필요가 있거나 기밀이 필요한 프로젝트가 우선이 되는 '보안 공간'이나 '프라이버시Privacy 공간', '휴게 공간' 등으로 전략적인 수정이 가능하다. 또한, 이동 면적이 충분하여 낭비가 초래되는 이동 공간에는 소형 테이블을 배치하거나, 벽면에 보드 설치를 활용한 스탠딩Standing 미팅을 활성화할 수 있다.

B 조직은 이미 구축된 공간에 대해 사용자들의 수용성과 만족성을 최대로 끌어 올리기 위한 추가 노력을 기울여야 한다. '공간의 쾌적성快適性' 또한 간과되어서는 안 될 것인데, 공간 쾌적성은 신체적 정신적 안정감을 주는 것을 최우선으로 인지해야 함이 중요하다. 사무 환경의 쾌적성 향상을 위해서는 냉난방, 온습도, 공기 질, 환기 등 다양한 요소가 고려되어야 하는데, 사용자들이 민감하게 여기고 편안함을 느끼게 되는 직접적인 요소로 선택되는 사항이 바로 '조명'이다. 휴식을 취하거나 업무를 진행함에 있어 조명 환경이 특히 강조되는 이유는 '공간의 쾌적성'이 '업무 효율성'과 관련이 있기 때문이다. 현대의 사무 근로자들은 필수적으로 컴퓨터 기기를 활용한다. 그만큼 눈의 피로가 가중되며 시각 작업에 충분한 조도를 확보해야 하고, 모니터에 반사되는 빛과 공간 조명이 사용자에게 피로감이나 불편함을 주어서는 안 된다. 업무 공간에 사용하는 전반적인 조명의 밝기는 60~150럭스Lux, 평균 100럭스Lux 정도가 적절하고, 회의나 미팅 목적의 공간은 이보다 더 높게 설정하도록 하고, 휴식이나 이완이 필요한 공간은 평균 밝기보다 다소 낮추는 등, 획일화된 조명의 구성을 탈피하고 공간의 활용 목적에 따라 조명을 다양화하는 것이 중요하다. 뒤의 타 유형 사례에서 언급하겠지만 '공간의 쾌적성'은 '공간의 창의성'을 구성하는 핵심 요소가 되기에 '창의성'과도 깊은 연관이 있음을 명심하자.

지금 시대의 공간 개선은 오피스 디자인Office Design 차원의 개선 정도에서 머물러 있지 않다. 오늘날의 사무 공간은 그 자체로 업의 변화를 함축하고 있으며, 일의 미래를 제시하는 지향점이기도 하다. 그래서 공간의 표현을 다양한 관점에서 업의 특성에 맞게 구축하는 것은 중요하다. 대개 '스마트한 일터'의 '스마트한 공간'에서 가장 중요한 사항을 꼽으라면 항상 빠지지 않고 높은 점유를 보이는 항목이 '공간의 다양성'이다. 사용자의 액션Action이 강조되는 시대인 만큼 공간 개방성 측면에서 반영된 디자인과 만남을 유도하는 이동성은 다양하게 구성된 적재적소의 공간 다양성으로 그 형태의 효과가 귀결될 수 있다.

- 시너지Synergy를 위한 공간 다양화를 추진하라

A의 경우 공간 다양성의 선제적 구성에 대한 '경고'의 메시지를 담았다면, B의 경우는 다르다. 구축된 공간들은 시너지가 필요하다. 전략적 차원에서도 사무 공간은 조금 더 구체적으로 체계화體系化시킬 필요가 있는 것이다. 조금 더 유연하고 느슨하며 조직의 빠른 성장에 대처할 수 있는 개방형 소통 공간이 구축되었다면 B 조직은 공간 다양화 측면에서도 이에 맞춰 진화해야 한다. 우선 구성원들에게 직접적인 긍정적 피드백Feedback을 받을 수 있는 요소인 편의 공간에 대한 사측의 수용도가 높아져야 한다. 사내 편의 시설은 단순히 개인이 이용하는 편의 목적성이 아닌, 개인주의, 효율 중심, 현재 지양, 직접 행복을 느낄 수 있는 탈脫수직을 지향하는 지향적인 소통 공간으로 창출되어야 한다. 어느 오피스 디자이너Office Designer의 발언이 참으로 신선하다. "오피스디자이너의 가장 막강한 라이벌은 스타벅스Starbucks이다." 그만큼 업무 공간을 한정된 목적의 물리적 공간으로만 규정하지 않는 시각이 B 조직에서는 더욱 필요하다. 다시 말해, B의 '공간의 다양성'은 B 유형에서 직접적으로 강조되진 않지만 사용자들의 '공간 수용성'과 '공간 사용성'을 더욱 끌어올릴 수 있는 방향성이 담겨야 한다.

〈그림 3-17〉 공간은 '수용성'과 '사용성'이 뒷받침 되어야 한다

'공간의 다양성'에는 각 공간의 목적이 특수하게 담겨야 함이 당연하나, B의 공간은 현실적 범위 안에서 최대한의 효율을 끌어올리기 위한 일환으로, 각 공간의 목적을 강조하기보다, 예를 들어 개방형과 폐쇄형, 몰입형과 이완형 등 양자택일兩者擇—을 하는 상황에 놓인다면 B는 양쪽을 모두 포용하는, 아니 그것을 넘어 양 끝단의 사이에 나뉜 수많은 공간 성격의 세그먼트를 사용자들의 개인적인 성향과 기호가 아닌개인적인 성향과 기호는 과감하게 차후로 미룬다., 사용자들의 공통적인 성향과 기호, 그리고 필요에 따라 사용하고 만족할 수 있는 방향으로 보완되어야 한다. 개개인의 특성은 너무나 다르다. 은퇴기에 접어든 베이비 부머Baby Boomer 세대가 다르고 새롭게 입사하는 레니얼Renial 세대가 다르다. 이들의 개인적 기호와 선택이 초점이 되는 것은 조금 더 진화한 문화와 제도, 그 포용력이 깊게 자리 잡아야 더욱 효과를 기대할 수 있다. B 조직의 공간 다양성은 소통을 담고 공유를 촉진하기 위함이 우선이다. 개인의 성향과 기호에 대한 다양성에 대해서는 뒤에서 다루도록 하겠다.

이로써 B 조직은 A 공간이 갖춰야 할 특성에 더해 공간의 연결성과 다양성, 공간의 이동성과 쾌적성을 갖추었다. 이는 최소한의 스마트 오피스Smart Office 공간 형태를 담았다고 해도 무방하다. 다만, B에서 갖춰진 공간의 형태는 IT 부분이 빠져 있고, 그 '생명력'이 부족하다. 생명력이 부족하다는 것은 지속성이 불확실하다는 것이며, 회사의 철학이 빠져 있다고도 볼 수 있다. B의 선행적 공간도 추가적인 보완책이 뒤따르지 않는다면 결국 '실패'할 확률이 높다. 그렇다면 B 유형의 조직들이 현 공간 구축 상황을 보다 효율적으로 활용하고 개선하는 데 도움을 주고, 다양한 측면에서 어려움을 극복할 수 있는 또 다른 방법, 문화와 제도 중 우선 문화적인 현황을 점검하고 개선 목표점을 찾아보도록 하겠다.

No	B 조직의 공간 개선 목표	리커트 척돗값
1	회사 아이덴티티와 경영 철학, 디자인 철학을 반영하고 지속적으로 확장, 발전해 나가기 위한 공간의 역사성	10.00
2	답답하지 않게 공간이 오픈되고 공간을 사용하는 모든 사용자의 시야가 충분히 확보되는 공간의 개방성	20.00
3	다양한 디자인 요소를 고려한 레이아웃을 통한 적절한 배치를 기반으로 서로 유기적으로 구성되는 공간의 연결성	30.00
4	사용자들이 사용 목적에 따라 각 공간을 이동할 경우, 동선이 충분히 확보되도록 용이하게 구성된 공간의 이동성	20.00
5	몰입 공간과 이완 공간, 업무 공간과 편의 공간, 기타 복지 공간 및 특수 공간 등으로 다채롭게 구성된 공간의 다양성	30.00
6	소통과 협업 목적의 BOX형 공간, 모듈형 공간 등 레이아웃의 변동이 손쉽게 가능하도록 설계된 공간의 변형성	10.00
7	다양한 공간을 통해 활발한 교류와 협업, 업무 & 비업무적 커뮤니케이션 등 네트워킹이 촉발되는 공간의 소통성	30.00
8	모든 사용자들의 신체적, 정신적 편안함을 위해 냉난방, 온습도, 공기 질, 조명, 환기 등이 고려된 공간의 쾌적성	20.00
9	개인이 점유하는 공간 사용을 지양하고 다양하게 구성된 공간을 모든 사용자가 공유하게 되는 공간의 공유성	30.00
10	오염 및 감염의 예방, 환경 이상 감지는 물론, 특정 사용자를 배려한 유니버설 디자인 요소까지 고려된 공간의 안전성	10.00
11	개인 프라이버시의 존중, 특수 정보와 기밀 유지가 가능하도록 공간 및 시스템 솔루션을 제공하는 공간의 보안성	10.00
12	온라인 정보 및 지식 교류, 업무 고도화, 센서, 예약, 제어, 저장, 통합 관리 등 시스템 솔루션을 제공하는 공간의 기술성	10.00
13	다양한 요소들이 결합되어 모든 사용자들의 창발적 교류와 창의적 아이디어 생산을 촉진하는 공간의 창의성	10.00
14	사용자가 공간을 거부감 없이 받아들이고 모든 사용자의 적응이 최우선으로 고려되어야 하는 공간의 수용성	30.00
15	모든 공간을 적극적으로 활용할 수 있도록 장려하는 등 사용자들의 자율적 참여가 기반이 되는 공간의 사용성	30.00
	평균	20.00

〈도표 3-18〉 B 유형(Case B)의 공간 개선 목표

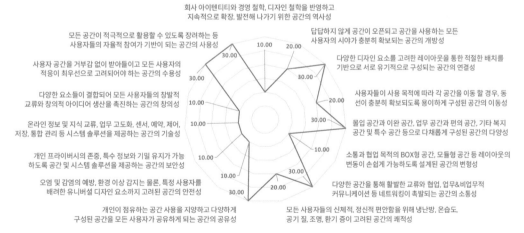

〈도표 3-19〉 B 유형(Case B)의 공간 개선 목표

2) '스마트한 문화 개선', 권력을 쥔 자부터 기득권을 놓아라

- B 조직의 문화는 '커뮤니케이션'의 재정립에서 시작된다

'스마트한 일터'의 3요소 중 하나인 '스마트한 문화'는 개인의 자발적인 참여 의식에 의한 창의성 발휘가 요구된다. 다만 이는 개인 수준에서 진행되기보다 조직과 집단의 창의성으로 연결되어야 한다. A가 서로를 존중하고 마음을 여는 기본적인 의식 함양이 주가 되어 새로운 비전을 함께 만들어 나가기 위한 동반과 교류 문화를 강조하였다면, B 조직은 형성된 문화적 공감대를 새로운 리더십Leadership과 팔로워십Followership으로 구체화하여 지속적인 참여 기반 아래 개선 문화를 만들어 나가는 것이 목표다. 또한, 이미 구축된 공간 속에서 자율적인 근로 문화 조성을 위한 자율 문화도 강조되어야 할 것이다.

아쉽게도 '커뮤니케이션'은 자발적인 참여로만 완성되지 않는다. 협업으로 성과를 창출하기까지는 우선 조직 구성원으로서 개개인의 '아이덴티티Identity'가 확보되어야 한다. 조직의 비전과 미션을 명확히 인지시키는 것도 중요하지만 구성원들 개인의 업의 특성, 업무 흐름, 개인의 위치와 역할, 자신감 등 어느 방향으로 나아가야 할 것인가에 대한 확신이 우선으로 형성되어야 하며, 비로소 자신의 정체성이 확보되면 조직의 미션 수행에 대한 목표가 개인의 의지에 의해 시너지를 발휘하게 될 것이다. 또한 조직적 커뮤니케이션은 단순한 소통의 선에서 멈추는 것이 아닌 다양한 교류를 통한 정보의 교환, 새로운 아이디어의 생성을 요구하는 것이기에 커뮤니케이션의 최종 목적지는 협동과 협업, 협력을 이끌어 내야 함은 물론이고 그러한 성과로 귀결되고 평가된다.

- 현재의 한계를 인정하고 문화적 변화 목표를 형성하라

B와 같은 조직 유형은 공간의 개선 현황은 좋은 평가를 받고 있으나, 아직 문화적 제도적 시스템 구축이 미약하다. 이는 커뮤니케이션의 정도에 있어 다양한 정보나 아이디어를 자발적으로 교류하기 위한 협업의 단계라기보다, 체제의 적합한 틀이 잡히기까지 개인의 정체성 확보와 상대방이라는 존재에 대한 인정, 즉 서로 의견이 다르고 갈등이 유발될 수 있음을 오픈 마인드Open Mind로 받아들이고 동료에 대한 협력 의식을 보다 공

고하게 만들어 가는 단계로 설명할 수 있다. B 유형의 경영진이나 관리자는 구성원들의 급진적인 성과를 기대하기보다 구성된 공간 안에서 최대한의 효과를 발휘하기 위한 문화적 시스템을 만드는 것을 우선순위로 설정하게 된다.

서두에서 거론하였지만, 독자의 A~H 유형은 독자의 이해를 돕기 위해 '공간', '문화', '제도'의 3요소가 거듭할수록 발전상을 연계하여 성장하는 모형을 그리게 된다. 따라서 B는 선제적인 공간 혁신 과정을 통해서 A보다는 문화적인 체제 구성에 한발 앞선 형태를 띠고 있다. 이는 일반적으로 일컬어지는 '스마트 오피스Smart Office' 추진을 통해 물리적 사무 공간의 혁신을 통한 개인 간 교류성을 확대하고 모바일 오피스Mobile Office 등 '스마트 워크Smart Work'의 조건에 한발 빠르게 다가섬을 의미한다. 따라서 진보된 공간의 형태는 문화적인 인식을 끌어올릴 수 있음과 동시에 유연 근무 제도 등 시간 관리 제도에 대한 전략적인 추진을 가속화할 수 있게 된다. 앞서 언급한 개인의 정체성 확립은 과업과 목표에 대한 명확화를 의미하며 B는 동기 부여를 통한 문화적 의식 측면의 집단 지성 형성에 게을리하여서는 안 된다. 또한 문화적 집단 지성이 확보됨으로써 1차적 선순환 구조의 성공 가능성을 높일 수 있다. 문화 측면의 1차적 선순환 구조라 하면 집단적 공감대 형성을 통한 체감형 변화를 취득하게 되는 첫 단추로 작용하며, 뒤에 설명하게 될 다양한 효율, 효과, 성과를 시스템화하기 위한 2차적 성과 단계로 이해할 수 있다. 예측하겠지만, 문화적 체계 형성의 최종 단계는 창의적 소통을 증가시켜 새로운 가치를 창출하고 성공 사례를 확산해 나가는 선순환 성과 구조의 정착이 될 것이다.

- 누구든 '팔로워Follower'로 시작하여 '리더Leader'가 된다

A 조직이 주로 오픈 마인드Open Mind, B 조직의 문화는 '리더Leader의 관계 재정립에 힘써야 한다. 과연 B 조직은 '리더십Leadership'과 '팔로워십Followership' 중 무엇부터 변화해야 할 것인가?결과는 모두가 변해야 한다! 당연히 '리더Leader부터'라고 주장하는 사람도 있겠지만, 시작의 정답은 없을 것이다. 다만 많은 기업을 경험해 오면서 오히려 새로운 문화는 '팔로워Follower'에 더 무게가 실리고 있다. 결론적으로 '리더Leader'도 변화해야 하지만 '팔로워Follower'의 변화가 더욱 중요해졌다고 필자는 생각한다. 왜 이런 시각으로 변화하게 된 것일까?

〈그림 3-20〉 팔로워의 참여가 변화를 주도한다

현장에서 컨설팅을 진행할 때, 필자는 문화적 시스템 형성의 진단 과정 중 '리더Leader'와 '팔로워Follower' 간, 관계성과 그로 인한 문화적 영향, 변화의 가능성에 대한 다양한 설문과 인터뷰를 진행하고 있다. 리더가 팔로워Follower들에게 미치는 영향은 예상대로 상당하다. 다만, 눈여겨볼 사항은 다양하게 요구되는 리더십, 시대에 따라 변화하는 리더상의 흐름 속에서 조직의 관리자로 성장하는 것에 대한 부담을 토로하는 구성원이 보인다는 것이다. 현대의 조직은 리더의 역량과 자질의 함양, 회사의 명운을 좌우하는 의사 결정 방식과 그 결과에 대한 성과를 혹독하게 요구한다. 이에 따라 팔로워Follower들의 의사 결정 과정에 리더는 절대적으로 참여하게 되며 리더Leader의 의지에 의해 프로젝트는 방향을 달리한다. 시각을 달리해 보자. B 조직은 공간 개선이 먼저 이루어졌다. 문화적 형성과 제도적 체계가 필요한 상황에서 절대다수팔로워의 변화를 리더에게만 요구하는 것이 바람직한가? 새로운 리더는 팔로워십Followership에 근간한 팔로워Follower들의 행동에 따라 각 구성원을 의사 결정 과정에 참여시키거나 역량 있는 팔로워Follower를 발굴하거나 팔로워Follower의 새로운 역량을 발굴하여 적재적소適材適所에 배치하거나 뛰어난 역량으로 프로젝트의 성공을 이끌 수 있는 팔로워Follower에게 특정 의사 결정 권한을 위임하는 등 구성원들에게 지시하는 역할이 강조되는 것이 아니라 각 구성원을 연결하는 접점의 역할을 하는 것이 더욱 중요한 상황임을 B 조직은 잊지 말아야 한다.

B 조직의 '연결 문화'는 조직의 절대다수를 점유하는 팔로워Follower들의 참여적 의사 결정이 필히 확보되어야 하는 시점이다. 뒤의 조직 유형에서 새로운 '연결 리더십'에 대한 의미와 필요성, 그 효과에 대해 자세히 논하겠지만, 리더에 대한 무게감을 분산하여 팔로워Follower들의 다양한 참여를 장려한다면, 리더의 노력을 지지하고 리더의 지시를 효과적으로 따르는 구조가 형성될 수 있다고 본다. 이 부분에서 강조되는 리더십은 팔로워

Follower에 대한 공정함과 존중, 그리고 소양은 물론 다양한 학습 노력을 통한 리더 역량의 발전이 될 것이다.

참고로, '연결 문화'를 위해 강조되는 팔로워십Followership의 주요 역량으로는 다음과 같이 정리할 수 있겠다.

- 조직목표의 공유와 이해
- 학습 노력을 통한 지식 및 역량 함양
- 상대방에 대한 배려
- 참여적 의사소통
- 다양한 갈등 해결의 의지

- 스스로에 대한 자신감
- 과업 수행에 대한 성실성
- 과업 결과에 대한 책임감
- 실패를 두려워하지 않는 적극성
- 꾸준한 자기 관리

B 조직의 리더는 팔로워Follower들의 적극적 참여를 통한 공정하고 합리적인 의사 결정과 적절한 권한 위임이 수반되며, B 조직의 팔로워Follower는 적극적인 참여 속에 일방적 지시 수행에서 벗어난 독립적이고 비판적인 사고가 필요하다. 독립적이고 비판적 사고는 맹목적 복종이나 부정적 비평을 뜻하는 것이 아니라 자신의 판단과 의사 표시를 적절하게 하는 것으로 정의한다. 이러한 팔로워Follower들의 사고 전환은 조직의 목표 달성을 위해 팔로워들에게 주인 의식을 갖고 적극적으로 참여하는 계기가 되며, 리더에게는 긍정적 영향을 줄 수 있는 중요한 요인으로 작용하게 된다. '연결 문화'는 리더와 팔로워Follower 간 적극적인 배려와 협조, 신뢰의 정도에 따라 그 형성 결과를 달리하게 된다.

- 새로운 리더십Leadership과 팔로워십Followership의 형성 과정은
다양한 문화적 체계를 완성하는 'Key'

앞서 리더의 참여적 의사 결정과 적절한 권한 위임, 공정한 과업 수행과, 팔로워Follower의 적극적 참여와 독립적/비판적 사고의 함양을 '연결 문화'의 주요 요인으로 설명하였다. B 조직은 이렇게 시작되고 형성되어지는 과정 속에서 모두에게 동기가 부여되고 적극적, 자발적인 참여가 이루어지는 '참여 문화'와 조직이 추진하는 긍정적 변화와 혁신 의지에 대해 구성원들의 지속적 참여가 이어지는 '개선 문화'의 기틀을 자연스럽게 마련할 수 있다. '연결 문화', '참여 문화', '개선 문화'의 형성 흐름은 새로운 문화를 적극적으로 수용하고 오픈 마인드Open Mind를 함양하도록 유도하는 '오픈 문화', 인간 존중 사고를 근간으로 개인의 가치관과 개인의 철학, 개성을 인정하고 받아들이는 '존중 문화', 모든 구성원의 창발적創發的 소통이 활발하게 이루어질 수 있도록 돕는 '교류 문화', 권한과 책임의 분산과 체계화를 통해 몰입과 이완의 자발적 선순환을 유도하는 '자율 문화', 개인의 의식, 소양, 역량 등 다양한 부문의 학습 지원을 통해 개인과 조직의 발전과 성장을 지속적으로 돕는 '학습 문화' 형성에 기여한다.

　많은 기업을 방문하여 상담을 진행하다 보면, 대다수의 기업이 '수평 문화'를 먼저 강조한다. 조직의 성장 요인으로의 유연함을 찾기 위함이나, 그 부정적인 면모는 차치하고서라도 단기간에 수평 문화를 목표로 내재화內在化한다는 것은 참으로 어렵다. 해외 기업이나 국내의 외국계 기업을 모방하여 시스템을 그대로 접목하는 것은 결코 쉽지 않은 일이다. 다만, 회의 중에 직함 대신 성명에 '님'을 붙여 부르거나, 닉네임Nickname을 호칭하는 등 자연스러운 '소통의 벽' 허물기 캠페인은 부정적 요소보다 긍정적 요소가 더 많은 것이 사실이다. 일부에서 움켜쥐고 있던 '기득권'은 차츰 가진 자들로부터 필요한 영역으로 넓게 분산되어야 할 것이다. 개인의 가치가 점점 중요하게 여겨지는 기업 문화의 흐름으로 볼 때, 결국 문화는 '소통'이다. B 조직의 문화는 '리더Leader'와 '팔로워Follower'의 새로운 커뮤니케이션 방식에서 시작한다.

No	B 조직의 문화 개선 목표	리커트 척도값
1	새로운 문화를 적극적으로 수용하고 오픈 마인드를 함양하도록 유도하는 오픈 문화	40.00
2	인간 존중 사고를 근간으로, 개인의 가치관과 개인의 철학, 개성을 인정하고 받아들이는 존중 문화	40.00
3	새로운 기업 문화를 만들기 위해 新리더십과 新팔로워십를 재정립하고 상호간 결합을 돕는 연결 문화	50.00
4	모든 구성원들의 창발적 소통이 활발하게 이루어질 수 있도록 돕는 교류 문화	30.00
5	조직 간, 조직 내 내재되어 있는 부서 이기주의 등 silo 요소를 타파하고 새로운 비전을 함께 만들어 나가는 동반 문화	30.00
6	모두에게 동기가 부여되고 적극적, 자발적인 참여가 이루어지는 참여 문화	30.00
7	권한과 책임의 분산과 체계화를 통해 몰입과 이완의 자발적 선순환을 유도하는 자율 문화	20.00
8	기업이 추진하는 긍정적 변화와 혁신 의지에 대해 구성원들의 지속적 참여가 이어지는 개선 문화	30.00
9	국가의 제도 변화에 능동적 대처가 가능하고 일하는 방식과 근무 시간의 변화를 적극적으로 수용하는 새로운 근로 문화	20.00
10	과정에 대한 통제적 관리를 지양하고 과업의 효율과 효과에 초점을 맞추어 구성원의 과업 수행을 돕는 성과 문화	10.00
11	시간의 낭비, 서류의 낭비 등 물리적 저해 요소를 없애고 각종 회의/보고/결재 시스템의 최적화를 돕는 낭비 제거 문화	10.00
12	개인의 의식, 소양, 역량 등 다양한 부문의 학습 지원을 통해, 개인과 조직의 발전과 성장을 지속적으로 돕는 학습 문화	20.00
13	개개인의 삶과 가족에 대한 배려는 물론, 구성원의 가정에 대한 존중이 기반이 된 친가족 문화	10.00
14	출근이 기다려지는 조직, 동료가 있어 든든한 조직, 즐겁고 역동적인 조직을 만들어 나가기 위한 행복 문화	30.00
15	권위와 위계, 통제가 근간이 된 전통적 수직 문화를 타파하고, 탈위계/탈권위/탈통제적 사고가 근간이 되는 수평 문화	20.00
	평균	26.00

〈도표 3-21〉 B 유형(Case B)의 문화 개선 목표

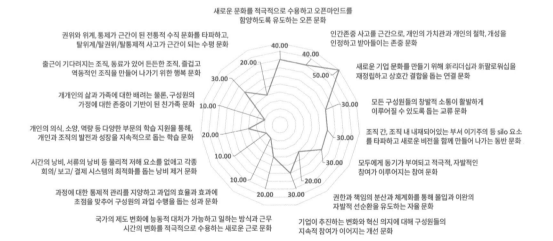

〈도표 3-22〉 B 유형(Case B)의 문화 개선 목표

3) '스마트한 제도 개선', '제재制裁'보다 '기회'를 먼저 보장하라

- 연결 문화를 발전시키기 위한 제도적 구심점을 설계하라

B의 문화적 개선 목표점에서 특히 리더Leader와 팔로워Follower의 '연결 문화'를 중점적으로 강조하였다. 본서에서는 유형별 사례의 진화상을 통해 궁극적으로 '사람 존중의 자율적 수평 문화'의 기틀 마련에 성공한 문화적 완성체를 1차적 과제로 삼는다. 차후 결론 부분에서 수평 문화를 기반으로 미래로 도약하기 위한 시스템화의 시대적 발전 방향성에 대해 기술하기로 하고, 우선 그러한 문화적 기틀을 완성하기 위해 적극적 참여가 기반이 되어야 할 B 조직의 '연결 문화'를 제도적으로 체계화하는 과정에 대해 함께 살펴보겠다.

B 유형은 공간의 선제적 구축 과정을 통하여 문화의 개선 목표를 보다 체계화하기 위한 시스템이 필요한 상태다. 따라서 다수가 유형의 형태보다 무형의 기틀로 자리 잡게 될 문화적 개선 목표에 앞서 구체적인 제도적 기틀이 큰 틀에서 마련되어야 한다. 이에 따라 B 조직이 보다 명확한 비전과 명분을 통한 제도의 정당성을 확보하도록 노력하고 있는지, 참여의 기회가 충분히 보장될 수 있는지에 대한 제도 참여의 기회가 모든 팔로워 Follower에게 평등성이 보장되도록 한다.

〈그림 3-23〉 팔로워들의 목소리를 보장하자

우선 앞서 언급하였던 리더와 팔로워 Follower의 관계성 재정립과 팔로워Follower 들의 제도 참여 기회의 폭을 넓히기 위한 일환으로도 B의 제도 변화는 전략적으로 짜이고 받아들여지기 쉬운 부분부터 과감하게 시도되도록 한다. 임직원 간 호칭을 '님'으로 통일하거나 직급 호칭을 '매니저Manager'나 '프로Pro'로 단순화하고 영어나 한글 닉네임Nickname 등을 사용하는 것도 좋은 방안이 될 수 있다. 특히나 디지털 혁신 시대의 새로운 밀레니얼Millenial 고객군의 등장으로 급변하는 시장 환경에 유연하고 능동적으로 대응하기 위한 속도전이 그만큼 중요해졌기에 상하 간 계층 구조를 시급히 탈피하여 리더와 팔로워Follower의 연결 구도를 단순화해야 한다. 위계적 수직 구도는 의사 결정이나 시장 대응의 속도가 현격히 떨어지는 것을 감안 상하 단계별로 넓게 계층화되어 있는 직급 구조를 대폭 축소하여 운영하는 방안이 필요하다.

B 조직은 극단적으로 직급이나 직위를 없앨 수 있는 구조가 아니다. 다만 리더와 팔로워Follower들의 역할은 강조되어야 한다. "지시와 명령은 없다. 다만 소통이 있을 뿐." 한 기업의 조직 문화 핵심 슬로건이다. 이는 리더는 결정하고 명령하는 자리가 아닌 팔로워Follower들이 효과적으로 목표를 달성하도록 지원하고 돕는 자리라는 뜻을 가지고 있다. 개방된 수평적 공간이 주어졌다. 공간만 바뀌었을 뿐 그 자리는 일방적인 지시와 훈계가 가득하다. 얼마나 끔찍한 일인가? 명령하는 관리자를 지양하고, 소통을 통해 '우리'의 일과 '내' 일을 파악하고 역할을 찾아 업무를 수행하는 과정이 수반되어야 한다.

이를 위해선 개인의 가치를 존중하고 시장의 흐름에 맞는 유연 근무 제도의 실행이 뒷받침되어야 한다. 근로 제도 혁신과 관련해서 뒤의 유형에서 구체적으로 다루겠지만 B는 되도록 초기에 유연 근무 제도의 도입을 추진하는 것이 중요하다. 이는 근무 유연화를 통한 조직 차원의 업무 효율화 의미도 있지만, 개인 존중의 제도적 표현이기도 하다. 또한 과업 플로를 매뉴얼로 통제하고 절차와 프로세스를 보완하는 작업보다 이를 점차 완화하고 실수를 줄이는 용도로만 활용하는 것이 바람직하다. 개인의 능력을 '표준'으로 제한하기보다 그 한계를 없애거나 최소화하는 과정 속에서 실수를 배려하고 장려하는 의도적인 과정이 팔로워Follower의 역량을 최대화하는 데 기여한다. 다만 탁월한 성과를 내기 위해서라도 최소한의 규칙과 절차는 필수적으로 학습화되도록 유도한다.

사실 완전한 자율과 책임은 수평적 조직 문화의 핵심이다. 하지만 이는 높은 수준의 문화적 진화를 거듭한 조직에서 보일 수 있는 상황이고, 우선 B는 리더와 팔로워Follower 간, 리더와 리더 간, 팔로워Follower와 팔로워Follower 간의 높은 신뢰를 유발할 수 있는 제도 마련에 고민을 더해야 한다. 참여의 기회가 확대되고 장려되는 만큼, 갈등을 유발하는또는 갈등을 해결하는 직/간접적 계기가 되는 상시 피드백 시스템을 도입하도록 한다. 수시로 일하는 방식과 과업의 흐름에 대한 피드백이 소통으로 순환되도록 유도한다. B의 경우는 공간을 이에 목적화하는 것이 가능하기에 상시 피드백 시스템은 A보다 자리 잡기 수월하여 진다. 통제와 관리의 범주에 들어가는 부분은 피드백의 과정에서 개선되지 않거나, 반영되지 않은 부분에 대한 조정의 과정일 뿐이다. 오히려 철저한 책임과 성과에 대한 보상 기준안을 마련하는 데 심혈을 기울여야 할 것이다.

- 직접적이고 단기간에 체감될 수 있는 제도적 보완 장치를 추가하라

A 조직의 경우, '스마트한 일터'의 3요소에 대한 구축 현황이 고루 부족한 상황임을 고려하여 제도의 명분과 정립에 있어 그 원칙에 대한 전반적인 요소를 다루었다면, B는 특정 요소, 특히 공간 구축이 선행되어 있기에 단기간 효과를 극대화할 수 있는 제도적 측면이 큰 틀에서 전사적으로 추진되어야 팔로워Follower들의 공감대가 단기간에 형성될 수 있다. 따라서 B 조직은 공간의 선행 구축을 뒷받침하기 위한 사용자들의 제도에 대한 긍정적 인식이 형성되어야 함을 의미하며, 연결 문화의 구심점 역할을 할 수 있는 공정함이 수반된 제도적 시도에 이어, 구성원들에게 눈으로 보이고 직접적으로 빠르게 체감되는 복지 부문에 대한 제도적 개선안을 적극적으로 선행하여 적용하는 것이 효과가 크다.

조직의 성장과 성과는 조직 차원에서 냉철히 평가되어 개인에게 보상 또는 상벌로 주어지는 것이지만 B의 경우, 조직적 차원의 개인 복지 기반 마련은 현재의 평가 차원에서 주어지는 것이 아니라, 미래 가치에 대한 우선적 존중 차원에서 회사의 가치와 방향성, 그 성장 정도를 기대하여 보상되어야 하고 제공되어야 한다. 즉, 복지 차원의 제도는 동기 부여 차원에서 - 요인에 대한 '제재'를 우선 배제하고 +적인 측면을 부각하라는 뜻이다. 최근에 화두가 된 워라밸Work&Life Balance 문화는 '선先 복지, 후後 연봉'이라는 신조어를 만들 정도로 개인의 라이프 사이클Life Cycle이 중시되고 있고, 연봉이 기업 선택의 1순위가 아니게 되었다. 극단적으로 표현하자면, 조직에 속해 있지만, 일은 삶의 수단일 뿐 일과 삶의 균형에 있어 자신의 삶에 대한 가치와 존중 의식이 과거보다 강하게 자리 잡고 있는 것이다. 각종 채용 공고를 보면 수면실, 카페테리아Cafeteria, 플레이스테이션 룸

Playstation Room, 호텔 주방장이 운영하는 구내식당 등 과거에는 상상할 수 없었던 사항까지도 기재하여 새로운 세대에 홍보하고 있다. 그만큼 우리나라에도 다양한 복지 제도들이 탄생하고 있다는 증거이다. 이 부분에 대한 공감은 세대/연령별로 다소 다를 수 있겠으나 각종 매스컴에서 쉽게 확인되는 통계를 고려할 때 이직 의향 1순위 해당 항목이 '직원 존중을 위한 복지 제도'로 꼽히고 있다는 사실을 명심해야 한다. 특히 공간의 개선을 선행한 B 조직이 경우, 이에 대한 제도적 실천이 뒤따르지 않는다면 공간을 필두로 신뢰도 하락으로 인해 다양한 문화적 리스크가 뒤따를 것이라 예측된다. 아마도 먼저 보여준 것이 있으니, B 기업의 많은 경영자가 특히 긴장해야 하지 않을까?

- 학습형 조직으로의 발전을 제도적으로 보상하라

B 조직의 경영 철학은 공간 구축뿐만 아니라 제도적으로 준비되어 문화적 구심점을 강화하기 위한 미래상을 반영할 필요가 있다. 또한 A와 비교하여 보다 진보된 형태의 제도적 시스템 구축을 목표로, B 조직은 조직 성장은 물론 이에 기여하는 개개인의 발전과 그를 뒷받침할 다양한 제도적 시도에 도전하고 있다는 것을 대대적으로 표방해야 한다. 또한 학습형 조직 형태 구성에 대한 준비를 시작해야 한다. 학습형 조직화는 단순히 '소양이나 역량, 스킬을 높이는 학습 조직'으로의 목표이기보다는, '스마트한 일터'를 지속/발전해 나가기 위한 '공간', '문화', '제도'적 발전상을 명목으로, 전사적 공감대와 추진력을 지속화하는 것에 중점을 두어 시작하는 것이 마땅하다.

〈그림 3-24〉 조직의 목표 잘성을 위한 학습 조직화

대체로 조직의 문화적 병폐 현상은 제도적 시스템이 미약하거나 미흡하게 운영될 때 더욱 고착화 되는 경향이 있다. A를 포함하여 B의 경우, 대체로 다음과 같은 문화적 병폐 현상이 나타나기에 이에 대한 제도적 보완을 통하여 소통형 조직으로 학습화해 나갈 필요가 있다. 문화&제도

시스템이 미흡한 기업은 다음의 두 가지 대표적 특성을 보인다.

- '수동적' 현상이 보인다. 조직의 분위기는 상명하복上命下服과 순종의 분위기가 짙으며, 상사의 의견이나, 주변의 시선, 선임자의 동의와 승인을 중시한다. 새롭고 적극적인 제안을 하기보다는 문제를 일으키는 행동을 회피하고, 위험하거나 실패 가능성이 있는 일을 먼저 시도하기보다는 다른 구성원이 행동할 때를 기다린다.

- '적대적敵對的' 현상이 보인다. 협업에 대한 평가 보상 차원의 제도적 기틀이 마련되어 있지 않고, 인간 존중의 배려 문화 확립이 미흡한 상황이기에 때로는 지나치게 경쟁적이고, 패배가 용납되지 못하는 분위기 속에서 건전한 협력을 모색하기보다는 부서, 동료 간 '상호 경쟁자'라는 인식이 확산된다. 또한 동료의 건설적인 의견이나 비판도 수용되지 못하기에 절충이 가능한 대안 모색보다는 구성원들의 실수나 결점을 지적한다.

이러한 수동적이고 적대적인 현상이 문화로 내재화되는 것을 막기 위해, B 유형의 조직은 학습 지향형 조직화를 꾀하여 소통과 배려, 공정과 평등, 자율과 참여의 제도화를 시급히 추진해 나가야 한다. 다시 말하지만, B 학습 지향형 조직화의 제도적 목표는 '직무 스킬'의 함양과 같은 역량 강화 방안이 아닌, 다음과 같은 1차 목표를 반영해야 한다.

- 일방적인 하향 커뮤니케이션 → 소통 방식 개선을 위한 제도
- 무분별하고 불필요한 정보량 축적 → 보고 방식 개선을 위한 제도
- 전달 사항만 있고 결론이 없는 회의 → 회의 방식 개선을 위한 제도
- 용납되지 못하는 실수 사례 → 참여 방식 개선을 위한 제도
- 확산되지 못하는 성공 사례 → 평가 방식 개선을 위한 제도
- 스트레스와 갈등의 심화 → 교류 및 친화 방식 개선을 위한 제도
- 단기 성과만 치중 → 비전 및 보상 방식 개선을 위한 제도

B 조직은 이러한 제도적 개선을 시도하여 장기적인 비전을 가지고 조직 구성원들에게 새로운 조직 운영 철학의 정당성을 지속적으로 확보해 나가야 한다. 이와 더불어, 참여의 기회를 의도적으로 확대하고, 절차에 대한 객관성이 지켜져야 하며, 공정성을 항상 유지할 수 있도록 제도안을 마련하는 것이 중요한 단계다.

No	B 조직의 제도 개선 목표	리커트 척돗값
1	명확한 비전과 목표 제시를 통해 명분과 정당성이 정립되도록 하기 위한 제도 개선	40.00
2	참여의 기회가 모두에게 주어지고 평등성이 보장되도록 하기 위한 제도 개선	40.00
3	제도 시행이 적절한가에 대한 타당성이 입증되도록 제도 개선	30.00
4	운영의 신뢰성이 전체 구성원들에게 확보되도록 하기 위한 제도 개선	30.00
5	제도 운용의 전 과정이 투명성 있게 추진되도록 하기 위한 제도 개선	30.00
6	전반적 제도 운용의 실질적 효과에 대한 유효성 검증 차원에 대한 제도 개선	30.00
7	조직에 실질적으로 유용하도록 제도의 주기적인 보완성이 확보되는지에 대한 제도 개선	30.00
8	구성원들이 개진하는 개선안의 적용 등 의견에 대한 수렴성이 반영되는지에 대한 제도 개선	30.00
9	회사가 제도 발전의 책임과 의무를 다하도록 미래 지향적 전향성을 가속화하기 위한 제도 개선	30.00
10	시대의 흐름과 기술력의 발전에 따른 근무 형태에 맞게 개발성이 확보되는가에 대한 제도 개선	30.00
11	구성원 평가의 절차와 방법에 대해 객관성을 확보하기 위한 제도 개선	30.00
12	성과 측면 보상의 규모와 범주에 대한 구성원 만족성이 충분한가에 대한 제도 개선	20.00
13	성과 측면의 보상에 대한 공정성이 명확히 유지되도록 하기 대한 제도 개선	30.00
14	구성원의 사기 진작은 물론, 특별한 관심과 보호가 필요한 부문의 복지성에 대한 제도 개선	40.00
15	구성원들의 꾸준한 역량과 잠재력의 발전을 돕는 학습성이 보장되는지에 대한 제도 개선	40.00
	평균	32.00

〈도표 3-25〉 B 유형(Case B)의 제도 개선 목표

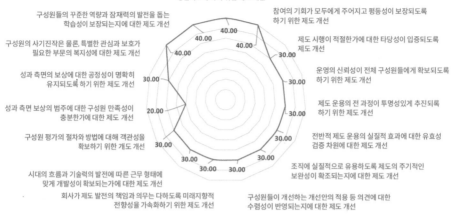

명확한 비전과 목표 제시를 통해 명분과 정당성이
정립되도록 하기 위한 제도 개선

구성원들의 꾸준한 역량과 잠재력의 발전을 돕는
학습성이 보장되는지에 대한 제도 개선

참여의 기회가 모두에게 주어지고 평등성이 보장되도록
하기 위한 제도 개선

구성원의 사기진작은 물론, 특별한 관심과 보호도
필요한 부문의 복지성에 대한 제도 개선

제도 시행이 적절한가에 대한 타당성이 입증되도록
제도 개선

성과 측면의 보상에 대한 공정성이 명확히
유지되도록 하기 위한 제도 개선

운영의 신뢰성이 전체 구성원들에게 확보되도록
하기 위한 제도 개선

성과 측면 보상의 범주에 대한 구성원 만족성이
충분한가에 대한 제도 개선

제도 운용의 전 과정이 투명성있게 추진되도록
하기 위한 제도 개선

구성원 평가의 절차와 방법에 대해 객관성을
확보하기 위한 개도 개선

전반적 제도 운용의 실질적 효과에 대한 유효성
검증 차원에 대한 제도 개선

시대의 흐름과 기술력의 발전에 따른 근무 형태에
맞게 개발성이 확보되는가에 대한 제도 개선

조직에 실질적으로 유용하도록 제도의 주기적인
보완성이 확조되는지에 대한 제도 개선

회사가 제도 발전의 책임과 의무는 다하도록 미래지향적
전향성을 가속화하기 위한 제도 개선

구성원들이 개선하는 개선안의 적용 등 의견에 대한
수렴성이 반영되는지에 대한 제도 개선

〈도표 3-26〉 B 유형(Case B)의 제도 개선 목표

우리는 지금까지 B 유형의 조직 레벨에 따른 '공간'과 '문화'와 '제도'적 측면의 개선 목표와 그 대안에 대해서 살펴보았다. 필자가 현장에서 만난 조직 유형 중, 과감한 투자나 혁신을 추진하였으나 '과거로의 회귀', '재투자 기회의 상실' 등 다양한 실패 사례나 실패에 준하는 어려움을 겪는 조직들은 대부분 '공간'이 선행되었으나 뒤따르는 '문화적', '제도적' 개선 활동의 실패로 인해 심한 갈등을 겪고 있는 조직이 많았다. 이제 '공간' 변화와 더불어 '문화'나 '제도'의 변화가 서로 어떻게 연계되고 목표화되어야 하는지에 대한 궁금증을 단계별 순차적으로 설명하고 솔루션을 함께 공유해 나가겠다.

다음의 C의 유형은 A, B의 평가 척돗값을 계승하고, 또한 문화적 평가에 있어 '긍정, Positive'의 진단이 반영된 조직 레벨이 될 것이며, '공간'이 선행 구축에 비해 '문화'의 구축이 '스마트한 일터'를 구성함에 있어 얼마나 더 유리한지에 대한 필자의 견해를 공유하는 시간을 가져 볼 계획이다.

No	B 조직의 '스마트한 일터' 3요소 종합 목표치	리커트 척돗값
1	공간 개선 목표치	20.00
2	문화 개선 목표치	26.00
3	제도 개선 목표치	32.00
평균		**26.00**

〈도표 3-27〉 B유형(Case B)의 공간/문화/제도 개선 목표

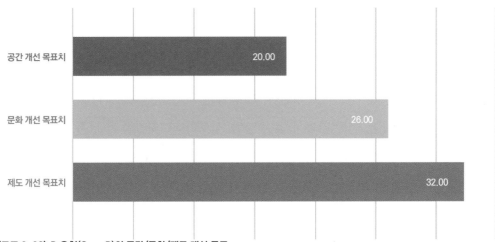

〈도표 3-28〉 B 유형(Case B)의 공간/문화/제도 개선 목표

Case C〉 옥석혼효玉石混淆 :

'공간 개선 현황' 부정, Negative, '문화 개선 현황' 긍정, Positive, '제도 개선 현황' 부정, Negative

– '옥석혼효玉石混淆'는 '옥과 돌이 함께 뒤섞여 있다'는 뜻으로,

즉 '어느 것이 좋고 어느 것이 나쁜 것인지를 분간할 수 없음'을 의미한다.

"좋은 것이 좋은 것이다."라는 말이 있다. 현재 시점에서 안정된 경영 성과를 통해 C 조직은 대체로 '좋은 분위기'가 유지된다. C 유형은 최고 경영자로부터 '존중'과 '자율', '배려'가 지켜진다. 다만, 큰 어려움이 없는 만큼 '섬세함'과 '치열함'이 부족한 느낌이다.

이제 C의 사례를 본격적으로 살펴본다. 앞서 언급하였듯, C 조직은 조직의 분위기가 좋게 평가된다. 표현이 비교적 자유롭고 다양한 미팅을 통해 많은 아이디어가 교류되고 있다. 개인에 대한 존중과 신뢰, 칭찬하는 문화가 보이며, 조직 내 리더의 스타일도 괜찮다. 리더는 격려와 칭찬을 장려한다. 대체로 조직의 분위기가 안정적이며 참여적이고 조직의 비전과 정보가 서로 공유되는 편이다.

다만 제도적으로 볼 때, 축적되는 아이디어가 제대로 활용되거나 후속 발전되는 부분은 미흡하다. 좋은 분위기 속에서 일하는 것에 대한 만족도와 친화적 교류성은 높으나 충분히 재원이 배분되고 있는지, 우리가 진행하고 있는 소통이 성과로 이어지기 위한 효과적 커뮤니케이션 시스템으로 갖춰지고 있는지, 보다 목표점을 높이 하는 도전적 업무로의 시도가 이어지고 있는지는 의문이다. 단기의 성과는 큰 문제가 없으나 조직의 장기적 미션Mission을 통한 비전Vision이 세분화되어 있는지, 창의적 성과에 대한 공정하고 객관적인 지원책이 마련되어 있는지는 아직 미지수다.

공간 측면에서 볼 때, 결론적으로 공간은 문화를 뒷받침해 주고 있지 못하다. 동료들과 상호 작용이 장려되고 있으나 자기 책상 중심의 공간은 너무 폐쇄적이고 다수의 자극을 다양하게 실험해 보고 공동의 성과로 창출하기 위한 목적 공간이 부족하다. 여전

히 보고는 리더의 자리로 이동하여 이루어지고 있고, 의견을 교환하는 간단한 미팅도 딱딱한 분위기의 회의실에서 진행할 수밖에 없다. 지금까지의 루틴Routine대로 내 자리에서 업무를 진행하거나 휴식하는 것은 조직 내 눈치를 보지 않는 문화가 잡혀 있기에 큰 불편함이 없으나, 휴식을 취하거나 큰 몰입이 필요한 업무를 진행할 마땅한 공간이 없다.

구분	C 유형(Case C)의 '스마트한 일터' 개선 목표	
1	스마트한 공간 개선	공간의 특정 용도에 너무 얽매이지 마라
2	스마트한 문화 개선	존중의 자세로 참여를 유도하라
3	스마트한 제도 개선	승부처는 '희망'이다

〈도표 3-29〉 C 유형(Case C)의 '스마트한 일터' 개선 목표

1) '스마트한 공간 개선', 공간의 특정 용도에 너무 얽매이지 말라

- 공간을 다양화하고, 공간에 참여의 동기 요소를 담자

문화적으로 '긍정, Positive' 하다는 것은 A, B 조직과 비교해서도 큰 이점이 있다. 공간으로 표현할 문화적 지향점만 명확하다면 공간은 다양하고 다채롭게 구성될 소지가 충분하다.

결론적으로 C 조직의 공간 개선 목표는 기업이 가지는 조직 문화의 철학과 깊이, 그 방향성을 가늠해 볼 때 A, B와 비교하여 그 목표점을 더욱 끌어올릴 수 있다. 이제 A, B에서 차후로 미루었던 공간 구축의 요소를 더욱 담아 볼 차례이다.

C 조직은 회사 생활에 있어 직원 행복 지수가 높고, 오픈 마인드Open Mind를 지향하고 있다. 상호간 교류가 자연스럽고 유기적으로 과업에 참여하며 참여율도 높은 편이다.

우선 C는 공간의 '다양성'을 충분히 확보하기 위한 개선안을 담는다. 그간 구성원 간 물리적 거리나, 시야의 확보, 시각적 환경 등이 부족점으로 보아, 조직 친화적 문화를 공간에 담기 위한 개방성과 연결성을 전제로 '공간 다양화'를 추진한다. 사무 공간 내 구성원들이 얼마나 근접하게 배치되어 있는지 업무 특성으로 볼 때 책상의 사이즈나 모니터 수를 얼마

나 줄일 수 있는지, 업무 의욕이 떨어질 수 있는 상황을 감안하여 자연스러운 소통이나 휴식을 취할 수 있는 공간을 어떻게 만들 것인지, 공실률을 고려하여 업무 공간과 편의 공간, 몰입 공간과 이완 공간, 공용 공간과 개인 공간 등을 설정하기 위한 면적이 얼마나 확보될 수 있는지, 커뮤니케이션 빈도를 고려하여 구성원 간 불편함 없이 다양한 프로젝트를 자율적으로 활용할 수 있는 협업 공간을 어떠한 성격으로 구성하고 배치해야 할 것인지 등 이에 대한 다양한 추진 항목과 결정 사항이 사전에 충분히 모의되어야 한다.

- 물리적 거리를 근접하게 배치하라

공간은 사용자 간 물리적 거리와 커뮤니케이션의 빈도가 반비례한다. 상대방이 물리적으로 멀어질수록 커뮤니케이션의 빈도가 줄어들 수밖에 없다는 것은 그만큼 상대방과의 우연한 만남에 의해 일어날 수 있는 교류와 소통의 빈도가 줄어든다는 것이다. 그렇다면C 유형도 업(業)의 특성을 충분히 고려해야 하겠으나 C는 이동 동선은 불편함 없이 확보하되, 문화적인 친화력과 아이디어 교류의 빈도를 참고하여 구성원 간 좌석 간의 거리를 의도적으로 좁히고 책상의 사이즈도 가능한 만큼 최소화하여 구성한다. 대면과 교류의 효과도 늘리고 낭비되는 데드 스페이스Dead Space를 없애 다양한 문화적 장점을 반영할 목적 공간을 추가할 수 있게 된다. 문화적 경직성이 낮기에 좌석은 수직적 배치를 근본적으로 배제한다. 자율 좌석제의 운영은 내 부서와 타 부서와의 협업 연계도를 감안하여 가능하면 시도하는 것이 바람직하다. 자율 좌석제의 방식은 업業의 특성과 플로Flow를 진단하여 그 결과를 바탕으로 전체를 자율화自律化하는 것으로 선택할 수 있고, 본부격의 부문별로 'Zone'을 구역화區域化하여 자율화自律化하는 것으로 선택할 수 있고, 사업부나 팀 단위에서 구역화區域化하여 자율화自律化하는 것을 선택할 수 있다. 다만, 현대의 조직이 가지고 있는 업業의 특성상 타 부서와의 교류를 전략적으로 촉진하기 위한 자율 좌석제의 운영이라면 최소한 부문별 영역 내지 전체를 자율 좌석화하는 것을 추천한다.

〈그림 3-30〉 진단 결과에 따라 공간은 그 구성을 달리하게 된다

C 유형은 개인의 몰입 공간에 대한 목적보다, 팀워크를 향상시켜 성과를 촉진하기 위한 공간 성격을 가미하는 것이 좋을 수 있다. 개방형 공간 내 오픈형과 폐쇄형보안형의 미팅 좌석 수를 의도적으로 사내 팀들의 평균 수치에 가깝게 구성하며 그 수를 최대한 늘린다. 예를 들어 공간 개선을 추진하는 대상 조직이나 부문의 직원 수가 100명이고 부문별 사업부별 팀의 총합이 16개로 구성되어 있다면 평균적인 협업 테이블 좌석 수는 약 6개로 편성하는 것이다. 기타 4인 이하 테이블이나 8인 이상 테이블은 상황에 맞게 줄이거나 늘릴 수 있다.

- 회사의 아이덴티티Identity를 반영하라

문화적 특성을 고려할 때, 사용자의 공간 만족도는 사후 평가에서 대체로 높은 경향을 보일 수 있다. 이는 공간 구축의 목표점을 설계하는 데 있어 상당한 장점으로 특징된다. 구성원의 수용성과 사용성이 대체로 높을 것을 감안하여 C는 회사의 역사와 비전, 경영 철학이 반영된 '공간의 역사성'도 함께 고려한다. 필자가 '스마트 오피스Smart Office'를 구축했다는 기업을 방문할 때 공간의 다양한 특성을 살피지만, 먼저 확인하는 것은 그 공간의 성격이 '고객'으로서 내가 가지고 있는 이미지와 부합하느냐의 여부와 정도이다. 큰 조직이지만 타 사옥을 가 보면 계열사가 본사와는 별개로 디자인이 다르고 이미지와 느낌이 다른 경우도 많이 접하고 있으며, 심지어디자인의 다양성을 표현하여 반영했다고는 하나 같은 사옥의 층별로 디자인 아이덴티티Identity가 너무 차별화되어, '같은 회사가 맞나?' 싶을 정도로 의아했던 경험이 있다. 대체로 기업의 역사와 철학, 그리고 이미지를 반영하기 위한 일환으로 선택하는 방식이 출입구 근처에 선대 경영자의 철학이나 조직의 연혁을 보여주는 역사관을 두거나 조직의 발전상을 담아 그에 따른 아이템 개발 현황이나 제품의 진화를 상징하는 쇼룸 등을 설치하는 것도 좋은 방법일 수 있으며, 이러한 공간의 배치가 면적상으로 불가능하다면, 각 이동 공간의 벽이나 복도를 활용해 이동 시에도 회사의 아이덴티티Identity를 공간에 반영하는 느낌을 줄 수 있다면 이 또한 괜찮은 선택일 수 있겠다.

- 창의성은 마음의 안정감에서 시작된다

C 유형의 조직은 '공간의 창의성'에도 많은 고민을 거듭해야 한다. 우선 좌석의 배치는 시야가 확보되도록 하는 개방성을 전제로 한다. 시야의 확보성은 상호 작용의 가능성을 높일 수 있다. 또한 상호 작용을 위한 가구의 의도적 배치를 통해 협업을 유도한다. 등을 지고 앉는 구조를 탈피하여 서로를 잘 볼 수 있도록 한 배치로 레이아웃을 설계한다. 결론적으로 업무를 수행하는 데 있어 합리적인 레이아웃의 설계는 사용자들이 사무실을 편리하게 이용할 수 있도록 하고, 충분한 휴식을 도울 수 있게 된다. 사무 환경의 창의성을 돕는 또 하나의 방법은 내 집처럼 따뜻하고 편안한 감성의 오피스 요소를 더하는 것이다. 워라밸Work-Life Balance은 일과 삶의 균형을 통해 개인과 조직의 가치를 시너지화하는 의미라면, 최근에는 일과 삶의 분리를 전제로 하는 워라밸을 넘어 '워라하Work&Life Harmony', '워라인Work&Life Integration'의 트렌드로 변화하고 있다. 즉, 일과 삶을 자연스럽게 융화해 시너지를 낼 수 있게 하자는 의미로, 삶에서 일을 분리 또는 구분하기보다 조화와 통합을 추구하는 현상을 반영한 것이다. 창의성은 마음의 안정감이나 환경의 적응에서 발로될 수 있다. 집에서 회사 업무를 보듯, 회사의 업무 공간도 개인의 삶과 가치를 수용한다는 시각에서 C의 공간 창의성은 출발한다. 이렇듯 딱딱한 과거의 사무 환경 분위기에서 벗어나 편안한 컬러와 자연에서 오는 소재, 집처럼 편안한 사무 공간을 제공해 심리적 안정감을 주는 것이 중요하다.

- 공간 사용의 '약자'를 최우선으로 고려하라

C는 개인의 A, B와 비교해 문화적, 공간적 수용성이 높다. 다시 말하면, 사용성이 높아질 가능성이 크고, 이는 자연스러운 공간 활용 효율로 이어진다. 창의성과 연계하여 코로나19와 같은 예측 불허한 오염 및 감염의 예방 환경을 조성해 주는 것도 중요하다. 이는 IT의 연계와도 밀접한 부분인데, 뒤의 발전된 유형에서 상세히 다루겠다. 다른 측면에서 공간의 안전성을 돕는 요소로는 '유니버셜 디자인Universal Design'을 들 수 있다. 공간을 사용하는 사용자들이 편리함을 돕고, 성별, 나이, 장애, 언어 등으로 인한 제약을 받지 않도록 하는 '모든 사람을 위한 디자인', '범용 디자인'이라고도 불리는 유니버셜 디자인Universal Design은 인간의 활동과 보건, 건강, 다양한 활동을 할 수 있는 요소의 편의를 증진함으로써 모든 사용자의 안정감과 안전성을 돕는 역할을 할 수 있다.

공간 개선 목표에 접목할 수 있는 유니버셜 디자인Universal Design의 원칙으로는,

- 공평한 사용을 위해, 다양한 사용자들에게 유용하게 쓰일 수 있도록 디자인한다.
- 사용상 유연성을 위해, 개인 선호나 장애, 능력과 관련하여 넓은 범위에 맞출 수 있도록 디자인한다.
- 간단하고 직관적인 사용을 위해, 사용자의 경험이나 지식, 언어, 집중도와 무관하게 이해를 쉽게 하기 위한 목적으로 디자인한다.
- 충분한 정보의 인식을 위해, 사용자의 감각 능력이나 환경 조건과 무관하게 사용자가 충분히 정보를 알아보고 효과적으로 전달할 수 있게 디자인한다.
- 실수를 감안하여, 사용자가 잘못 쓰거나 예상하지 못한 행동을 하더라도 위험이나 역효과가 최소화되도록 디자인한다.
- 물리적 노력의 최소화를 위해, 사용자가 편하게 사용하고 피로를 줄일 수 있도록 디자인한다.
- 사용하기에 용이한 적절한 크기와 공간을 위해, 사용자의 체구, 자세, 이동성과 무관하게 모든 사용자가 접근하고 사용하기 편하고 안전하도록 크기와 공간을 디자인한다.

이처럼 하루에 대부분의 시간을 보내는 사무실에서 구성원들의 창의성과 생산성을 촉진하기 위한 개방적 공간과 다양한 공간의 연출, 사용자의 창의성을 높이기 위한 레

이아웃과 디자인적 설계, 마음의 안정감과 편의, 안전성을 높이기 위한 유니버셜 디자인 Universal Design 등 C 조직은 공간적 요소에 대한 개선 목표점을 보다 높게 인지하여 추진해야 할 것이다.

No	C 조직의 공간 개선 목표	리커트 척돗값
1	회사 아이덴티티와 경영 철학, 디자인 철학을 반영하고 지속적으로 확장, 발전해 나가기 위한 공간의 역사성	30.00
2	답답하지 않게 공간이 오픈되고 공간을 사용하는 모든 사용자의 시야가 충분히 확보되는 공간의 개방성	30.00
3	다양한 디자인 요소를 고려한 레이아웃을 통한 적절한 배치를 기반으로 서로 유기적으로 구성되는 공간의 연결성	30.00
4	사용자들이 사용 목적에 따라 각 공간을 이동할 경우, 동선이 충분히 확보되도록 용이하게 구성된 공간의 이동성	20.00
5	몰입 공간과 이완 공간, 업무 공간과 편의 공간, 기타 복지 공간 및 특수 공간 등으로 다채롭게 구성된 공간의 다양성	40.00
6	소통과 협업 목적의 BOX형 공간, 모듈형 공간 등 레이아웃의 변동이 손쉽게 가능하도록 설계된 공간의 변형성	10.00
7	다양한 공간을 통해 활발한 교류와 협업, 업무 & 비업무적 커뮤니케이션 등 네트워킹이 촉발되는 공간의 소통성	30.00
8	모든 사용자들의 신체적, 정신적 편안함을 위해 냉난방, 온습도, 공기 질, 조명, 환기 등이 고려된 공간의 쾌적성	20.00
9	개인이 점유하는 공간 사용을 지양하고 다양하게 구성된 공간을 모든 사용자가 공유하게 되는 공간의 공유성	30.00
10	오염 및 감염의 예방, 환경 이상 감지는 물론, 특정 사용자를 배려한 유니버셜 디자인 요소까지 고려된 공간의 안전성	20.00
11	개인 프라이버시의 존중, 특수 정보와 기밀 유지가 가능하도록 공간 및 시스템 솔루션을 제공하는 공간의 보안성	10.00
12	온라인 정보 및 지식 교류, 업무 고도화, 센서, 예약, 제어, 저장, 통합 관리 등 시스템 솔루션을 제공하는 공간의 기술성	10.00
13	다양한 요소들이 결합되어 모든 사용자들의 창발적 교류와 창의적 아이디어 생산을 촉진하는 공간의 창의성	30.00
14	사용자가 공간을 거부감 없이 받아들이고 모든 사용자의 적응이 최우선으로 고려되어야 하는 공간의 수용성	30.00
15	모든 공간을 적극적으로 활용할 수 있도록 장려하는 등 사용자들의 자율적 참여가 기반이 되는 공간의 사용성	30.00
	평균	24.67

〈도표 3-31〉 C 유형(Case C)의 공간 개선 목표

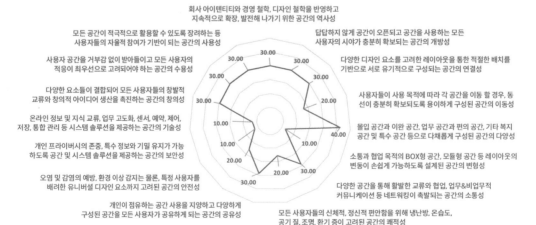

〈도표 3-32〉 C 유형(Case C)의 공간 개선 목표

2) '스마트한 문화 개선', 존중의 자세로 참여를 유도하라

- 장기적으로 전략화하고, 단기적으로 즉각 실행하라

A, B 유형의 조직이 수평적 연결 문화로 가기 위한 기틀 마련이 중점이었다면, C 유형은 문화적 '긍정, Positive'평가를 기반으로 이보다 지향적인 개선 목표점을 가질 필요가 있다. C의 문화적 긍정 평가와 더불어 자율과 평등, 공정이 바탕이 된 수평적 조직 문화가 정착되기 위해서는 경영진의 강력한 지지를 바탕으로 기존 회사를 성장시킨 핵심 세대와 새로운 밀레니얼Millenial 세대의 문화를 동시에 반영하는 제도적 변화와 전사의 지속적인 노력이 필요한 시점이다. 이를 위해선 공간과 문화적인 변화만으로는 단기간의 변모에 한계가 있다. 결국 문화는 단편적인 제도 변화가 아닌, 장기적인 제도의 변화로 내재화될 수 있다. 이번 단락에서는 제도적인 변화와 연계되는 C 조직 레벨의 문화적 개선점에 대해 정리하겠다.

과거 일부 대기업에서 해외의 애플Apple, 구글Google 등 미국 IT 기업들의 성공 요인을 수평적 조직 문화로 인식하고 이를 중점적으로 벤치마킹한 사례가 있다. 수직적이고 보수적인 조직 문화를 타개하고자 새로운 시도를 추진하였다가 결국 전사적 조직 문화로 자리 잡지 못하고 기존 체계로 복귀하였다. 'ㄱ' 社는 기존 직급 대신 매니저라는 호칭을 사용 후, 과거로 회귀하였고, 'ㅎ' 社는 사원은 '○○ 씨', 대리부터는 '매니저' 호칭 사용 후, 결국 기존 직급 체계로 회귀하였고, 'ㅍ' 社는 매니저/팀 리더/그룹 리더로 간소화 후, 실패하여 기존 직급을 재사용하고 있다. 이는 수평적 조직 문화가 내재화되기 위한 단계적 목표 설정과 전략적 추진이 중요함을 단적으로 보여 준다. 또한 경영진의 확고한 지지를 바탕으로 구성원들이 심리적 안정감을 가질 때까지 지속적인 정착 노력이 필수적으로 수반되어야 한다는 교훈을 얻을 수 있다. 앞서 A, B 유형 사례에서 '리더십Leadership'과 '팔로워십Followership'을 강조하였고, 특히 '팔로워십Followership'의 수용성과 적극성을 끌어올리기 위한 오픈 문화, 연결 문화, 행복 문화, 교류 문화, 존중 문화 부분을 특히 강조하였다면, 문화적 발전성이 더욱 커지는 C의 유형부터는 최고 경영자를 포함 리더의 행동과 팔로워Follower의 강력한 지지를 이끌어 낼 수 있는 조직 내 심리적 안정감을 더욱 높이고 구성원들의 제도 변화에 대한 거부감을 최소화하여 조직 문화 정착을 위한 내재화에 힘써야 한다.

〈그림 3-33〉 실리콘밸리의 성공 기업들은 무엇이 다른가

구성원 개개인의 심리적 안정감이란 직급이 낮더라도 개인의 의견이나 행동에 대해 조직 내 직/간접적인 제재나 불이익을 받지 않는다는 믿음을 심어주는 것으로써, C 유형의 조직 개선 레벨은 인간 존중 사고와 개인의 철학, 가치관, 개성을 인정하고 받아들이는 존중 문화와 개인과 조직 사이에 내재되어 있는 부서

이기주의 등 'Silo'의 완전한 타파를 위한 동반 문화에도 더욱 힘써야 하며, 모두에게 동기가 부여되고 적극적, 자발적인 참여가 이루어지는 참여 문화를 독려해야 한다. 결론적으로 강력한 드라이브를 조심스럽게 절제해야 했던 A, B 유형과는 달리, C는 그간 쌓아놓은 문화적 안정감을 토대로 최고 경영자부터 각 그룹의 리더, 중간 관리자까지 리더의 역할이 더욱 커질 수밖에 없음을 명확히 인지하자.

- 일하는 방식의 변화는 '업業'에 대한 새로운 고민에서 시작된다

이제 C 조직은 A, B에서 특별히 언급하지 않았던 문화적 변화도 새로운 개선점으로 설정해야 한다. 통제와 관리의 방식을 지양하고 오직 효율과 효과에 초점을 맞추어 구성원의 과업 수행을 돕는 성과 문화, 시간의 낭비, 서류의 낭비 등 물리적 저해 요소를 없애고 각종 회의/보고/결재 시스템의 최적화를 돕는 낭비 제거 문화, 특히 중요한 것은 일하는 방식과 근무 시간의 변화를 적극적으로 수용하는 새로운 '근로 문화'의 변화 기틀을 마련해야 한다. 문화적으로 일정 수준에 올라 있는 기업 유형의 경우 '일의 방식 혁신'이 더욱 필요할 수밖에 없는데, 이는 결국 제도적으로 그 완성이 귀결될 수 있다.

앞으로 돌아와서 '일의 방식'에 대한 혁신의 요소로써 직접적으로 컨설팅에 활용하는 4가지 중요한 솔루션을 정리하자면,

- '업業'에 대한 재정의로, 업의 개념 정립을 보다 명확히 하고 핵심 역량, 그리고 변화에 대한 성공의 새로운 요소를 재정립함으로써, 결국 조직이 핵심 미션Mission에 따른 비전Vision과 세부적인 전략을 구체적으로 결정하는 과정이 필요할 것이다.

- 집단적 커뮤니케이션의 개선으로, 정확한 의사 결정과 신속한 실행을 촉발하기 위한 조직적 의사 결정 방식과 효율성을 강화한다. 의사 결정 방식의 개선점은 '의사 결정의 질, 의사 결정의 속도, 의사 결정 사항의 실행력, 결정 사항을 성과화하기 위한 노력'의 4가지 요소로 평가될 수 있다. 이 부문에서 필자는 다수의 의견이 수렴되어 집단 의사 결정 방식이 내재화되고 유용하게 활용될 수 있도록 회의, 보고, 결재 등에 대한 커뮤니케이션 개선 포인트와 목표, 실행, 그리고 그 성과를 높이기 위해 지원한다.

- 업業의 긴급성과 중요성의 정립으로, 일의 우선순위를 정하고 체계적으로 추진해 나가는 것은 효율적 업무 처리 방식의 기본이 되며, 일반적으로 우리가 활용하는 자원에 대한 재점검, 자원을 활용한 집중 방식의 개선, 시간과 노력에 대한 투입과 산출의 개념 정립 등 과업을 수행하기 위한 툴을 관리하는 방법에서 전체 일정을 고려한 개인과 조직의 과업 플로Flow를 종합적으로 개선해 나간다.

- 통합과 분리, 그리고 화합을 위한 시스템 체계화로, 전반적인 조직과 개인의 성과를 향상시키기 위한 모든 과업 플로Flow와 프로세스Process를 개선한다. 이 항목에서는 2번 항목과 연계하여 '스마트 워크Smart Work'에 대한 도입과 운영이 함께 재고되며, 새롭게 일하는 방식의 시스템화 개선 포인트는 비용 구조, 품질, 서비스의 개선을 포함한 업무 프로세스의 급진적 변화를 '고객 관점'에서 고민하여 '과업 플로Flow'를 재정립한다.

- 새로운 근로 문화는 새로운 성과 문화를 촉진한다

결국 '근로 문화'의 변화는 업에 대한 목표와 결과의 설정, 수행 과정상 리스크 및 갈등 요소의 해결안 모색, 성과에 영향을 미치는 강점과 약점, 그리고 기회와 위협, 목표 달성을 위한 체계적인 의사 결정 절차 등이 충분히 먼저 고민되어야 '새로운 근로 문화'의 세부적인 과정 설계가 가능할 것이다.

〈그림 3-34〉 새로운 근로 문화는 성과의 관점으로 변화하고 있다

C 유형은 문화로써의 성과 관리 측면에서 조직 구성원의 비전이 보다 강력하게 전사적으로 공유되어야 한다. 자율성과 신뢰 확보, 존중을 기반으로 성과에 대한 평가 관점이 투입 시간의 관점에서 결과와 성과의 관점으로 변화해야 하는 부분은 반드시 필요할 것이며, 후기의 결과적 측면과 초기 시작 측면의 정합성과 유지 및 지속성 확보를 위해, 참여의 기회를 장려하고 실수와 실패에 대한 격려를 아끼지 말아야 하겠다.

C 유형도 (+) 측면의 문화적 성과를 위한 개선안이 수립되어야 할 것이며, 구성원들 스스로 '자기 통제Self-Control'가 가능하도록 근무 여건 개선, 일과 생활의 갈등 요소 감소, 가족 친화적 문화, 몰입과 이완의 자율적 시간 관리는 물론, 조직적 과업 수행이 자율적으로

내재화되도록, 고부가 가치 업무 수행, 낭비 요소 제거, 친화적 교류와 소통을 위한 조직 몰입, 성과 사례 공유 및 아웃풋Output 관리 등의 기틀이 동시에 마련되어야 한다.

No	C 조직의 문화 개선 목표	리커트 척돗값
1	새로운 문화를 적극적으로 수용하고 오픈 마인드를 함양하도록 유도하는 오픈 문화	40.00
2	인간 존중 사고를 근간으로, 개인의 가치관과 개인의 철학, 개성을 인정하고 받아들이는 존중 문화	60.00
3	새로운 기업 문화를 만들기 위해 新리더십과 新팔로워십를 재정립하고 상호간 결합을 돕는 연결 문화	60.00
4	모든 구성원들의 창발적 소통이 활발하게 이루어질 수 있도록 돕는 교류 문화	30.00
5	조직 간, 조직 내 내재되어 있는 부서 이기주의 등 silo 요소를 타파하고 새로운 비전을 함께 만들어 나가는 동반 문화	50.00
6	모두에게 동기가 부여되고 적극적, 자발적인 참여가 이루어지는 참여 문화	50.00
7	권한과 책임의 분산과 체계화를 통해 몰입과 이완의 자발적 선순환을 유도하는 자율 문화	20.00
8	기업이 추진하는 긍정적 변화와 혁신 의지에 대해 구성원들의 지속적 참여가 이어지는 개선 문화	30.00
9	국가의 제도 변화에 능동적 대처가 가능하고 일하는 방식과 근무 시간의 변화를 적극적으로 수용하는 새로운 근로 문화	30.00
10	과정에 대한 통제적 관리를 지양하고 과업의 효율과 효과에 초점을 맞추어 구성원의 과업 수행을 돕는 성과 문화	20.00
11	시간의 낭비, 서류의 낭비 등 물리적 저해 요소를 없애고 각종 회의/보고/결재 시스템의 최적화를 돕는 낭비 제거 문화	20.00
12	개인의 의식, 소양, 역량 등 다양한 부문의 학습 지원을 통해, 개인과 조직의 발전과 성장을 지속적으로 돕는 학습 문화	20.00
13	개개인의 삶과 가족에 대한 배려는 물론, 구성원의 가정에 대한 존중이 기반이 된 친가족 문화	10.00
14	출근이 기다려지는 조직, 동료가 있어 든든한 조직, 즐겁고 역동적인 조직을 만들어 나가기 위한 행복 문화	40.00
15	권위와 위계, 통제가 근간이 된 전통적 수직 문화를 타파하고, 탈위계/탈권위/탈통제적 사고가 근간이 되는 수평 문화	20.00
	평균	33.33

〈도표 3-35〉 C 유형(Case C)의 문화 개선 목표

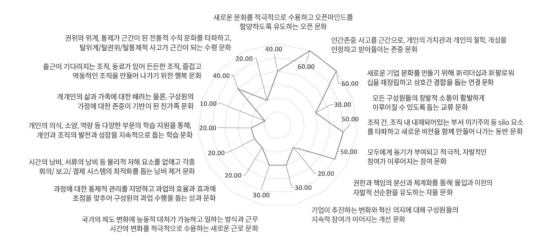

〈도표 3-36〉 C 유형(Case C)의 문화 개선 목표

3) '스마트한 제도' 개선, 승부처는 '희망'이다

- 문화의 수준에 걸맞는 제도를 설계하라

　C 조직 유형은 문화적 개선 목표의 결과와 연계하여 그 발전상을 담는다. A에서는 명확한 비전과 명분, 정당성 확보를 통한 제도 변화에 대한 신뢰성 확보, 즉 제도 변화의 기틀 마련과 조직 구성원들의 인정이 주가 되었다면, B는 눈으로 보이고 직접적으로 체감할 수 있는 부문, 특히 복지 부문과 전체적인 제도적 완성을 시작하는 단계에서의 학습 조직 체계화를 강조하였다. 이제 C는 A, B의 요소를 근간하여 오로지 '현재'에 초점을 맞추기보다, '미래'에 대한 발전상을 제시하고 제도를 전략적으로 구성해 나간다.

　우선 조직 구성원들이 다양하게 의견을 개진하도록 유도하는 문화적 유연성을 토대로, 다양한 의견과 아이디어가 반영되는가에 대한 제도적 수렴성에 초점을 맞춘다. 이때 주의할 것은 문화적 환경이나 조직의 상황, 그 조직에 소속되어 있는 개개인의 니즈, 그리고 무엇보다 시스템 도입상의 제도적 문제에 따라 그 수렴성이 달라져야 한다는 것이다. 어느 기업이든 창의적이고 참신한 의견에 대한 수렴의 자세는 존재할 수 있으나, 다만 경영 상태에 따라 의견이나 아이디어의 반영 정도가 특히 달라질 수 있기에 C 레벨의 초기에는 되도록 투자가 뒷받침되어야 하는 실행안은 지양하고, 비용이나 시간, 공동의 개선 노력이 최소화하는 선에서 명확한 제도적 성과가 예측되는 부문의 의견 수렴을 통한 제도 반영을 전략적으로 추진한다. 예를 들어, 문화적 변화 과제의 근로 문화 개선 목표와 더불어 '스마트 워크Smart Work'를 전사적으로 시행하여 클라우드 시스템Cloud System을 전면적으로 C 레벨에서 도입하는 것은 깊은 고민이 뒤따를 수 있으나, '스마트 워크Smart Work'의 '유연 근무 제도'에 대한 의견 개진을 다양한 방식으로 수렴, 종합하여 현실적인 대안과 미래의 제도 변화 방향성을 제시하는 것은 성공의 승산과 그 기대 효과가 충분히 기대되는 바이다.

　다시 한번 강조하지만, 개진된 의견과 아이디어들이 획기적이라 하여 제시된 내용을 동시다발적으로 추진하라는 것이 아니며, 조직의 경영 상황이나 시장의 흐름을 고려하여 제도적 결정 차원에서 우선순위의 결정과 취사선택이 중요한 시점이다. 전 장에서도 강조하였지만 큰 틀에서 현재에 진행이 가능한 제도는 과감히 수용하고 평가 보상하며, 미래에 도입이 가능할 훌륭한 아이디어들은 수용을 잠시 미루고 좋은 의견을 개진함에 따른 적절한 평가와 보상을 시행한다. 여기에서도, 의견의 수렴과 평가와 보상_{작은 보상일지라도}에 대한 결과와 공표는 의도적으로 최고 경영자가 선포하고 시상하는 것이 구성원의 신뢰도 측면에서 더욱 좋을 것이다. 이러한 프로세스가 반복되고 축적되다 보면 CEO의 경영 철학에 따른 구성원들의 피드백이 자연스럽게 확인되며 그 고민과 수준이 가늠된다. 또한 제도의 변화와 방향성, 그 범주와 깊이에 대한 전략이 큰 틀에서 정해지며 주기적으로 어떻게 변화를 주어야 할지에 대한 정도를 정할 수 있을 만큼, 경험적 데이터가 축적될 수 있음은 두말할 것 없을 것이다.

- 문화적 지향점의 수준은 제도의 결과물이다

다음으로 조직이 제도 발전의 책임과 의무를 다하도록 미래 지향적 전향성을 가속화하기 위한 제도적 개선이다. 앞서 소개한 수렴성은 아이디어와 의견에 대한 그 수렴 정도와 실행 의지가 강조되었다면, 제도의 전향성은 보다 미래 지향적인 의미에 핵심을 둔다. 가령 자유로운 연/월차 사용, 복지 측면에서 식사의 제공_{별도의 식대를 급여에 포함하지 않는 경우}, 유연 근무제 시행, 성과에 대한 정기 보너스 지급, 경조사비, 자녀 학비 지원 제도 시행, 일률적으로 정기화되었던 사내 단합 행사의 지양 등 내부 조사에서 제도에 대한 다양한 요구 사항이 제기되었다면 어떻게 대응할 것인가? 분명한 것은 문화적 '동기 부여'는 '제도'로 가시화된다는 것이다. 결과는 두 가지이다. 그 수렴성과 미래 지향성에 따른 추진력은 냉정하게도 '성공' 또는 '실패'_{실패는 약화와 정체의 의미도 포함한다}로 귀결된다.

〈그림 3-37〉 동기 부여와 참여는 제도로 시작된다

만약, 위에 열거한 7가지의 공론화된 개선안이 일부 누락되거나 의도적으로 제외된다면, C 조직은 변화에 대한 그 추진 동력을 상실함과 동시에 그간 쌓아 놓은 긍정적인 문화적 평가도 머지않아 '부정, Negative'로 변화할 공산이 크다. 다시 말하면, 수렴성과는 다른 의미로 미래 지향적인 전향성은 앞서 밝히었듯 현재 불가능한 제도에 대해서는 일정 기준의 목표 달성 또는 성과화를 가정하여 명확한 목표의 기간과 범주를 정하여 평가와 보상의 정책을 공표하는 것이 중요하며, 경영 상태에 따른 미래 가치를 산정하여 투자할 부분은 과감히 투자하고, 투자하되 시행의 시기를 다소 늦추거나 부족하더라도 부분적으로 개진안이 추진되는 전향적인 자세가 조직적으로 전략화되어야 할 것이다. 결국, '명분'은 '실리'를 가져다준다. 성공하는 조직은 그만큼의 투자를 아끼지 않는다. 투자나 베풂에 인색하면 정체되고 그 수준에 머무를 수밖에 없다. 조직에 투자하지도 않고 발전상에 대한 명확한 보상책에 인색한 조직이 성장하는 경우는 지금까지의 '운'일 가능성이 높다. 필자의 경험상, 발전형을 띠는 조직이나 성장 가도에 있는 조직은 밝고, 명확하고, 무언가 독특하다. 제도적 전향성은 그만큼 미래를 그리는 기준점이 되며, 조직에 투자 대비 상당한 '실리'를 안겨 주게 될 것이라 확신한다.

- 새로운 근무 형태에 맞는 제도를 개발하라

　마지막으로 시대의 흐름과 기술력의 발전에 따른 근무 형태에 맞게 개발성이 확보되는가에 대한 제도 개선 문제이다. 제도의 개발성에 대한 쉬운 예를 들자면, 앞서 '스마트 워크Smart Work'와 그 하위 요소인 '유연 근무 제도'에 대해 거론하였는데, '스마트 워크Smart Work'는 새로운 시대의 근무 형태를 지향하도록 다양한 효과를 고려, 세부적으로 4가지로 구성됨을 서두에 밝히었다. 다시 정리하자면, '스마트 워크Smart Work'는 '모바일 오피스Mobile Office', '스마트 오피스Smart Office', '스마트 워크 센터Smart Work Center', '유연 근무 제도'의 요소로 세분화할 수 있다. 또한 그 근무 형태의 변화에 따라 C 조직 유형은 각 요소 중 전체나 일부를 제도화할 수 있고 향후 조직 내 '업業'의 특성에 맞게 새로운 형태로 변형하여 개발이 필요한 부분에 대한 도입을 고민할 수 있다. 이에 정리가 필요할 것이나, 필자가 가정한 A~H 레벨의 조직 유형으로 볼 때, C 레벨 유형은 우선 유연 근무 제도와 스마트 오피스Smart Office에 대한 도입 가속화를 즉각적으로 추진하고, 동시에 '모바일 오피스Mobile Office'에 대한 접목에 대해 전문가와 그 비용에 따른 설계안, 활용 효율, 효과 등 세부적 기대 효과, 단계별 적용안최소 5년 이상의 중/장기적 단계별 적용안 등을 종합적으로 고려하여 추진을 시행하는 것이 바람직하다.

〈그림 3-38〉 기존의 일하는 방식은 이제 잊자

또한 스마트 워크 센터Smart Work Center는 사업의 규모와 다각화 정도, 시장의 구분에 따른 거리와 그 범주에 따라 도입의 취지를 달리한다. 일반적인 공무원 조직이야 당연히 전국적으로 스마트 워크 센터Smart Work Center가 필요할 수 있으나, 민간 기업의 경우 예를 들어, 조직의 운영 차원에서 물류 거점, 연구 거점이 지방에 있거나, 영업 거점의 신설/증설 등으로 인한 스마트 워크 센터Smart Work Center가 필요한 경우를 제외하고는 비용상 편익이나 효과 측면에서 그만큼의 심사숙고가 필요한 부분이기에 꼭 단계별로 추진되어야 할 사항이라기보다 각 상황에 맞게 추진하는 항목으로 인지해야 할 것이다. 다만, 최근 SK그룹 등에서 적극적으로 추진하는 거점 오피스의 경우 지엽적인 사유도 포함되지만 대승적인 차원에서의 효율성과 만족도를 높이기 위해 스마트 워크 센터Smart Work Center를 추진하는 만큼, 기업 성장의 정도와 그 여유를 기반으로 한 새로운 성장 동력 마련 차원에서의 판단이 명확하다면 '스마트 워크 센터Smart Work Center', 즉 '거점 오피스'의 도입은 중요하고 시급하게 다뤄볼 만하겠다.

뒤에 설명하게 될 D 유형의 제도적 개선 목표점은 C를 반영하며 더욱 진보된 발전상을 보인다. 지금까지의 제도적 개선안이 잘 시행되고 유지되도록 하기 위해선 제도 시행의 타당성과 투명성이 전제되어야 함을 잊지 말아야 할 것이며, 특히 C 유형부터는 최고 경영자를 포함 경영진의 의지와 행동으로 이어지는 모범이 함께 바탕이 되어야 할 것이다.

No	C 조직의 제도 개선 목표	리커트 척돗값
1	명확한 비전과 목표 제시를 통해 명분과 정당성이 정립되도록 하기 위한 제도 개선	50.00
2	참여의 기회가 모두에게 주어지고 평등성이 보장되도록 하기 위한 제도 개선	40.00
3	제도 시행이 적절한가에 대한 타당성이 입증되도록 제도 개선	40.00
4	운영의 신뢰성이 전체 구성원들에게 확보되도록 하기 위한 제도 개선	30.00
5	제도 운용의 전 과정이 투명성 있게 추진되도록 하기 위한 제도 개선	40.00
6	전반적 제도 운용의 실질적 효과에 대한 유효성 검증 차원에 대한 제도 개선	30.00
7	조직에 실질적으로 유용하도록 제도의 주기적인 보완성이 확보되는지에 대한 제도 개선	30.00
8	구성원들이 개진하는 개선안의 적용 등 의견에 대한 수렴성이 반영되는지에 대한 제도 개선	50.00
9	회사가 제도 발전의 책임과 의무를 다하도록 미래 지향적 전향성을 가속화하기 위한 제도 개선	50.00
10	시대의 흐름과 기술력의 발전에 따른 근무 형태에 맞게 개발성이 확보되는가에 대한 제도 개선	50.00
11	구성원 평가의 절차와 방법에 대해 객관성을 확보하기 위한 제도 개선	30.00
12	성과 측면 보상의 규모와 범주에 대한 구성원 만족성이 충분한가에 대한 제도 개선	20.00
13	성과 측면의 보상에 대한 공정성이 명확히 유지되도록 하기 대한 제도 개선	30.00
14	구성원의 사기 진작은 물론, 특별한 관심과 보호가 필요한 부문의 복지성에 대한 제도 개선	50.00
15	구성원들의 꾸준한 역량과 잠재력의 발전을 돕는 학습성이 보장되는지에 대한 제도 개선	50.00
	평균	39.33

〈도표 3-39〉 C 유형(Case C)의 제도 개선 목표

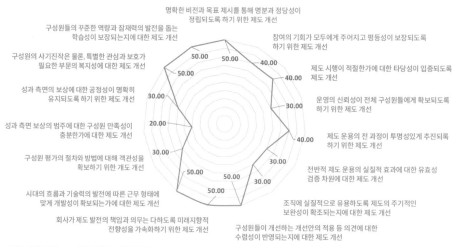

〈도표 3-40〉 C 유형Case C의 제도 개선 목표

C 유형의 조직은 문화적 개선점이 선행됨에 따라 다양한 공간적 요소와 더불어 제도적 방향성도 명확하게 목표화할 수 있었다. 그만큼 조직 문화의 성향이나 경향의 유연함과 그 의식이 가져오는 개선의 폭도 더욱 커질 수밖에 없고, 목표의 깊이도 A, B 사례와 비교하여 정교함을 더해야 함을 확인하였다.

다음의 D의 유형은 A, B, C의 평가 척돗값을 계승하고, 또한 제도적 평가에 있어 '긍정, Positive'의 진단이 반영된 조직 레벨로 규정한다. 이제 D 조직 레벨을 통하여 '제도적 구심점'을 선행하여 구축되는 것이 '공간'이나 '문화'에 어떤 영향을 미치고, 공간이나 문화가 긍정적으로 평가 받는 것에 비해 '스마트한 일터'를 구성함에 있어 얼마나 더 효과적으로 작용할지에 대한 구체적인 과정을 그려 볼 계획이다.

No	C 조직의 '스마트한 일터' 3요소 종합 목표치	리커트 척돗값
1	공간 개선 목표치	24.67
2	문화 개선 목표치	33.33
3	제도 개선 목표치	39.33
	평균	**32.44**

〈도표 3-41〉 C 유형(Case C)의 공간/문화/제도 개선 목표

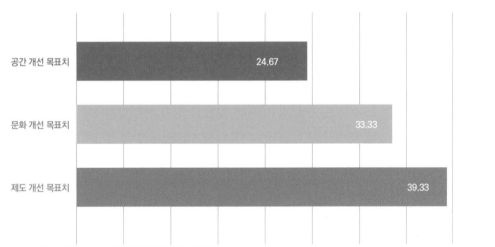

〈도표 3-42〉 C 유형(Case C)의 공간/문화/제도 개선 목표

Case D〉 수주대토守株待兎:

'공간 개선 현황'부정, Negative, '문화 개선 현황'부정, Negative, '제도 개선 현황'긍정, Positive

– '수주대토守株待兎'는 '그루터기를 지켜 토끼를 기다린다'는 뜻으로,

　고지식하고 융통성이 없어 구습과 전례만 고집한다는 뜻이다.

구분	D 유형(Case D)의 '스마트한 일터' 개선 목표	
1	스마트한 공간 개선	사용자들을 최우선으로 고려하라
2	스마트한 문화 개선	제도를 뒷받침할 문화의 기둥, '사람'을 바르게 세우라
3	스마트한 제도 개선	축적된 경험을 계승하여 과감히 적용하라

〈도표 3-43〉 D 유형(Case D)의 '스마트한 일터' 개선 목표

1) '스마트한 공간 개선', 사용자들을 최우선으로 고려하라

- '제도>문화>공간', 공간의 시작은 제도이다

　　제도는 문화적 경향을 구성원들에게 내재화되는 시스템으로 만들어 가기 위해 선택적으로 취사하는 것이 아닌 필수적 수순이다. 공간은 제도로 체계화된 문화적 경향을 반영하는 결과물이다. D 유형은 공간과 문화의 개선도 평가가 부정적이나, 제도의 운용과 그 신뢰에 있어 고유의 시스템이 조직의 이익과 성과로 나타나고 있다.

　　D 조직은 이 시점에서 '스마트한 일터' 구축의 관점으로 볼 때 두 가지 선택지를 고민하게 된다.

✔ **첫째**, 강점으로 평가되는 우리의 제도적 파워를 고려하여, 새로운 공간 개선 투자를 통한 직접적인 그 가치 형성에 먼저 초점을 둘 것인가?

✔ **둘째,** 긍정적 평가를 받고 있는 제도 운용에 유연성과 성과를 더하기 위한 일환으로, 문화적 체계화를 위해 구성원의 의식이나 마인드Mind를 보다 회사의 방향성에 맞게 유도하며 발전하는 것에 먼저 초점을 둘 것인가?

좋은 제도를 갖고 있다고 해서 그 기업의 문화적 체계가 사람을 존중하고 배려하며 선순환 경쟁이 유도되는 자율 문화와 수평적 문화의 방향일 것이란 보장은 없다. 다만 이 책의 흐름에 맞추어 고민을 거듭하다 보면 D는 현재 훌륭하게 운영되고 있는 제도의 흐름을 문화적 위계와 경직성의 제거를 위한 개선 노력에 더욱 박차를 가해야 할 필요 있다는 것을 깨닫게 될 것이다. 본 단락에서 강조하는 공간의 설계는 제도의 발전 방향을 포함하며 문화적 경직성을 최소화하는 것에 연계하여 구성됨을 전제로 한다.

필자의 경험상 제도적 장치가 잘 마련된 기업은 문화적 경향에 대한 판단을 떠나 비교적 체계적이고 안정적인 성과 창출의 창구가 마련되어 있고, 구성원들의 제도 수용성과 참여 의식이 높게 형성돼 그만큼 신뢰도와 만족도 측면에서 타 기업보다 유리한 위치에 서 있음을 확인하게 된다. 이는 결과적으로 문화적 개선 노력이 선행되어야 하겠지만 공간에 대한 변화의 수용, 즉 공간 변화의 수용성과 사용성을 더욱 높이기 위한 방법으로, 동기부여 측면에서 제도적으로 변화를 준다면 A~C 유형에 비해 그 계기가 더욱 공고하게 마련될 수 있음을 밝힌다.

- 기술력이 반영되는 공간

공간은 진화한다. 일하는 방식의 변화는 제도의 변화에 기인한다. 제도 설계에 있어 우선순위의 결정과 그 전략적 운용에 따라 문화적 경향과 그 수준은 변화한다. 문화적 변화의 정도에 맞추어 결국 공간도 그 발전의 범주를 예측하고 설계할 수 있다. D 레벨의 공간은 구성원의 성과를 측정하고 보상하기 위한 제도적 객관성과 만족성, 공정성을 담는 것을 목표로 한다. 또한 문화적으로도 '일하는 방식', 즉 새로운 성과 체계로 나아가기 위한 근로 문화의 근본적 변화를 담아야 하는 수준을 반영해야 한다.

새로운 공간에서의 리더는 과거와 같이 구성원을 일정 구역 안에서 눈으로 보며 평가하고 관리하고 통제하지 못한다. 구성원들은 각기 과업의 특성과 협업의 목적에 맞게 상당한 시간을 다양한 공간에서 보내게 된다. 어쩌면 오늘 별도의 팀 미팅이 예약되어 있지 못하다면, 일부 팀원은 얼굴도 못 보고 퇴근하게 될 것이다. 구축부서나 관리자 측면에서는 조직 구성원의 대면 협업을 촉진하는 오프라인Off-Line 공간적 요소에도 신경을 써야 하지만 구성원들의 교류를 촉진하는 ICT 협업 시스템과 비非대면 커뮤니케이션을 위한 협업 지원 도구의 제공을 추진해야 한다.

〈그림 3-44〉 세상이 연결되고 있다

그렇다면 시장에 다양하게 소개되고 있는 ICT&IoT 협업 지원 시스템 중에서 D 레벨의 조직은 어떠한 취사선택이 가장 합리적인 최선일까?

D 레벨은 온라인On-Line 협업 시스템 구축과 협업 툴 제공의 1차적 구축을 목표로 한다. 개방적이고 다양한 사무 공간에서 조직 구성원들의 교류와 상호 작용을 증진시키기 위한 최소한의 온라인On-Line 협업 시스템 구축이란 바로 모바일 오피스Mobile Office의 구축을 뜻한다. 모바일 오피스Mobile Office는 프로젝트의 추진과 공유, 정보 전달 등의 공적인 협업이나 미팅은 물론 개인적인 대화나 농담과 같은 사회적인 상호 작용의 온/오프라인On/Off-Line 커뮤니케이션을 기술적으로 제공한다. 특히 자료나 정보의 공유와 저장에 있어, 데이터의 축적과 운용이 보안으로 유지되고 보호될 수 있는 장점이 있기에 신속한 피드백이 필요한 업무나 높은 투명성이 요구되는 업무에 큰 도움이 된다. 또한 모바일을

통한 온라인On-Line 상호 작용은 과업 진행의 흐름이 불분명하거나 과업의 배분에 있어 협의 사항이나 정보를 빨리 공유해야 할 때 등 공간적 제약이나 시간적 압박을 받을 때 더욱 유용하게 쓰일 수 있다.

모바일 오피스Mobile Office는 '스마트 워크Smart Work'의 핵심 구성요소로써 공간과도 밀접한 연계성을 보인다. 우선 직군이나 사업부 특성에 따라 2개 이상의 모니터, 설계나 개발, 디자인 업무 등 개인 업무의 집중과 동시에 오프라인Off-Line 소통이 잦을 수밖에 없는 구성원은 최대한 파티션을 없애거나 높이를 낮추게끔 구성하고 고정 좌석의 운용이 조직 방침상 어려울 경우 별도의 '개발 Zone'을 구성하여 최대한 사용률을 높인다. 이때 마련된 특정 Zone은 다중 모니터가 책상들에 배치되어 지급된 모바일 도구만 연결하면 2개 이상의 모니터를 활용하여 손쉬운 업무가 가능하며, 서로 마주 보게 구성하여 의사 결정을 돕거나, 상대방의 모니터 현황을 확인하여 업무를 진행해야 할 필요가 있는 경우라면 원형이나 사각형 형태로 둘러싸인 배치 안에서 앉을 수 있도록 구성하여 내 자리에서도 언제든 상대방의 모니터를 확인하고 중심에 놓인 테이블 등에서 언제든 빠른 교류와 의사 결정을 할 수 있도록 지원할 수도 있을 것이다.

모바일 오피스Mobile Office의 협업 지원 도구는 요소에 배치된 회의실 모니터를 통해 화상 회의를 진행하거나 스마트 보드, 빔 등 Co-work을 위한 최소한의 필요 자원을 제공한다. 구성원이 작성한 모든 자료는 공유 저장소를 통해 모바일로 실시간 확인이 가능하고 실시간으로 자료를 화면에 띄워 공동 수정 또한 가능하도록 기능을 지원한다. 물론 회의 참석자는 사내 오피스의 회의실 참여자뿐만 아니라, 외부 출장/외근 중인 동료, 협력사, 고객 등 그 대상은 인프라의 통합 여부에 따라 얼마든지 확장할 수 있을 것이다.

모바일 오피스의 일반적인 커뮤니케이션 플랫폼Platform은 모바일 오피스Mobile Office 앱App을 통하여 좌석에서 회의까지 편리하게 예약할 수 있도록 구성할 수 있다. PC나 랩북Lap Book, 태블릿Tablet 등과 연계하여 모니터, 프린터, 통신기 등의 복잡한 OA 환경을 단순화하여 손쉬운 자료 관리와 공유로 업무 효율성 또한 향상시킨다. 개인 로커의 경우도 면적의 한계나 출퇴근이 현장에서 이루어져 사무실의 복귀가 정해져 있지 않은 조직의 특성에 맞춰 개인 지정 방식을 탈피해 예약제로 운영될 수 있다. 또한 모바일 오피스

Mobile Office 구축은 '페이퍼리스Paperless'와 '클린 오피스Clean Office' 실현으로 에너지 절약이나 자원 낭비를 최소화하거나 기후 변화에 대응한 '그린 오피스Green Office'의 효과도 가져다준다.

이외 업무 몰입도를 극대화하는 집중 업무 공간, 휴식 공간의 예약, 창의적 아이디어 도출을 위한 협업 커뮤니티실의 운영도 공간 디자인과 설계의 다양성과 연결성이 접목된 D 레벨 수준이 좋은 구축 사례가 될 것이다.

- 공간은 변형된다

앞서 제도적 시스템 구축 정도에 따라 문화적 수용성이 달라지고 그 내재화된 집단의식을 기반으로 공간의 구축에 영향을 줄 수 있다고 하였다. 자유로운 근무 패턴을 유도하는 근로 문화는 제도를 통해 그 유연성과 추진력이 결정된다. 소통과 개방을 극대화해 주는 디자인의 사무 가구는 최근 가변형으로 구성하는 것이 요즘의 트렌드Trend다. 사용자들이 최대한 거부감 없이 자유롭게 활용할 수 있는 수용성과 사용성을 높이기 위한 일환으로 공간을 멀티형으로 활용하도록 공유 공간을 확장시키는 개념에서 서두에 공간의 공유에 초점을 맞춘, 너무 각 공간의 사용 목적을 일원화하는 것을 탈피해야 한다고 했는데, 예를 들어 휴식 목적의 소파는 사무용으로 활용할 수 있고 테이블을 활용해 언제든 편안한 자세에서 업무 공간으로 활용할 수도 있을 것이다.

〈그림 3-45〉 조직의 현태나 사업의 목적에 따라 인테리어는 달라진다

또한 이러한 소파나 테이블은 고정이 아닌 가구의 이동이나 변형이 자유롭게 모듈 형태로 구성되기 때문에 적재적소適材適所에 필요한 배치로 인원의 증감이나 프로젝트의 성격에 따라 적절한 장소로의 배치가 용이해진다. 최근 각광받는 대표적인 모듈형 가구로는 시스템 부스Booth 형태로써 천장과 바닥에 인테리어 공사를 하여 철거와 이동의 불편함을 최소화

한다. 복잡하고 비용이 많이 드는 공사성 공간 구성을 지양하고 패널을 추가하거나 분리하기만 하면 별도의 독립 공간으로 얼마든지 활용할 수 있기 때문에 자유로운 공간 설계나 변형에 유용하게 쓰인다. 이는 용도에 따라 전화 통화를 위한 폰 부스 룸Phone Booth Room, 1인용 업무 공간, 다인용 협업 공간, 직원 휴게 공간, 회의 공간 등으로 다양한 구획이 가능하고, 모듈형 부스 내 책상을 놓는 면적이 협소하다면 선반을 설치하거나, 기타 전선 홀더, 조명과 스위치 등 다양한 편의 기능도 추가할 수 있다. 이러한 모듈형 가구 특성을 활용한 공간의 변형성은 제도를 기반한 조직의 다양한 목적 달성에 맞게 그 형태를 쉽게 변화할 수 있고, 몰입형 조직이나 창발형創發形 조직, 성과형 조직 등으로의 커뮤니케이션, 자발적 교류를 촉진하기에 그 제도적 운용 목적에 맞는 공간 설계를 통해 조직 문화 형성과 공간의 전략적인 변형을 궁극적으로 돕는 역할을 한다.

 D 유형의 조직은 제도 개선 목표를 높이면서 조직 구성원의 일하는 방식 변화를 본격적으로 추진해야 한다. 특히 본격적으로 성과 평가와 보상 제도의 개선에 대한 고민을 거듭해야 하는 시기이다. 이 민감한 제도 운용에 더해 공간의 다양한 요소를 통한 구성원들의 업무 활동 증진은 필수적인 구축 흐름이며, 다음에 소개하는 문화적인 목표점과도 일치한다. 사무 환경의 구조화는 제도를 보여 주는 아웃풋Output이며 이러한 공간의 양과 질은 문화의 경향을 판단할 수 있는 또 하나의 기준이 될 것이다.

No	D 조직의 공간 개선 목표	리커트 척돗값
1	회사 아이덴티티와 경영 철학, 디자인 철학을 반영하고 지속적으로 확장, 발전해 나가기 위한 공간의 역사성	30.00
2	답답하지 않게 공간이 오픈되고 공간을 사용하는 모든 사용자의 시야가 충분히 확보되는 공간의 개방성	30.00
3	다양한 디자인 요소를 고려한 레이아웃을 통한 적절한 배치를 기반으로 서로 유기적으로 구성되는 공간의 연결성	40.00
4	사용자들이 사용 목적에 따라 각 공간을 이동할 경우, 동선이 충분히 확보되도록 용이하게 구성된 공간의 이동성	20.00
5	몰입 공간과 이완 공간, 업무 공간과 편의 공간, 기타 복지 공간 및 특수 공간 등으로 다채롭게 구성된 공간의 다양성	50.00
6	소통과 협업 목적의 BOX형 공간, 모듈형 공간 등 레이아웃의 변동이 손쉽게 가능하도록 설계된 공간의 변형성	30.00
7	다양한 공간을 통해 활발한 교류와 협업, 업무 & 비업무적 커뮤니케이션 등 네트워킹이 촉발되는 공간의 소통성	40.00
8	모든 사용자들의 신체적, 정신적 편안함을 위해 냉난방, 온습도, 공기 질, 조명, 환기 등이 고려된 공간의 쾌적성	20.00
9	개인이 점유하는 공간 사용을 지양하고 다양하게 구성된 공간을 모든 사용자가 공유하게 되는 공간의 공유성	30.00
10	오염 및 감염의 예방, 환경 이상 감지는 물론, 특정 사용자를 배려한 유니버설 디자인 요소까지 고려된 공간의 안전성	20.00
11	개인 프라이버시의 존중, 특수 정보와 기밀 유지가 가능하도록 공간 및 시스템 솔루션을 제공하는 공간의 보안성	20.00
12	온라인 정보 및 지식 교류, 업무 고도화, 센서, 예약, 제어, 저장, 통합 관리 등 시스템 솔루션을 제공하는 공간의 기술성	20.00
13	다양한 요소들이 결합되어 모든 사용자들의 창발적 교류와 창의적 아이디어 생산을 촉진하는 공간의 창의성	30.00
14	사용자가 공간을 거부감 없이 받아들이고 모든 사용자의 적응이 최우선으로 고려되어야 하는 공간의 수용성	50.00
15	모든 공간을 적극적으로 활용할 수 있도록 장려하는 등 사용자들의 자율적 참여가 기반이 되는 공간의 사용성	50.00
	평균	32.00

〈도표 3-46〉 D 유형(Case D)의 공간 개선 목표

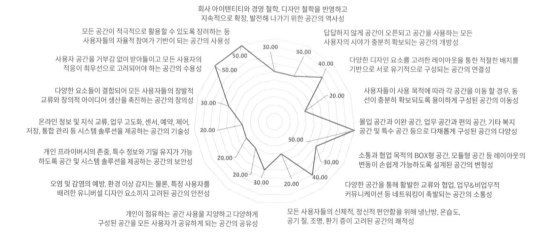

〈도표 3-47〉 D 유형(Case D)의 공간 개선 목표

2) '스마트한 문화 개선', 제도를 뒷받침할 문화의 기둥, '사람'을 바르게 세우라

- 제도 운용의 목적과 공간의 변화를 선순환해 주는 역할은 '문화'이다

앞서 설명한 D 유형 레벨의 '공간 개선 목표점'은 기존 사무실의 획일적이고 폐쇄적인 성격이 이제 거의 보이지 않는다. 이 말은 새로운 일하는 방식, 또한 이러한 궁극적인 목표점과 일치하는 조직들의 조직 문화를 구현할 수 있는 최적의 신규 공간 창출로 재설계되는 보다 높은 목적 지향의 과정에 놓여 있다는 뜻이다. 고도화되는 제도에 맞춰 새롭게 일하는 조직 문화의 구현을 위해 우리는 공간의 다양화는 물론 회사의 역사성과 아이덴티티를 함께 반영하기 시작했고, 기술성이 가미된 모바일 오피스Mobile Office의 기틀 마련을 위한 공감대를 함께 했다. 이제 공간 투자의 비용은 '낭비'의 개념이 아닌 '투자'의 개념으로 전환된다. 제도의 진취적 운용은 공간을 다각화하고 고도화한다. 이러한 변화를 이끄는 핵심 요소는 '문화'다. 조직 구성원들은 진화하는 과정에서 새로운 사무실을 구상하고 설계하는 데 참여를 하게 된다. D 레벨 단계에서는 적극적이고 자발적 참여의 동기가 제도가 되겠지만 뒤에 이어지는 E 레벨 유형부터는 지금부터 설명할 '문화적 구심점'이 반드시 필요하다. 결과적으로 참여에 대한 자율성을 부여하거나 변화에 대한 주인 의식을 심도록 지원하는 것은 조직의 재량이지만, 변화에 대한 자발적이고 능동적인 대처는 '조직 구성원'의 몫이다. 자발적인 '주인 의식'은 결코 기계적으로 내재화될 수 없다. 새로운 제도를 정착시키기 위해서는 무엇보다 '애착'의 본능을 일깨워 주는 강력한 동기 유발의 조직 문화 형성이 뒷받침되어야 할 것이다.

- 제도와 공간 수용성을 높이기 위한 문화적 오픈 마인드Open Mind의 고도화가 필요하다

새로운 문화를 적극적으로 수용하고 오픈 마인드Open Mind를 함양하도록 유도하는 오픈 문화는 '수평 문화'를 연결하는 첫 번째 연결 과제이다. 앞서 유형들에서 초기 조직 문화 형성 과정의 오픈 문화가 강조되었다면 이제는 제도적 강점을 뒷받침하기 위한 오픈 문화의 고도화가 필요한 시점이다. 낮은 단계의 개선 활동에도 변화 관리가 필요하듯, 새로운 제도를 정착시키기 위해서는 문화적 체계 형성의 관리가 필요하다. 무엇보다 초기 유형의 문화적 관리가 주로 '배려'나 '장려' 차원의 + 요소로 귀결되었다면, D 단계에서의 문화 형성은 편안함을 찾고 변화를 거부하는 인간의 기본적인 귀소歸巢 본능에 대한 경향을 타파하여 문화적으로 내재화內在化하는 데 그 목적을 두어야 한다. 인간은 기본적으로 자기 공간에 대한 애착이 있고, 그 귀소歸巢 본능은 자기 자리를 갖고 싶어 하는 마음에서 기인하며, 결국 그 자리로 돌아가려는 행동으로 나타난다. 다양한 멀티태스킹Multi-Tasking이나 필요 이상의 몰입을 제도적으로 유도하는 상황에서 조직 구성원들이 거의 동일한 자리에 매일 앉으려고 하거나 친분이 있는 사람들끼리 모여 앉는 경향은 제도의 거부나 공간에 대한 부정적 의식이라기보다는 '인간의 본능'에 가깝다고 이해하면 된다. 다만 제도적 목표점이 부여하는 멀티태스킹Multitasking의 성격이 친분이 있는 사람들끼리만 협업을 진행하거나 고정 좌석에서의 창발적創發的 교류가 얼마든지 가능하다면 고민 자체가 불필요할 것이나, 제도와 공간에 대한 의식의 순기능과 역기능을 현실적으로 고려한다면, 이에 대한 문화적 유연성을 찾는 것은 필요하다. 즉, 조직 구성원들이 느끼는 통제감과 압박을 최소화하면서 자율성을 높여 주고 참여에 대한 수용성을 증진시키는 적절한 균형점을 찾는 것이 D 레벨의 필수 과제가 될 것이다.

- 문화적 기둥을 세우기 위해 구성원들의 발전을 최우선으로 도와라

앞서 다룬 C 레벨은 A, B를 계승하여 존중과 참여의 의식을 장려하고 새로운 수준의 근로 문화를 촉진하기 위한 기반 마련에 초점이 맞춰져 있었다면, D 레벨은 A, B, C를 계승하여 제도적 고도화를 돕는 문화적 구축 과제의 달성을 목표로 그 구심점을 더욱 강화할 필요가 있다. 이에 조직 구성원 개인의 오픈 마인드Open Mind는 새로운 근로 문화, 개선 문화, 성과 문화, 낭비 제거 문화, 학습 문화, 친親가족 문화 등의 신新문화 형성에 대한 수용성을 높이기 위한 일환으로 고도화되어야 할 것이며, 조직 구성원이 가지는 제도적 신뢰성은 물론, 문화적 내재화를 위해 다음과 같은 구체적이고 전략적인 시나리오가 필요할 것이다.

〈그림 3-48〉 구성원의 발전을 최우선으로 돕자

✔ **첫째,** 우리는 제도의 목표 달성을 위해 구성원 개개인이 명확하게 자신의 미션을 인지하고 있는지 확인해야 한다. 제도는 모든 조직 구성원의 참여 기반 아래, 성과형 조직으로 발돋움하기 위해 과정보다 결과 중심 체제로의 변화를 요구한다. 성과와 보상 측면의 투명한 절차와 객관성, 공정성을 통해 구성원들의 신뢰성을 확보하기 위한 개선의 노력이 뒤따르고 있다는 말이다. 이에 구성원들은 조직의 미션과 개인의 역할에 대한 창출 가치와 그 노력의 산출물을 리더와 함께 명확히 규명해 두어야 한다. 또한 그것을 위해 일하는 방식을 어떻게 바꾸고 어떠한 조직 능력을 높일 필요가 있는가에 대한 역할을 명확히 하여 개인의 성공 요인을 규정해야 한다. 이는 단순히 성과에 따른 보상을 강조하는 일차원적인 동기 부여 방식이 한계를 넘어 개인이 가지는 성취감과 일과 삶을 조화롭게 하기 위한 전문성의 개발을 모티베이션Motivation의 수단으로 확장해야 함을 의미한다.

✔ **둘째,** 미션 수행을 위한 비전 강화의 일환으로 열정을 이끌어 내기 위한 관심과 배려가 수반되어야 한다. 이는 개인의 자율성 존중이 바탕이 되어야 하는데, 제도적 체계화에 포커스가 맞춰진 현 수준을 고려할 때 다음 단계로 넘어가기 위해서는 문화적 자율성을 끌어 올릴 수 있는 기반이 반드시 마련되어야 한다. 정기적으로 정례화되었던 평가와 멘토링의 방식을 구성원의 몰입과 이완의 수준을 고려하면서 그들이 현 수준에서 무엇이 필요한지, 무엇이 도움이 되고 있는지, 모티베이션Motivation을 저해하는 장해 요인이

무엇인지를 관리자(리더)와 직원들이 함께 논의한다. 이러한 방식은 '존중'과 '배려'의 차원에서 '관심'의 차원으로 구성원에게 새롭게 인지되며, 성과에 대한 직접적 보상 외에도 목표 달성에 대한 감사와 인정만으로도 하나의 인격체로 존중하고 있다는 조직적 태도를 통해 문화의 '격'이 형성된다.

✔ 셋째, 일과 개인의 삶을 이분법적으로 구분하여 사생활의 포기나 양보가 일에 대한 인정과 조직에 대한 충성으로 높이 평가받던 과거의 세대와는 달리, 조직의 업무 못지않게 구성원들의 사생활도 존중되어야 한다. 이러한 근로 문화와 개선 문화, 성과 문화에 대한 참여 의지를 담는 근본적인 개선책이 될 수 있으며, 이러한 개인 삶의 존중과 친(親)가족 문화 성향은 장기적으로 인지되고 축적되는 학습 효과가 있으며, 개인과 조직의 발전과 성장에 크게 기여하게 된다.

✔ 넷째, 개인의 성장이나 경력 개발의 기회를 제공하여 조직의 성장은 반드시 개인의 발전에 기인한다는 조직적 자세를 견지해야 한다. 회사가 지향하는 구체적이고 명확한 미션 수행을 통해 개인이 얼마만큼 발전하고 미래에 어떻게 기여할 수 있는지를 정확하게 보여주는 것이 필요하다. 유능한 인재일수록 동기 부여는 조직 문화의 영향이 크게 기여하지 못하고 자발적으로 형성되는 경향이 크다. 조직의 미션과 비전을 개인에게 전파하는 과정에서 개인의 목표 설정에 대한 관심, 개인의 열정, 개인 존중을 기반으로 개인의 삶에 대한 이해와 배려가 뒤따랐다면, 개인의 성장과 그 기회에 대한 동기 부여는 '주인 의식'과 '참여'를 끌어올릴 수 있다.

- 개인을 넘어 조직적 문화 혁신의 단계로 나아가자

이렇듯 문화적 기반을 마련하기 위해 핵심 기둥의 역할을 하는 구성원 개개인에 대한 접근 과정은 중요하다. 조직 측면의 구체적인 관심과 지원이 전략적으로 지속화 되는 진정성이야말로 조직적으로 갖춰져야 다양한 문화적 체계 형성을 굳건히 할 수 있는 지름길이 될 것이다.

결국 조직이 추구해야 할 목표와 성공의 기준을 명확히 제시하고 달성하는 것은 조직 혁신의 끝이고 새로운 시작이라고 할 수 있다. 조직의 미션이나 비전, 목표, 성공의 기준이 명확해졌고, 조직 구성원들 개개인이 가져야 할 다양한 사고와 노력, 그 목표를 달성하기 위한 지원의 기반과 수단이 마련되었다면 그 목표 달성을 위한 도전과 달성의 분위기를 만들어 주어야 한다. 이러한 문화적 경험은 점차 시스템화되고 공간 변화로 이어지며 제도를 추진하는 궁극적인 문화적 의지로 표현된다. 이제 개인 차원을 넘어 조직 차원으로 문화적 개선의 개념을 확장하고, 그 솔루션을 구체화해야 할 때이다.

다음에 소개할 E 레벨의 문화적 개선 목표점에서 우리는 개인의 개선 단계를 뛰어넘어 조직적 문화 혁신 단계에 근접하기 위한 일환으로 조직적 성과를 구체화할 수 있는 문화 체계 형성 방안의 대책을 구체적으로 다룰 계획이다. 보다 체계적인 문화적 시스템의 고도화를 위해서는 결국 '일하는 방식'의 혁신이 그 지향점이 될 것이며, 다음에 소개하는 D 유형 레벨의 성과 측면 제도적 개선 목표점과 연계하여 조직 문화가 어떻게 성과 지향적으로 관리되어야 하고 그 문화적 방식이 어떻게 구체화되어야 하는지에 대한 부연이 뒤따를 것이다.

No	D 조직의 문화 개선 목표	리커트 척돗값
1	새로운 문화를 적극적으로 수용하고 오픈 마인드를 함양하도록 유도하는 오픈 문화	60.00
2	인간 존중 사고를 근간으로, 개인의 가치관과 개인의 철학, 개성을 인정하고 받아들이는 존중 문화	60.00
3	새로운 기업 문화를 만들기 위해 新리더십과 新팔로워십를 재정립하고 상호간 결합을 돕는 연결 문화	70.00
4	모든 구성원들의 창발적 소통이 활발하게 이루어질 수 있도록 돕는 교류 문화	40.00
5	조직 간, 조직 내 내재되어 있는 부서 이기주의 등 silo 요소를 타파하고 새로운 비전을 함께 만들어 나가는 동반 문화	50.00
6	모두에게 동기가 부여되고 적극적, 자발적인 참여가 이루어지는 참여 문화	50.00
7	권한과 책임의 분산과 체계화를 통해 몰입과 이완의 자발적 선순환을 유도하는 자율 문화	20.00
8	기업이 추진하는 긍정적 변화와 혁신 의지에 대해 구성원들의 지속적 참여가 이어지는 개선 문화	50.00
9	국가의 제도 변화에 능동적 대처가 가능하고 일하는 방식과 근무 시간의 변화를 적극적으로 수용하는 새로운 근로 문화	50.00
10	과정에 대한 통제적 관리를 지양하고 과업의 효율과 효과에 초점을 맞추어 구성원의 과업 수행을 돕는 성과 문화	40.00
11	시간의 낭비, 서류의 낭비 등 물리적 저해 요소를 없애고 각종 회의/보고/결재 시스템의 최적화를 돕는 낭비 제거 문화	40.00
12	개인의 의식, 소양, 역량 등 다양한 부문의 학습 지원을 통해, 개인과 조직의 발전과 성장을 지속적으로 돕는 학습 문화	40.00
13	개개인의 삶과 가족에 대한 배려는 물론, 구성원의 가정에 대한 존중이 기반이 된 친가족 문화	30.00
14	출근이 기다려지는 조직, 동료가 있어 든든한 조직, 즐겁고 역동적인 조직을 만들어 나가기 위한 행복 문화	40.00
15	권위와 위계, 통제가 근간이 된 전통적 수직 문화를 타파하고, 탈위계/탈권위/탈통제적 사고가 근간이 되는 수평 문화	30.00
	평균	44.67

〈도표 3-49〉 D 유형(Case D)의 문화 개선 목표

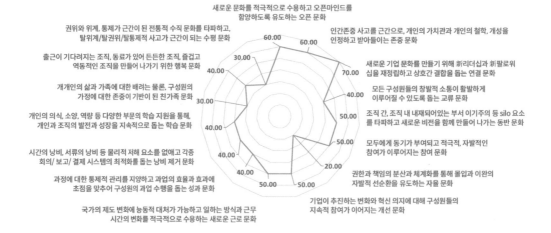

새로운 문화를 적극적으로 수용하고 오픈마인드를
함양하도록 유도하는 오픈 문화

권위와 위계, 통제가 근간이 된 전통적 수직 문화를 타파하고,
탈위계/탈권위/탈통제적 사고가 근간이 되는 수평 문화

인간존중 사고를 근간으로, 개인의 가치관과 개인의 철학, 개성을
인정하고 받아들이는 존중 문화

출근이 기다려지는 조직, 동료가 있어 든든한 조직, 즐겁고
역동적인 조직을 만들어 나가기 위한 행복 문화

새로운 기업 문화를 만들기 위해 新리더십과 新팔로워
십을 재정립하고 상호간 결합을 돕는 연결 문화

개개인의 삶과 가족에 대한 배려는 물론, 구성원의
가정에 대한 존중이 기반이 된 친가족 문화

모든 구성원들의 창발적 소통이 활발하게
이루어질 수 있도록 돕는 교류 문화

개인의 의식, 소양, 역량 등 다양한 부문의 학습 지원을 통해,
개인과 조직의 발전과 성장을 지속적으로 돕는 학습 문화

조직 간, 조직 내 내재되어있는 부서 이기주의 등 silo 요소
를 타파하고 새로운 비전을 함께 만들어 나가는 동반 문화

시간의 낭비, 서류의 낭비 등 물리적 저해 요소를 없애고 각종
회의/ 보고/ 결제 시스템의 최적화를 돕는 낭비 제거 문화

모두에게 동기가 부여되고 적극적, 자발적인
참여가 이루어지는 참여 문화

과정에 대한 통제적 관리를 지양하고 과업의 효율과 효과에
초점을 맞추어 구성원의 과업 수행을 돕는 성과 문화

권한과 책임의 분산과 체계화를 통해 몰입과 이완의
자발적 선순환을 유도하는 자율 문화

국가의 제도 변화에 능동적 대처가 가능하고 일하는 방식과 근무
시간의 변화를 적극적으로 수용하는 새로운 근로 문화

기업이 추진하는 변화와 혁신 의지에 대해 구성원들의
지속적 참여가 이어지는 개선 문화

〈도표 3-50〉 D 유형(Case D)의 문화 개선 목표

3) '스마트한 제도 개선', 축적된 경험을 계승하여 과감히 적용하라

- 다음 단계로 발전하기 위한 제도적 목표를 명확히 하라

수차례 강조하였듯 제도적 개선은 문화와 공간에 앞서 가장 먼저 추진되어야 할 사항
이다. D 조직은 제도적으로 우수하다는 평가를 받고 있다. 또한 본서의 흐름대로 A, B,
C 유형의 평가를 계승함으로써 내재화된 조직 문화의 가치 형성에 있어 기본적인 조직
구조나 리더십 전략, 개개인의 가치관과 의식, 제도적 절차의 기반이 타 유형에 비해 비교
적 안정적인 위치에 있음을 가정한다.

다만, D 레벨에서의 우수한 제도적 평가는 오히려 제도의 강력한 시행으로 인한 조직
의 경직성을 유발하고 그간 쌓아 온 유연함을 저해할 수 있는 부정적 요소로 작용할 수
있음을 사전에 견지할 필요가 있다. 이에 따라 D 조직은 참여의 기회가 모두에게 주어지
고 보장되는 평등성, 제도에 대한 구성원들의 신뢰성, 전 과정에 걸친 제도 운용의 투명
성을 전제로, 구체적인 성과형 조직으로 발전하기 위한 평가의 절차와 방법에 대한 객관

성, 성과의 보상 측면에서 보상에 대한 공정성, 또한 보상의 규모와 범주에 대한 구성원 만족성에 대해서도 함께 다뤄져야 한다.

현 조직은 기업 경영의 의사 결정과 목표에 따른 일상 행동의 틀이 되는 관리 제도와 절차 등 각종 시스템이 확보되어야 하는 단계이다. 시스템은 경영 정보와 의사 결정 시스템, 경영 계획과 목표 설정 시스템, 조직의 기본적 가치와 일관성이 있고 장/중/단기적인 전략 목표 달성에 적합한 평가 제도와 그에 합당한 보상 제도, 인센티브 제도는 물론 이를 포함한 결과 측정과 조정/통제 등 제도 운용에 있어 핵심이 되는 분야의 체계화를 뜻한다. 제도적 특성은 구성원의 행동을 통하여 실제로 나타나고 평가된다. 앞서 조직 구조에 다른 개인의 역량, 즉 구성원의 능력, 전문성, 가치관과 신념, 욕구와 동기, 지각과 태도에 따라 제도의 성과가 달라질 수 있다고 하였다. 이 시점에서 제도는 특히 구성원에 대한 동기 부여와 행동 강화, 갈등 관리와 변화 관리, 목표 관리에 따른 전반적인 미래의 조직 스타일을 결정하게 되는 중요한 요소로 작용하기에 조직의 미션에 부응할 수 있도록 개인의 인식 수준과 소양을 끌어올리고 발전형 인재를 발굴/육성함은 물론, 시대가 요구하는 연결형 리더십 스타일로부터 영향을 받게 되는 참여형 팔로워십Followership의 형성 과정에 직접적으로 기여하게 된다.

- 평가 제도의 폭을 구체화하라

문화는 변화에 있어 장벽이 되기도 한다. 내재된 문화가 강할수록 변화는 더욱 어렵게 될 수도 있다. 문화는 조직의 관성을 유발하고 변화에 저항하는 제동을 걸게 된다. 그러나 필자는 문화를 통하여 유행과 단기적 변화에 조직이 임의로 반응하고 흔들리는 것을 예방할 수 있다고 생각한다. 장기적 관점에서 문화 변화를 이끌어 내는 거대 규모의 변화는 단순하게 발생되지 않는다. 문화의 변화 방식에 있어 공유된 변화의 방식은 다양하게 운영되는 제도적 수준과 관련된 변화이기 때문에 제도 자체의 지속적인 변화 의지가 없으면 문화는 정체되고 조직 그 나름의 독특한 특성을 잃게 될 수도 있기에 문화 변화에 앞서 제도적 변화와 개선의 시도는 작은 규모의 지속적인 적응과 피드백을 통해 다양한 문화적 개선점을 창출한다는 데 그 의의를 찾을 수 있다.

E 조직의 레벨부터 그 제도적 솔루션을 구체화하여 정량적으로 다루겠지만, 제도를 통해 변화 프로세스를 전개하기 위한 대상에 따른 제도의 폭은 크게 3가지로 다룰 수 있겠다.

✔ **첫째,** 리더의 변화에 대한 성공 기준, 즉 리더의 성공에 대한 척도를 구체적으로 목표화하여 그 성과에 대한 평가와 보상안을 제도적으로 마련하여야 한다. 앞서 팔로워Follower에 대한 참여를 특히 강조하였지만 제도적 기틀은 큰 틀에서 볼 때 조직의 상부에서부터 변화를 받아들여야 함이 마땅하다. 이는 조직의 높은 수준을 변화 프로세스에 담기 위해서라도 외형적이고 심층적인 부분까지 고려하여 리더상에 대한 수준을 혁신해야 할 필요성이 있음을 의미한다.

✔ **둘째,** 하부 문화에 대한 평가 기준과 보상안을 제도적으로 명확히 해야 한다. 팔로워Follower들이 적극적으로 참여할 수 있는 일관성의 유지 정도에 대한 기본적 평가 기준, 의사 소통과 참여의 적극성에 대한 변화 증가 폭의 평가 기준, 분권화된 R&RRole&Responsibility을 얼마나 성공적으로 수행하는가에 대한 평가 기준사실 이 부분은 새로운 리더의 발굴과 육성에 있어 굉장히 중요하게 다뤄져야 할 것이다., 이와 연계하여 다양한 과업 이슈에 대한 합의와 해결에 얼마나 도움을 주고 있는가에 대한 평가 기준 등 제도의 수용성과 그 성과 측면에 있어 조직적으로 상당한 역할을 하게 되는 팔로워Follower들의 역할을 제도적으로 투명하고 공정하고 객관성 있게 평가하고 보상해야 할 것이다.

✔ **셋째,** D 레벨의 제도는 직접적 과업 성과 측면의 평가는 물론, 집단의 문화적 수준을 끌어올리기 위한 간접 성과 측면공간&문화&제도 측면의 개선안, 아이디어 발현, 창의적 의견 개진 등의 평가와 보상에도 그 기준안을 마련해야 한다. 쉽게 말해 리더와 팔로워Follower를 막론하여, 개인주의와 인간상이 존중되는 문화에서도 조직 차원에서의 팀워크Teamwork나 협력적 행동을 더욱 이끌어 내기 위한 문화적 선제 조치로, 조직은 조직 구성원들의 참여에 대한 동기와 욕구를 다각적으로 이끌어 내고 소속감을 고취시킬 수 있는 다양한 문화적

형태의 제도안을 운영할 필요가 있다. 예를 들어, 개인주의 문화 속에서 개진되는 다양한 조직 구성원들 개인의 자발적 의견은 서로 간의 상호 작용을 통해 다양한 아이디어에 대한 논쟁과 갈등, 협의, 인정 등 모든 과정 집단의 관점에서 거치면서 폭넓게 수용되기도 하고 반대로 부결되기도 하며, 장기적인 변화에 대한 기여로 인정받게 되기도 한다.

- 성과에 대한 기준을 마련하라

조직 성과란 조직의 업적에 대한 구체적인 평가로서 이는 조직 효율성과 조직 효과성_{조직 유효성으로 표현되기도 한다.}으로 구분할 수 있다. 조직 효과성이 목표에 대한 달성 정도라면, 조직 효율성은 목표의 하위 요소가 목표 달성에 기여한 정도 또는 그 비율이라고 할 수 있겠다. 조직 성과는 일반적으로 매출, 순이익, 투자 대비 수익률 등과 같이 수치화된 목표 성과 위주로 진행되어 왔지만, 제도는 조직 전반에 걸쳐 광범위한 영향을 미치기 때문에 성과 역시 이제는 여러 각도에서 고려되어야 한다.

〈그림 3-51〉 성과 측정은 조직과 개인 차원에서 모두 고려되어야 한다

제도적 목표를 구체적으로 하기 위해 보다 구체화되어야 할 조직성과 부문의 두 가지 측면을 예로 들자면,

✔ **첫째,** 조직 차원의 성과가 측정될 수 있도록 제도가 체계화되어야 한다. 조직 성과는

주로 경제적인 재무 성과로 측정되어 왔던 것이 관행이기에, 문화와 공간의 두 요소를 고려하여 미래의 성과 척도를 매출 및 수익 증가에 따른 재무적 평가 성향에서 한발 더 나아가, 조직의 생존과 사멸과 같은 중대한 문제의 기획이나 전략에 기여하는 장기적 성과, 조직의 유연성과 시장의 적응성, 경쟁 구도에서의 전략적 우위 등 그 변화에 기여하는 중기적 성과, 앞서 거론한 단기 목표의 재무적 성과의 결과를 고려한 단기적 성과 등으로 구분하여 조직 차원에 따른 성과 요소가 제도적으로 다양하게 반영되어야 할 것이다.

✔ **둘째,** 개인 차원의 성과가 측정될 수 있도록 제도가 체계화되어야 한다. 개인 성과는 조직 구조에 큰 영향을 받으나, 팀이나 개인의 하위 요소에 따라 존재하는 이유미션가 다르고 나아가야 할 바비전가 다르다. 개인 차원에서 제도적으로 평가 척도로 표준화할 수 있는 것은 과업에 대한 개인 달성률, 팀 및 협업에 대한 기여도 등으로 구분할 수 있다. 다만, 문화와 공간적 과제를 추가로 고려할 때, 개인이 제도를 통해 동기 부여를 충분히 이끌어 내고 성장의 기회를 스스로 부여할 수 있도록 각종 협업 커뮤니티Community나 다양한 커뮤니티Community에 참여하는 정도와 횟수를 측정하여 금전적 또는 비금전적 보상으로 연계하는 제도적 방안도 함께 마련되어야 할 것이다.

- 즉각 준비하고, 준비가 되었다면 면밀하게 시행하라

D 유형의 레벨은 제도적 성공적 기반이 전제된 상황에서 구성원들이 구체적으로 참여의 기회를 늘릴 수 있게 만드는 시스템화에 대한 제도적 다각화 고민이 담겨야 한다. 또한 제도의 운영과 과정의 투명성이 보장되는 선진 제도화를 다시 한번 구축해 나가야 한다. 아울러 앞서 언급한 평가와 보상 측면의 제도는 참여를 기반, 양과 질을 확보할 수 있는 구체적 성과 관리 방안으로 전개되어야 한다. 제도의 시스템화가 긍정적으로 평가되는 상황에서 공간과 문화의 새로운 지향점을 찾아야 하고 제도적 측면의 추가적인 발전 방향에 대한 명분이 확보되어야 할 시기임에 틀림없다.

다만 D 조직의 성과 관리는 그간 많은 기업이 성과 서열화에 초점을 맞추어 성과 관리 체계에서 성과 지표를 통해 전략 달성도를 관리하는 성과 관리 체계로 성장하였으나,

성과 관리 차원에서 조직 구성원들이 필연적으로 성장할 수 있게끔 육성 및 개발형 성과 관리 체계로 진화하여야 할 것이다. 또한 성과 제도의 방향성에 너무 치중하여 향후의 변화 계획이나 임직원 변화 관리를 소홀히 함으로써 체계와 제도 자체가 제대로 작동되지 않고 현 수준에 머무는 경우를 방지하기 위해 제도의 유효성은 구성원들의 피드백을 통해 주기적으로 점검되고 보완되어야 할 것이다.

참고로, 사업 전략과 조직-개인 간 성과 목표의 연계성이 확보된다면 그 성과 제도는 성공할 가능성이 높다. 각 조직과 개인이 창출하는 성과가 회사 전체 성과로 나타나기 위해서는 각 조직의 성과 지표 및 목표가 전사나 사업부뿐만 아니라, 타 조직의 사업 전략과도 유기적으로 연결되어야 한다. 또한 시장 및 내부 역량의 변화에 따라 사업 실행 전략 수정이 필요하기 때문에 성과 제도는 이러한 변화를 수용할 수 있는 그릇이 되어야 한다.

No	D 조직의 제도 개선 목표	리커트 척돗값
1	명확한 비전과 목표 제시를 통해 명분과 정당성이 정립되도록 하기 위한 제도 개선	50.00
2	참여의 기회가 모두에게 주어지고 평등성이 보장되도록 하기 위한 제도 개선	60.00
3	제도 시행이 적절한가에 대한 타당성이 입증되도록 제도 개선	40.00
4	운영의 신뢰성이 전체 구성원들에게 확보되도록 하기 위한 제도 개선	50.00
5	제도 운용의 전 과정이 투명성 있게 추진되도록 하기 위한 제도 개선	60.00
6	전반적 제도 운용의 실질적 효과에 대한 유효성 검증 차원에 대한 제도 개선	30.00
7	조직에 실질적으로 유용하도록 제도의 주기적인 보완성이 확보되는지에 대한 제도 개선	30.00
8	구성원들이 개진하는 개선안의 적용 등 의견에 대한 수렴성이 반영되는지에 대한 제도 개선	50.00
9	회사가 제도 발전의 책임과 의무를 다하도록 미래 지향적 전향성을 가속화하기 위한 제도 개선	50.00
10	시대의 흐름과 기술력의 발전에 따른 근무 형태에 맞게 개발성이 확보되는가에 대한 제도 개선	60.00
11	구성원 평가의 절차와 방법에 대해 객관성을 확보하기 위한 제도 개선	50.00
12	성과 측면 보상의 규모와 범주에 대한 구성원 만족성이 충분한가에 대한 제도 개선	40.00
13	성과 측면의 보상에 대한 공정성이 명확히 유지되도록 하기 대한 제도 개선	50.00
14	구성원의 사기 진작은 물론, 특별한 관심과 보호가 필요한 부문의 복지성에 대한 제도 개선	60.00
15	구성원들의 꾸준한 역량과 잠재력의 발전을 돕는 학습성이 보장되는지에 대한 제도 개선	60.00
	평균	49.33

〈도표 3-52〉 D 유형(Case D)의 제도 개선 목표

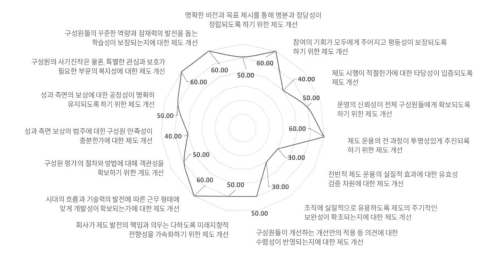

〈도표 3-53〉 D 유형(Case D)의 제도 개선 목표

- 정성적 목표에서 정량적 목표로 구체화해야 할 단계

　지금까지 우리는 8가지 기업 유형 중 절반을 달려왔다. 사실 전반부에 설명된 4가지 조직 유형은 공간, 문화, 제도의 평가 현황에 따라 기본적인 개선 목표점으로 구성되어 있다. 뒤의 E~H 레벨의 유형은 3요소 중 2개 이상이 '긍정, Positive'로 '부정, Negative'의 평가에 비해 우위를 점하는 우수한 조직으로 소개되는 만큼, 완성형에 가깝게 진화되어 가는 '스마트한 일터'의 흐름을 보이게 될 것이다.

　아울러 E~H로써 8개의 유형에 따른 '스마트한 일터'의 완성형을 향한 개선 목표점이 확립된다면, 본서의 결론 부분인 4장에서는 '스마트한 일터'의 핵심 3요소에 대한 중점 사항을 요약하는 과정에서 각 요소의 개선 목표를 총합하여 '스마트한 일터 시스템 구축 절차'에 대해서 3요소의 흐름별로 상세히 정리할 계획이다. 아울러 제시된 3요소의 다양한 항목에 대한 지표현장에서 컨설팅에 직접 사용하고 있는 다양한 지표를 소개함은 물론, 현재의 글로벌 추세로 본 '스마트한 일터'에 더해 미래에 중요시될 것으로 예상되는 다른 '+@'의 요소에 대한 필자의 소외를 더하여 '스마트한 일터'의 '미래를 향한 진화형'에 대해서도 함께 추측해 보고자 한다.

No	D 조직의 '스마트한 일터' 3요소 종합 목표치	리커트 척돗값
1	공간 개선 목표치	32.00
2	문화 개선 목표치	44.67
3	제도 개선 목표치	49.33
평균		**42.00**

〈도표 3-54〉 D 유형(Case D)의 공간/문화/제도 개선 목표

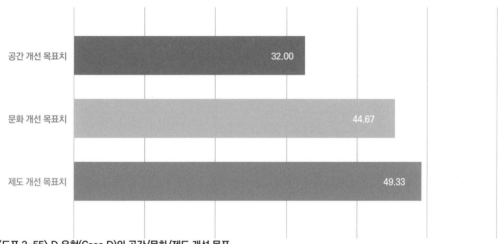

〈도표 3-55〉 D 유형(Case D)의 공간/문화/제도 개선 목표

Case E〉 주마가편走馬加鞭:
'공간 개선 현황'긍정, Positive, '문화 개선 현황'긍정, Positive, '제도 개선 현황'부정, Negative

– '주마가편走馬加鞭'은 '달리는 말에 채찍을 더한다'는 뜻으로,

  '자신의 위치에 만족하지 않고 계속 노력함' 또는 '현재에 안주하지 않고 더 잘하려고 노력하거나

  혹은 더 잘하라고 격려함'을 의미하는 말이다.

　　E 유형의 조직은 공간과 문화 개선 현황 평가가 '긍정, Positive'로, 제도 개선 현황 평가가 '부정, Negative'로 진단되고 있다. 단적으로, 리더의 의사 결정 방식은 리더가 의사 결정 시 팔로워Follower들의 의견과 아이디어를 표현하도록 장려하여 그들의 정보와 데이터를 사용하는 참여적 의사 결정이 비교적 자율적으로 운영되고 있으며, 프로젝트를 추진하는 과정에서 일부 팔로워Follower에게 권한과 책임을 위임하여 성과를 독려하기도 한다. 조직은 팔로워Follower들의 적극적인 참여를 통한 조직 목표 달성을 위해 최고 경영자에서부터 창의적 사고와 친화적 교류, 오픈 이노베이션을 강조하며 공간 개선 투자의 1차적 추진을 마친 상태다.

구분	E 유형(Case E)의 '스마트한 일터' 개선 목표	
1	스마트한 공간 개선	공간에 조직의 철학을 심어라
2	스마트한 문화 개선	독려, 또 독려하라
3	스마트한 제도 개선	제도는 엄격하게, 문화는 슬기롭게

〈도표 3-56〉 E 유형(Case E)의 '스마트한 일터' 개선 목표

1) '스마트한 공간 개선', 공간에 조직의 철학을 심어라

- 공간이 잘 구성되었다면, 사용의 원칙을 세우라

E 유형은 현 상황을 기준으로 공간의 다양성, 공간의 연결성, 공간의 수용성, 공간의 사용성이 높은 수준으로 평가받는다. 사무 환경이 단순이 물리적 공간에 그치지 않고, 조직의 일하는 방식과 문화에 큰 영향을 미친다는 인식이 확산되고 있는 추세이다. 기존의 폐쇄적이고 위계적인 사무 공간에서의 소통과 협업에 대한 한계성을 구성원들이 명확히 인지하고 있는 상태이며 공간 개선을 통해 다양한 성격의 공간을 구성하여 그 사용에 있어 나름의 원칙과 기준을 세워 운영 중이다. E 유형이 운영하고 있는 대표적인 공간 사용 원칙을 들여다보면,

- ✔ **첫째,** 전사적으로 자율 좌석 제도를 운영한다.
- ✔ **둘째,** 직위의 구분 없이 수평적으로 앉는다.
- ✔ **셋째,** 팀끼리 모여 앉지 않는다.
- ✔ **넷째,** 회의실도 자리를 지정하지 않으며 직위와 상관없이 앉는다.
- ✔ **다섯째,** 점심시간을 활용하는 등 최소한 자리를 1회 이상 변경한다.
- ✔ **여섯째,** 비어 있는 임원실은 회의실로 활용한다.
- ✔ **일곱째,** 개인 로커를 활용해 필히 자리를 깨끗하게 정리하고 퇴근한다.
- ✔ **여덟째,** 매월 마지막 주 금요일, 전체 임직원이 모여 '주제 없는 의견 교류회'를 갖는다.

모바일 오피스를 운영하고 있으나, 예산상의 한계로 아직 좌석이나 회의실 예약 시스템은 구비되어 있지 않다. 300여 평 되는 공간에서 전체 임직원 100여 명이 사용하기에 불편함은 없으나, 향후 인원을 증원할 것을 예상하여 내년에는 예약 시스템을 도입할 계획이다.

처음에는 우리 팀 팀장이 바로 옆에서 일하는 것이 부담스러웠으나, 타 부서 팀장, 기타 파트장 등 다양한 사람들과 자리를 공유하다 보니 이젠 누가 옆에서 일해도 크게 신경 쓰이지 않는다. 오히려 불편함을 끼칠까 서로 배려해 주는 분위기여서 공간 사용에 있어 큰 제약이 없다.

사실 이 유형은 비교적 공간과 문화적 체계가 균형적으로 개선되어 있고 필자에게 공

간에 대한 평가를 자문하는 과정에서 현장에서 가장 많이 보게 되는 유형의 대표적인 공간 관련 제도이기도 하다. 뒤에 E 레벨의 제도 개선 과정에서 다루겠지만, 배려와 장려의 문화적 체계를 더욱 효율적으로 사용할 기준이 필요한 시점이기도 하다.

- 무엇이 부족하고, 무엇이 더 필요한지 파악하라

E 조직은 과거 대화를 유도하기 어려운 폐쇄적 공간의 구조였다. 직급이 높을수록 넓고 권위적인 좌석을 배치하여 직위에 대한 보상을 공간의 면적과 가구로 나타냈었고, 개인 부서별로 명확히 구분되어 쉽게 변경하기 어려운 공간 형태를 띠고 있었다. 결과적으로 협업과 소통을 유도하는 개방형 공간, 미래 변화에 대응할 수 있는 다양한 공간, 직급 구분 없는 수평적 공간, 전사적 공유 공간을 극대화하기 위한 자율 좌석제 등의 운영은 큰 의미가 있다. 더욱이 월 1회 오픈 라운지에서 전사적인 의견 교류회나 품평회, 토론회 등을 통해 결산 의미의 월례회 성격을 벗어나 대표 이사부터 신입 사원까지 자유로운 의견을 교류할 수 있는 분위기 조성 자체로써도 높은 평가를 받을 만할 것이다.

〈그림 3-57〉 누구나 자유롭게 의견을 제시할 수 있는 분위기가 조성되어야 한다

다만 여기에서도 개선의 여지는 충분히 많다.

✔ 첫째, E 조직은 공용 공간을 많이 확보하는 데만 치중하여, 설계 단계에서부터 정확히 필요한 공간에 대한 사전 조사가 생략된 채, 다양한 공간 형태의 구색은 갖추었으나, 복지 부분이나 편의 시설, 인원/용도별 좌석 수 등에서 그 활용의 한계점을 보이고 있다.

✔ 둘째, 구축된 공간 활용에 대한 장려의 분위기는 갖춰져 있으나, 사용자들의 만족도에 대한 피드백 수렴 과정이 생략되어 1~2년 전 공간 형태를 그대로 유지하여 활용하고

있다. 분명 다양한 요구 사항이 발생되고 개선의 여지가 발생될 것이다.

✔ **셋째,** 공간이 얼마나 효율적으로 활용되고 있는지, 각 공간별로 주로 어떤 활동이 이루어지는지, 그 효과가 어떤지에 대한 참고할 만한 중간 평가 데이터가 없다. 공간 활용성과 측정은 평가 지표화하여 주기적으로 공간에 반영될 필요가 있다.

- 새로운 공간 평가 지표를 만들어 보자

E 조직 레벨에서의 공간은 앞서 밝혔듯, 공간 지표 형성이 시급히 진행되어야 한다. 뒤에 공간 진화에 따른 지표의 체계를 유형별로 정리하겠지만, 현 단계에서 새로운 방향성 제시 및 개선을 위해 시급히 진단되어야 할 평가 지표를 우선 열거하자면,

✔ **첫째,** 현재의 모든 공간에 대한 사용자들의 만족도가 측정되어야 한다. 공간 만족도는 공간 유형, 공간 면적, 공간 배치, 가구 품질, 가구 배치, 공간 및 가구의 편안함 등 다양한 요소로 구성된다.

✔ **둘째,** 공간 활용에 대한 효율성이 측정되어야 한다. 공간 효율성으로는 공간 활용도 및 공실률에 따른 직위, 연령, 성별 등의 기준으로 투입 대비 산출량을 측정한다.

✔ **셋째,** 공간 활용에 따른 효과성이 측정되어야 한다. 공간 효과성은 효율성과 아울러 자원 및 재원의 투입과 산출에 따른 다양한 지표 형성이 가능하나, 그 과정Process에서의 개선 사항이 효과 측면에서 더욱 중요할 수 있다. 또한 효과 부분은 효율성 진단 결과를 참고하여 더욱 의미 있는 진단안을 제공할 수 있고, 더불어 공간 자체로서 이슈Issue뿐 아니라 문화와 제도적인 효과 측정을 통한 개선점을 파악할 수 있기에 측정 지표의 설정이 더욱 중요할 것이다. 예를 들어, 회의실 사용 시 회의를 진행하는 시간이나 페이퍼 출력량, 회의 준비를 위한 자료 생성이 과거에 비해 얼마나 줄어들었는지에 대한 효과성을 측정하는 과정에서 효율성 측정 데이터가 활용되고, 회의를 준비하거나 마무리하는 과

정의 산출물 낭비에 대한 효율과 효과를 동시에 측정하게 되며, 이에 따른 분석치는 새로운 개선 항목으로 선별될 수 있어 회의 문화 개선이나 회의 제도 구성에 큰 영향을 주게 될 것이다.

또한 필자가 제시하는 각각의15가지 공간 개선 목표공간의 역사성, 개방성 연결성, 이동성, 다양성 등에 따른 지수의 결과 값에 따른 경향 분석도 컨설팅에서 접목하여 활용하고 있다. 마지막 H 단계에서 공간 개선의 최종 목표점에 대한 설명을 더하도록 하겠다.

- 평가 지표를 통한 공간 개선안으로 회사의 '아이덴티티Identity'를 불어넣자

E 유형은 시장에 표준화되어 제공되는 '스마트 오피스'의 형태를 대체로 모두 담고 있다. 사실 그 효율성이나 효과에 따른 성과를 생각하기 이전에 직원들의 만족도와 문화적 의식 수준은 높게 형성되어 있는 편이다. 이제는 공간도 미래를 위한 동력 활용의 강력한 수단으로 활용의 폭을 넓혀야 한다. 조직의 철학과 역사, 그 고유의 문화적 특성이 반영된 공간으로 탈바꿈할 타이밍이다.

〈그림 3-58〉 조직의 DNA는 공간 디자인으로 표현될 수 있다

E 조직의 공간 개선이 반영된 새로운 지표는 다양하게 개방된 공간의 소통과 연결의 특성 아래 공간의 역사성과 창의성에도 긍정적 영향을 줄 수 있다. 공간의 목적을 더욱 명확히 하고 조직의 특성을 가미하게 될 새롭게 개선된 공간 요소를 유형별로 정리하자면,

✔ **첫째,** 사무 공간에 조직의 특성을 불어넣자. 지금까지는 일반적으로 소통과 협업을 활성화하고 창의를 촉진하는 목적의 공간 구성이었다면, 이제는 일하는 방식의 개선이 공간에서 실질적인 성과를 이루도록 공간을 개선한다. 개방형 공간과 폐쇄형 공간의 비율을 조정하고, 인원 및 용도별 회의실을 조정한다. 파티션과 칸막이의 유무와 높이, 벽체 등 제품 스펙과 디자인으로 담을 콘텐츠도 확정한다.

✔ **둘째,** 지원 공간에 조직의 특성을 불어넣자. 소통과 휴게 공간의 목적으로 준비되었던 라운지, 폰 부스Phone Booth, OA실 등의 구조와 레이아웃을 개선하고, 물리적 장벽을 없애거나 최소화 한다.

✔ **셋째,** 이동 공간에 조직의 특성을 불어넣자. 계단, 복도, 로비를 소통, 홍보, 정보의 공간으로 활용하도록 개선하며, 가능하다면 디지털 스크린을 설치하여 각종 정보 및 데이터가 실시간으로 조직 구성원들에게 공유되고 인지되도록 한다.

✔ **넷째,** 편의 공간에 조직의 특성을 불어넣자. 성별에 따른 별도의 휴게 공간, 통합 휴게 공간의 비율을 조정하고, 가능하다면 체육 시설을 추가하되, 면적을 고려하여 휴게 공간과 체육 시설의 통합과 분리를 결정한다. 또한 조직의 문화적인 우수성을 반영하여 사회적으로 이슈가 되고 있는 아이 돌봄 시설이 대기업처럼 사내에 확보된다면 복지를 통한 사기 진작, 애사심 차원에서의 상당한 효과를 기대할 수 있을 것이다.

지금까지 살펴보았듯 E 조직의 공간은 문화와 밀접하게 연계되어 그 영향이 적지 않음을 확인할 수 있다. 개선 사항도 공간 자체로써 효과보다 문화와 제도와 결합된 궁극의 성과로 그 목표점을 크게 보아야 할 시점이다.

다음으로, 공간과 더불어 긍정적인 평가를 받고 있는 E 유형의 문화적 체계와 개선점에 대해 구체적으로 살펴보도록 하자.

No	E 조직의 공간 개선 목표	리커트 척돗값
1	회사 아이덴티티와 경영 철학, 디자인 철학을 반영하고 지속적으로 확장, 발전해 나가기 위한 공간의 역사성	60.00
2	답답하지 않게 공간이 오픈되고 공간을 사용하는 모든 사용자의 시야가 충분히 확보되는 공간의 개방성	50.00
3	다양한 디자인 요소를 고려한 레이아웃을 통한 적절한 배치를 기반으로 서로 유기적으로 구성되는 공간의 연결성	70.00
4	사용자들이 사용 목적에 따라 각 공간을 이동할 경우, 동선이 충분히 확보되도록 용이하게 구성된 공간의 이동성	40.00
5	몰입 공간과 이완 공간, 업무 공간과 편의 공간, 기타 복지 공간 및 특수 공간 등으로 다채롭게 구성된 공간의 다양성	80.00
6	소통과 협업 목적의 BOX형 공간, 모듈형 공간 등 레이아웃의 변동이 손쉽게 가능하도록 설계된 공간의 변형성	30.00
7	다양한 공간을 통해 활발한 교류와 협업, 업무 & 비업무적 커뮤니케이션 등 네트워킹이 촉발되는 공간의 소통성	70.00
8	모든 사용자들의 신체적, 정신적 편안함을 위해 냉난방, 온습도, 공기 질, 조명, 환기 등이 고려된 공간의 쾌적성	40.00
9	개인이 점유하는 공간 사용을 지양하고 다양하게 구성된 공간을 모든 사용자가 공유하게 되는 공간의 공유성	50.00
10	오염 및 감염의 예방, 환경 이상 감지는 물론, 특정 사용자를 배려한 유니버설 디자인 요소까지 고려된 공간의 안전성	40.00
11	개인 프라이버시의 존중, 특수 정보와 기밀 유지가 가능하도록 공간 및 시스템 솔루션을 제공하는 공간의 보안성	20.00
12	온라인 정보 및 지식 교류, 업무 고도화, 센서, 예약, 제어, 저장, 통합 관리 등 시스템 솔루션을 제공하는 공간의 기술성	20.00
13	다양한 요소들이 결합되어 모든 사용자들의 창발적 교류와 창의적 아이디어 생산을 촉진하는 공간의 창의성	60.00
14	사용자가 공간을 거부감 없이 받아들이고 모든 사용자의 적응이 최우선으로 고려되어야 하는 공간의 수용성	50.00
15	모든 공간을 적극적으로 활용할 수 있도록 장려하는 등 사용자들의 자율적 참여가 기반이 되는 공간의 사용성	50.00
평균		48.67

〈도표 3-59〉 E 유형(Case E)의 공간 개선 목표

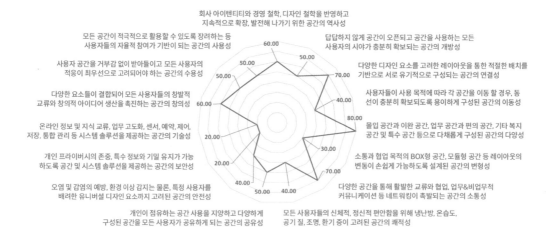

〈도표 3-60〉 E 유형Case E의 공간 개선 목표

2) '스마트한 문화 개선', 독려, 또 독려하라

- 새로운 시대의 문화적 혼란, 불확실성을 '연결 문화'로 극복하자

바야흐로 2021년이 되었다. 우리나라는 2020년 1월 코로나바이러스의 전파로 인한 혼란을 기점으로 어느덧 1년이 넘는 감염의 대유행을 여러 번 거쳐 불확실성의 위기 극복 상황이 계속되고 있다. 코로나19 사태로 기업 조직은 불가피하게 재택근무나 원격에서의 협업을 시행해야 했고 미처 준비되지 못한 기업은 '새로운 표준New Normal'에 승선하기 위한 다양한 노력을 기울이고 있으나, 미처 문화적으로 준비되지 못한 조직의 변화와 혁신은 적응도 적용도 더디기만 하다. 범국가적 방역과 감염의 치열한 줄다리기 속에서도 생존을 위해 치열한 경쟁을 가속해야만 하는 각 기업의 최고 경영자들은 앞만 보고 달려 온 상황에서 우리 모두가 놓치거나 무심코 지나친 것은 없는지, 알면서도 외면해 버린 것은 없는지 되돌아보고 성찰에 초점을 맞추어야 한다. 특히 팬데믹Pandemic 이후의 시대를 대비한 문화 체제의 변화와 혁신에 대한 다양한 논의와 강성과 지속성을 갖춘 문화적 체계화에 더욱 힘써야 할 것이다.

팬데믹Pandemic 시대를 맞아 코로나19의 여파로 인한 일하는 방식의 변화와 디지털 트랜스포메이션Digital Transformation의 영향으로 E 조직은 한 번도 경험한적 없는 문화적 대변혁기를 성공적으로 안착시킬 의무가 있다. 스마트 워크Smart Work의 성과에 대한 의문 속에서도 현재 우리는 공간과 문화 구축의 평가에 있어 '긍정, Positive'로 진단되었다. 아직 제도적 시스템은 미흡하게 운영되고 있으나, 조직 내 다양한 갈등과 불만이 속속 표출되는 상황에서도 내부적으로는 이 적응기를 치열하게 이겨내고자 하는 집단의 의지가 보인다.

지금까지 설명하며 강조한 오픈, 연결, 존중, 동반, 참여, 교류의 문화, 즉 조직 문화 혁신 관점에서 1차적인 '조직적 기본 마인드Mind 형성'은 위에 열거한 여섯 가지의 문화적 기반 아래 E 레벨 시점에서 전적으로 완성될 필요가 있다고 본다. 특히나 새로운 기업 문화를 위한 '新리더십'과 '新팔로워십'의 수준을 타 조직이 부러워할 정도로 끌어올려 상호 간 결합을 돕는 '연결 문화'의 완성형을 보여야 할 때이다.

새로운 리더십과 새로운 팔로워십Followership이 강조되는 '연결 문화'는 존중과 배려의 오픈 마인드Open Mind에 기인한다고 하였다. 조직적 마인드-셋Mind-Set 완성에 필요한 기본 사항들을 정리하자면,

✔ **첫째,** 스스로를 존중할 줄 알아야 한다.
✔ **둘째,** 상대방에 대한 겸손의 인식이 저변에 바탕이 되어야 한다.
✔ **셋째,** 진정성을 가지고 갈등 해결이나 화합을 위한 노력을 기울인다.
✔ **넷째,** 용기를 내 의견을 제시하고, 참을성 있게 상대방의 의견을 경청한다.
✔ **다섯째,** 감정에 따른 직접적 피드백을 절대 삼가한다.
✔ **여섯째,** 무례와 폭력을 인정하지 않는다.
✔ **일곱째,** 배우고 성장하는 마음가짐을 갖는다.
✔ **여덟째,** 동료의 입장에서 상황을 이해하려고 노력한다.
✔ **아홉째,** 의사 결정은 다양한 논의와 협의를 통해 진행한다.
✔ **열째,** 새로움은 '시스템'으로 귀결된다. 위의 아홉 가지를 문화적으로 내재화內在化하라.

- 리더십 역량을 혁신한다는 것이란

과거의 리더십은 시대적 상황에 따라 항상 새로운 리더십의 요소를 더해 발전을 거듭한다. 최근의 기업 환경은 다국적 기업에 의해 산업이 재편되고 경제 구조마저 변화되는 글로벌 시대의 상황이다. 글로벌 경쟁에서 우위를 점하기 위해서는 필자가 그 중요성을 강조하는 팔로워십Followership을 바르게 이끌어 줄 수 있는 리더의 우선적인 핵심 역량 확보가 필요하다.

〈그림 3-61〉 팔로워십의 연결을 이끌어 줄 리더의
핵심 역량 확보가 필요하다

E 레벨에서는 리더의 완성형을 중심으로, F 레벨에서는 팔로워Follower의 완성형을 중심으로 목표화目標化하여 설명하도록 하겠다.

리더는 상위로 갈수록 조직 전반에 걸친 사업의 전략적 방향에 따라, 팔로워Follower들을 최적합을 통한 조화를 위해 조정, 배치하고 연결할 수 있는 통합 역량이 요구된다. 특히 구성원들의 사회/문화적 관심과 가치관의 다양성에 따른 인정과 통찰이 역량에 더해져야 한다. 세계적인 경영 석학인 Peter Ferdinand Drucker 교수는, "모든 환경에 들어맞는 리더십 역량은 존재하지 않는다."라고 하였다. 성공한 리더가 반드시 다른 조직에서도 성공할 수 없는 것이 바로 이 때문일 것이다. E 레벨의 조직은 고유한 문화적 특성을 공간에 접목하여 특유의 조직 문화를 갖춘 수준에 근접해 있다. 따라서 보편적 리더십으로 역량과 스킬을 끌어올리기보다는 조직의 진단 수준과 팔로워Follower들의 통합적 마인드Mind, 그 지향점의 방향에 따라 최적의 리더십 스타일을 찾아내야 한다.

필자는 E 레벨의 新리더십을 목표로 다음의 네 가지 혁신 요건에 따른 지표의 방향성을 제시한다. 새로운 리더의 혁신 지향점으로는,

✔ **첫째,** 인성의 완성형을 지향하라.
✔ **둘째,** 지식과 능력의 완성형을 지향하라.
✔ **셋째,** 발굴과 육성의 완성형을 지향하라.
✔ **넷째,** 1~3을 연결하고 배치하는 조화의 완성형을 지향하라.

위에서 제시한 리더의 네 가지 혁신 지향점을 완성하기 위한 지표의 방향성을 제시하자면,

✔ **첫째,** 리더의 '정보 수집 및 활용'에 관한 지표로써, 그 범주나 규모의 상황에 따른 경영 관리의 성과 측면에서 그 효율과 효과를 극대화하기 위해 준비되어야 할 정보는 정확하게 수집되고 활용되어야 한다.
✔ **둘째,** 리더의 '불확실성 관리 능력'에 관한 지표로써, 환경 변화에 민감하고 적극적으로 대응하며 계속되는 변화와 혼돈의 어려움 속에서 새로운 기회를 창출해 내는 능력이

함양되어야 한다.

✔ **셋째**, 리더의 '다양성 적용'에 관한 지표로써, 팔로워Follower들이 조직의 성과에 영향을 미치는 다양한 인과 관계를 인식하고 분석하며 관리할 수 있는 역량이 확보되어야 한다.

✔ **넷째**, 리더의 '유연한 조직 연결 역량'과 관련한 지표로써, 앞서 언급한 팔로워Follower들의 다양한 능력에 대한 관리를 탄력적인 조직 설계, 프로젝트의 성과를 이끄는 연결 구도로 체계화한다. 또한 유연하게 만들어지고 해체될 수 있는 다양한 조합을 실질적인 성과로 만들기 위해 리더에게 주어지는 의사 결정 권한의 활용 능력을 극대화해야 하다. 결과적으로, 주어진 모든 자원을 적절하게 분배하고 통합하는 능력, 상반되는 견해들을 이해하고 조화할 수 있는 기술이 특히 요구된다.

- 조직의 성과를 만들어 내는 최종 재원은 팔로워Follower지만, 그들은 모두 리더의 영향을 받는다

〈그림 3-62〉 모든 팔로워는 당연하게도 리더의 영향을 받는다

팔로워Follower들의 행동과 인식은 사회적 규범이나 국가적 문화체 형성에 따라 지배를 받지만, 동시에 기업에서의 행동 규범은 기업 구조의 영향을 받는다. 이 구조는 시스템으로 일컬어지며, 시스템은 리더에 의해 만들어지고 팔로워Follower들의 참여에 의해 그 성패가 평가된다. 결국 리더십은 시스템의 추진력으로 작용하며 팔로워Follower들의 행동에 직접적인 영향을 미치기 때문에 조직의 중요한 문제를 이해하고 해결하기 위해서는 기저에 있는 리더십 구조를 먼저 들여다보아야 한다. E 조직부터는 리더십이 팔로워Follower들의 존중을 기반으로 신뢰 문화 구축의 완성도를 보여야 할 것이며, 조직 전략과 시스템, 프로세스 등의 현실적 요인에 대해서도 각 팔로워 Follower를 대상으로 그 조직 운영의 제도적 당위성과 객관성, 평등성, 공정성, 투명성, 신뢰성 등이 조화롭게 연결되어야 할 것이다.

다음 단락에서는 이러한 E 레벨의 리더십을 극대화할 수 있는 제도적 개선 목표에 따른 전략에 대해 함께 다뤄보도록 하겠다.

No	E 조직의 문화 개선 목표	리커트 척돗값
1	새로운 문화를 적극적으로 수용하고 오픈 마인드를 함양하도록 유도하는 오픈 문화	90.00
2	인간 존중 사고를 근간으로, 개인의 가치관과 개인의 철학, 개성을 인정하고 받아들이는 존중 문화	90.00
3	새로운 기업 문화를 만들기 위해 新리더십과 新팔로워십를 재정립하고 상호간 결합을 돕는 연결 문화	100.00
4	모든 구성원들의 창발적 소통이 활발하게 이루어질 수 있도록 돕는 교류 문화	70.00
5	조직 간, 조직 내 내재되어 있는 부서 이기주의 등 silo 요소를 타파하고 새로운 비전을 함께 만들어 나가는 동반 문화	80.00
6	모두에게 동기가 부여되고 적극적, 자발적인 참여가 이루어지는 참여 문화	80.00
7	권한과 책임의 분산과 체계화를 통해 몰입과 이완의 자발적 선순환을 유도하는 자율 문화	40.00
8	기업이 추진하는 긍정적 변화와 혁신 의지에 대해 구성원들의 지속적 참여가 이어지는 개선 문화	70.00
9	국가의 제도 변화에 능동적 대처가 가능하고 일하는 방식과 근무 시간의 변화를 적극적으로 수용하는 새로운 근로 문화	50.00
10	과정에 대한 통제적 관리를 지양하고 과업의 효율과 효과에 초점을 맞추어 구성원의 과업 수행을 돕는 성과 문화	40.00
11	시간의 낭비, 서류의 낭비 등 물리적 저해 요소를 없애고 각종 회의/보고/결재 시스템의 최적화를 돕는 낭비 제거 문화	40.00
12	개인의 의식, 소양, 역량 등 다양한 부문의 학습 지원을 통해, 개인과 조직의 발전과 성장을 지속적으로 돕는 학습 문화	40.00
13	개개인의 삶과 가족에 대한 배려는 물론, 구성원의 가정에 대한 존중이 기반이 된 친가족 문화	30.00
14	출근이 기다려지는 조직, 동료가 있어 든든한 조직, 즐겁고 역동적인 조직을 만들어 나가기 위한 행복 문화	40.00
15	권위와 위계, 통제가 근간이 된 전통적 수직 문화를 타파하고, 탈위계/탈권위/탈통제적 사고가 근간이 되는 수평 문화	30.00
	평균	59.33

〈도표 3-63〉 E 유형(Case E)의 문화 개선 목표

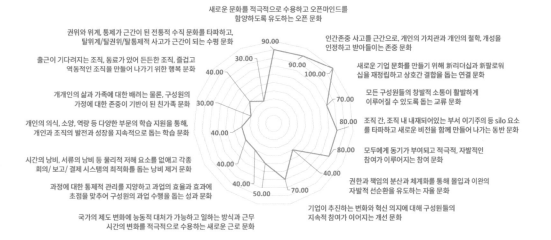

〈도표 3-64〉 E 유형(Case E)의 문화 개선 목표

3) '스마트한 제도 개선', 제도는 엄격하게, 문화는 슬기롭게

- 이제 공간과 문화를 조화롭게 아우르는 선진 제도의 시행이 필요하다

　E 레벨에서 조직의 제도는 상당한 개선점을 시사한다. 공간과 문화의 구축 정도가 우수하기에 이에 기인한 다양한 문제들 — 공간 최적화 및 활용의 문제, 구성원 신뢰 형성의 문제, 일하는 방식의 변화 문제, 평가 및 보상의 문제, 경쟁 구도의 합리화 문제, 업무 동기 및 몰입의 문제 등 이루 열거할 수 없는 중요한 문제들 — 의 해결을 위해 제도적으로 공간과 문화적 수준에 걸맞게 시스템이 더해져야 할 시기이다.

　E 조직의 제도적 시스템은 A~D에 비해 완성형에 가깝게 더욱 보완되어야 한다. 제도적 시스템이 올바른 방향으로 설계될 경우 '조직적 신뢰'가 '조직 성과'로 이어지는 시간을 단축할 수 있다는 점에서 E의 제도적 목표점은 매우 중요하다. 학자들은 '초기 신뢰 Initial Trust'의 중요성을 설파한다. 문화적으로 특정 상황이나 관계에서 높은 초기 신뢰가 형성되는 이유에 주목한 학자들은 후속 연구를 통해 이것이 발현되는 것은 '제도 기반 신뢰Institution-Based Trust' 때문이라고 밝혔다. 필자가 경험적 데이터에 기반하여 A~H의 각 유형을 이끄는 '스마트한 일터'의 요소 중에서도 제도의 중요성을 강조하는 이유이기도 하다. 통상적으로 필자가 기업 분석을 통해 기업이 의사 결정 구조조직 구조, 성과 관리 특히 평가, 보상의 관점 등과 같은 시스템 개선에 참여할 때, 새로운 변화에 적응하는 과정에서 조직의 문화는 규범의 수준과 참여도, 신뢰에 따라 함께 성장함을 경험했다.

　다양한 제도적 원칙이 제시되지만 결국 핵심은 '다양한 팔로워Follower들의 행동 규범을 자율적이고 창발적創發的으로 이끌 수 있는 제도적 시스템의 구축'으로 정리할 수 있다.

- 선진 제도를 통한 학습 조직의 완성은 리더로부터 출발한다

　E 레벨에서는 기본적인 복지 제도의 저변을 확대해 나가며, 개선의 목표점 중 제도의 개발성과 제도의 학습성을 극대화하기 위한 조직적 명분과 신뢰 형성을 강조한다. 세부적으로 조직 구성원들의 일하는 방식의 개선, 조직 구성원들의 의견 수렴을 통한 제도

개선, 특히 성과와 보상 측면의 실질적인 제도 개선을 중점적으로 추진하며 컨설팅을 진행하게 된다.

앞서 문화적 개선 목표점에 기인한 리더십 시스템의 이상향을 제시하였는데, 본 단락에서는 이를 제도적으로 보완하여 팔로워Follower들을 올바른 방향으로 유도하기 위한 제도 마련과 팔로워Follower들의 자발적인 참여를 촉진하기 위한 팔로워 중심의 학습형 조직화에 대한 방안을 함께 고민해 보도록 하겠다.

〈그림 3-65〉 팔로워 참여 중심의 학습 조직화는 반드시 필요하다

어떠한 조직이든 그 조직이 속한 환경이나 특성은 다를지라도, 적어도 E 유형의 레벨에서는 구성원들의 직무 만족 및 조직 몰입을 높이기 위한 리더십의 영향을 중시하여야 한다. 또한 새로운 조직 문화를 형성하고자 하는 현 단계에서 조직 문화 유형에 적합한 리더십 기반을 제도적으로 시스템화하여야 한다는 것을 본장에서 주장하고 있다. 필자가 현장에서 진행하는 컨설팅은 리더십의 수준과 관련하여 제도의 개발성, 확장성, 유효성에 초점을 맞춘다. 리더십을 기반으로 제도적 기반을 마련하기 위한 컨설팅의 방향을 설명하자면

✔ **첫째,** 리더에 대한 팔로워Follower들의 인식과 진단되는 유형적 결과의 특성을 분석하여 지표를 제시하고,

✔ **둘째,** 현 조직의 리더십 유형들이 팔로워Follower들의 직무 만족에 미치는 영향을 분석하여 지표를 제시하고,

✔ **셋째,** 현 조직의 리더십 유형과 그 분포도에 따라 조직 몰입에 미치는 영향을 분석하여 지표를 제시하고,

✔ **넷째,** 직무 만족 및 조직 몰입에 의해 발생되는 다양한 성과 지표를 마련하여 제시하고

✔ **다섯째**, 리더십 유형과 성과 지표의 특성에 따른 조직 유효성 추진 방안을 제시하고,

✔ **여섯째**, 조직 문화 유형과 공간 유형의 관계성을 고려, 새로운 리더십 형성에 적합한 선진 제도를 개발하고,

✔ **일곱째**, 목표화된 리더십 이상향을 학습 조직 프로그램으로 제시하여 리더 육성 제도의 시스템화를 체계화한다.

- 리더를 통한 문화 형성과 제도적 과제

제도는 문화를 형성하는 시스템으로 귀결된다고 강조하였다. 개인은 사회적 배경 내에서 소속감, 영향력, 친교 등의 기본적 욕구를 개인적 가치로 사고화하여 집단에 소속된다. 이는 조직 내에서 어느 정도 개인의 욕구가 충족되는 계기 마련의 소속감이 고취되는 것을 의미하며, 다양한 구성원들이 각기 가지고 있던 과거의 가치관과 행동 양식의 일부를 포기 또는 양보하고 공동의 방식에 따라야만 조직적 갈등을 최소화하고 공동 목표를 달성할 수 있다. 이러한 집단 규범은 조정과 중재를 받게 되는 데 이 과정에서 행동과 사고의 공유와 화합을 이끌어 내는 주체가 '리더'이며, 리더십을 통해 문화 형성의 기틀이 고착화되거나 유지되거나 발전할 수 있을 것이다.

E 유형의 단계에서 조직 시스템은 팔로워Follower들의 연결을 통한 통합적 관점에서 구현되는 최종 가치를 목표로F 유형의 레벨에서 팔로워(Follower) 통합을 위한 제도적 개선 목표와 그 가치에 대해 논하겠다) 하며, 그 목표를 위해 선행되어야 할 제도적 관점은 리더의 존재 목적, 그 기능과 각 분야별 계층별 수준에 의하여 리더십의 가치를 체계적으로 정리해 나갈 수 있다. 여기서 중요한 것은 제도적 목표에 따라 시스템으로 내재화 또는 형성되는 문화적 가치와 그 수준은 한 개인에 발로하여 형성되는 것이 아니라 전체 조직 구성원들이 공유하는 것이라는 점이다. A~D 유형의 수준에서는 창립자나 최고 경영자 같은 특정 개인의 영향력에 따라 좌우되는 경우가 많으나, 이 영향력에 의한 제도 구성은 외부의 위협시장이나 환경 등이 있게 되거나 조직이 내외적으로 곤경에 빠졌을 때 리더의 역할이 방향성을 잃고 흔들릴 수 있기 때문에 E 레벨이 요구하는 리더상은 그 역할이 더욱 중요하게 부각되며 영향력 또한 커지게 된다.

리더는 조직의 미션과 비전을 수행하면서 그 목적과 가치에 대해 고민과 노력을 거듭하게 된다. 일단 E 유형의 리더십 형성과 제도는 이러한 과정을 체계적으로 거치는 성장형 리더를 육성하고 확장하는 데 초점을 맞춰야 한다. 이와 같은 성장형 리더 양성을 시스템화하고 지속화하기 위한 과정, 그 기반 마련이 E 레벨의 목표이며 그 결과로 기인하게 되는 성패의 요인은 제도적 기반이 완벽히 시스템화되는 H 레벨에서 세부적으로 고민되고 다뤄져야 할 것이다.

- 성과형 체계로 발전하기 위한 리더 육성과 새로운 방향성 설정

시대와 사회의 변화에 따라 리더십의 선호도 또한 변화한다. 다만 하나의 리더십 유형만으로 조직을 이끌어 갈 동력은 다양한 위협 요인에 의해 소실될 우려가 크다. 따라서 필자는 새로운 리더십을 강화하기 위한 제도 마련을 위해 현장에서 학습형 조직화를 특히 강조하며 리더의 이상향 형성을 위한 제도적 기반도 학습 조직 기반 아래 그 지속화를 강조하고 있다. 구체적으로, E 레벨 단계에서 진화된 성과 체계평가와 보상 측면에서 신뢰받는 제도적 시스템 기반 마련로 변화하기 위해 필요한 리더십 지표로는,

구분	성과형 체계로 변화하기 위한 E 레벨의 리더십 개선 지표
1	합리적 성취가 근간이 되는 '과업형 리더십'의 발전과 지속화
2	이상적인 원동력이 근간이 되는 '혁신형 리더십'의 발전과 지속화
3	실재적으로 팀을 구축하여 선행 실천의 능력이 근간이 되는 '참여형 리더십'의 발전과 지속화
4	구성원들을 연결하고 조화롭게 통합하는 능력이 근간이 되는 '연결형 리더십'의 발전과 지속화

〈도표 3-66〉 성과형 체계로 변화하기 위한 E 레벨의 리더십 개선 지표

✔ 첫째, 합리적 성취가 근간이 되는 '과업형 리더십'의 발전과 지속화持續化이다. 비교적 단기적이고 높은 확실성이 선호되는 과업의 목표 달성을 위해 합리적 정보 처리의 역량이 겸비되어야 하며, 합리주의에 입각한 목표 지향적인 유형으로 과업 지향적인 '프로듀서' 역할을 수행할 수 있는 기준안을 지표로 마련하여 제도적으로 학습화한다. 다만, 과거와 같이 일방적이고 지시적인 성향으로 퇴보할 수 있는 부분은 그 과업의 중요성에 따

라 과감히 제도적으로 제한해야 할 것이다.

✔ **둘째,** 이상적인 원동력이 근간이 되는 '혁신형 리더십'의 발전과 지속화이다. 비교적 단기적이고 높은 확실성을 선호하며 현실의 여건에 입각해 성과를 유도하는 과업형 리더십에 비해, 중/장기적 목표점을 이상향으로 설정하여 팔로워Follower들을 이끈다. 이는 창조적이며 변화를 계획하는 혁신가 역할이 필요한 현 시점에서도 중요한 리더십 역량으로 평가되며 이러한 '이노베이터Innovator' 역할을 수행할 수 있는 기준안을 지표로 마련하여 제도적으로 학습화한다. 다만 혁신가 역할을 수행함에 있어 장기적으로 정치적이며 자원 획득에 주력할 수 있는 부분은 그 미션의 방향성에 따라 과감히 제도적으로 제한해야 할 것이다.

✔ **셋째,** 실재적으로 팀을 구축하여 선행 실천의 능력이 근간이 되는 '참여형 리더십'의 발전과 지속화이다. 이는 비교적 낮은 확실성과 장기적인 관점의 과업 선례를 이루고자 하는 경우, 즉 어려운 과제를 팔로워Follower들과 함께 풀어 나가는 과업이 필요한 시점에서 그 성패와 상관없이 도전 자체에 큰 의미를 둘 수 있는 경우 활용될 수 있는 리더십이다. 다양한 팔로워Follower들을 스스로의 참여와 적극성으로 독려하며 집단의 성과를 촉진하는 '조언자' 역할을 수행할 수 있는 기준안을 지표로 마련하여 제도적으로 학습화한다. 다만, 리더 스스로의 적극성은 집단의 과업 수행 과정에서 팔로워Follower들이 리더의 노력을 인정하여 편향될 수 있음에 유의하여 과감히 제도적으로 제한해야 할 것이다.

✔ **넷째,** 1~3의 리더십을 기반으로, 참여 구성원들의 역량을 연결하고 조화롭게 통합하는 능력이 근간이 되는 '연결형 리더십'의 발전과 지속화이다. F의 팔로워십Followership과 관련한 제도적 개선 방향성에 대해서는 G 레벨에서 더욱 상세히 다루도록 하겠다.

제도적 목표는 누구의 목표인가? 리더인가 팔로워Follower인가? 그리고 그 목표가 장기 목표인가 단기 목표인가? 또한 그 목표가 조직이 표방하는 공식적인 목표인가 아니면 현실적으로 조정된 목표인가? 제도적 관점에서 조직의 다양한 이해관계와 그 특성을 고려하고 목표를 구체화하는 과정에서 리더의 역할은 더욱 중요하게 부각되며, 목표가 정립된다는 것은 개선의 방향이 정해진다는 뜻으로 해석할 수 있다.

E 레벨 단계에서 성과를 지향하는 합리적 체제 전환을 이끄는 리더의 역할은 고위 관리자뿐만 아니라, 중간 관리자들의 역할이 더욱 중추적인 역할을 주도해야 한다. 마지막 H 단계에서 중역의 역할을 하는 고위 관리자들의 이상적 행동 유형과 제도적 보완 장치에 대해 부연하도록 하겠다. 경영의 상황이 안정을 거듭해 성장함에 따라, 조직의 규모가 거대해지고 기능이 다양해지면서 리더의 역할은 고도로 세분화, 전문화되어 왔고, 이제는 팔로워Follower들의 역량을 고도화하기 위한 연결 리더십이 강조되고 있다. 이들을 발굴, 육성하고 조직의 필생을 위한 역할을 주도하게 되는 '리더'의 역할을 제도적으로 찾아 주어야 할 때이다.

No	E조직의 제도 개선 목표	리커트 척돗값
1	명확한 비전과 목표 제시를 통해 명분과 정당성이 정립되도록 하기 위한 제도 개선	80.00
2	참여의 기회가 모두에게 주어지고 평등성이 보장되도록 하기 위한 제도 개선	80.00
3	제도 시행이 적절한가에 대한 타당성이 입증되도록 제도 개선	60.00
4	운영의 신뢰성이 전체 구성원들에게 확보되도록 하기 위한 제도 개선	80.00
5	제도 운용의 전 과정이 투명성 있게 추진되도록 하기 위한 제도 개선	80.00
6	전반적 제도 운용의 실질적 효과에 대한 유효성 검증 차원에 대한 제도 개선	50.00
7	조직에 실질적으로 유용하도록 제도의 주기적인 보완성이 확보되는지에 대한 제도 개선	50.00
8	구성원들이 개진하는 개선안의 적용 등 의견에 대한 수렴성이 반영되는지에 대한 제도 개선	80.00
9	회사가 제도 발전의 책임과 의무를 다하도록 미래 지향적 전향성을 가속화하기 위한 제도 개선	80.00
10	시대의 흐름과 기술력의 발전에 따른 근무 형태에 맞게 개발성이 확보되는가에 대한 제도 개선	90.00
11	구성원 평가의 절차와 방법에 대해 객관성을 확보하기 위한 제도 개선	80.00
12	성과 측면 보상의 규모와 범주에 대한 구성원 만족성이 충분한가에 대한 제도 개선	70.00
13	성과 측면의 보상에 대한 공정성이 명확히 유지되도록 하기 대한 제도 개선	80.00
14	구성원의 사기 진작은 물론, 특별한 관심과 보호가 필요한 부문의 복지성에 대한 제도 개선	90.00
15	구성원들의 꾸준한 역량과 잠재력의 발전을 돕는 학습성이 보장되는지에 대한 제도 개선	90.00
	평균	76.00

〈도표 3-67〉 E 유형(Case E)의 제도 개선 목표

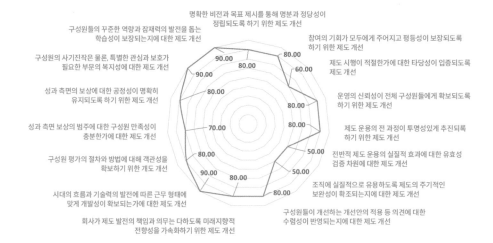

〈도표 3-68〉 E 유형(Case E)의 제도 개선 목표

지금까지 우리는 E 유형 레벨의 조직에 대한 공간, 문화, 제도적 목표점에 대해 살펴보았다. 특히 공간과 문화의 개선 목표치를 보다 구체화하기 위한 제도적 발전, 구체적으로 조직 유효성 차원에서의 리더 이상향과 리더 유형에 따른 방향성과 지표에 대한 강조를 하였다. 다음에 이어지는 F 조직의 레벨에서는 공간의 진화에 따른 기술적인 부분의 세분화, 일하는 방식의 변화에 따른 근로 문화의 고도화, 리더십 체계 확립에 후속하는 팔로워십Followership 관련 제도의 방향성을 정립하여 조직 유형의 완성도를 더하는 과정을 이어 가도록 하겠다.

No	E조직의 '스마트한 일터' 3요소 종합 목표치	리커트 척돗값
1	공간 개선 목표치	48.67
2	문화 개선 목표치	59.33
3	제도 개선 목표치	76.00
	평균	61.33

〈도표 3-69〉 E 유형(Case E)의 공간/문화/제도 개선 목표

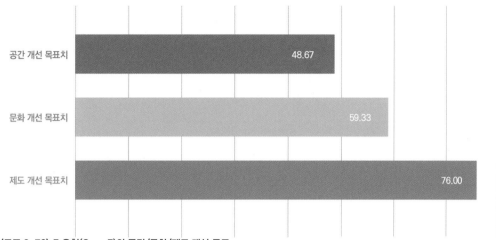

〈도표 3-70〉 E 유형(Case E)의 공간/문화/제도 개선 목표

Case F〉 박이부정博而不精:

'공간 개선 현황'긍정, Positive, '문화 개선 현황'부정, Negative, '제도 개선 현황'긍정, Positive

- '박이부정博而不精'은 '여러 방면으로 널리 아나 정통하지 못함',

  즉 '숲은 보되 나무는 보지 못함'을 뜻하는 말이다. 이는 또한 '두루 알지만 세세한 부분까지는 정밀하게

  들여다보지 못함'을 일컫는다.

이번에 소개할 F 유형은 공간과 제도가 긍정적으로 평가되고 있다. 제도적 시스템화와 공간에 대한 선행 투자로 발전의 여지가 크다. 다만, 제도 운영 과정에서 문화적 체계화와 개선 효과에 대한 점검, 구성원들에게서 발생되는 갈등 부문의 피드백 등 아직 문화적으로는 확고한 아이덴티티가 형성되지 못한 상황이기에 세심한 관심을 통한 문화 형성에 더욱 노력을 기울여야 할 시기이다.

'스마트한 일터'의 3요소 중 첫 번째 요소인 공간은 '스마트한 공간'의 기본적인 틀이 이번 유형에서 형성된다. 다양하게 구성된 공간과 그 연결성이 완성형에 가깝게 구성되고, 사용성과 수용성을 대폭 끌어올리는 목표 수준을 갖고 있으며, 공간의 기술성 부분에서도 전향적인 추진으로 ICT와 IoT 요소를 일하는 문화의 변화에 맞게 최대한 접목한다. 아울러 다양한 경로의 소통과 디자인 특성을 통해 창의성 부문에서도 기대를 더하게 된다.

두 번째 요소인 문화는 E 레벨의 리더십에 이어, F 레벨에서는 팔로워십Followership에 대한 재정립을 목표로 새로운 기업 문화를 위해 상호 간 연결과 결합, 화합을 유도하는 연결 문화의 완성형을 지향한다. 아울러 문화적으로 저평가되고 있는 현황을 고려하여 기업의 변화와 혁신 의지를 뒷받침할 개선 문화에 대한 목표치를 상향하며, 전체적으로 수용과 인정, 배려가 기반이 된 오픈 문화와 인간 존중 사고를 기반으로 한 존중 문화를 이상향에 가깝게 목표화하여 그 수준을 상향한다.

세 번째 요소인 F 조직의 제도는 현재 제도의 정당성을 확보하여 제도 운용 과정의 신뢰도 또한 높은 수준이라 평가를 받고 있으며, 더욱이 성과에 대한 평가 보상 차원의 제도에 따른 구성원 만족도와 더욱 높은 성과 체제를 만들기 위한 제도의 전향성과 개발성 부문에서도 완성형을 목표로 제도적 기틀을 마련한다. 여기에 더해 실질적 제도 운용의 효과에 대한 제도의 유형성 검증 차원의 노력과 검증된 결과에 대해 주기적으로 보완하는 개선 목표를 담는다. 마지막으로 문화 부문에서 언급한 팔로워Follower들의 새로운 변화에 대한 원칙과 방향성을 통한 지표 형성 부문에도 집중적으로 다뤄 보도록 하겠다.

구분	F 유형(Case F)의 '스마트한 일터' 개선 목표	
1	스마트한 공간 개선	기술이 살아 숨 쉬는 공간으로 만들라
2	스마트한 문화 개선	다시 한번, 속속들이 들여다보라
3	스마트한 제도 개선	제도의 미래상을 완성하라

〈도표 3-71〉 F 유형(Case F)의 '스마트한 일터' 개선 목표

1) '스마트한 공간 개선', 기술이 살아 숨 쉬는 공간으로 만들라

- 공간 효율을 극대화하자

F 레벨은 공간 개선의 선행적 시도를 이미 마친 상태이며 공간을 통한 일터 구성과 활용방법에 디자인 완성도를 더하고자 하는 목표점이 분명하다. 궁극적으로 모든 사용자의 행동양식과 사고방식을 변화시키기 위한 본격적인 공간의 형태에 가깝게 진화하는 것을 목표로, 공간은 일하는 방식의 개선과 수평 문화를 유도하기 위한 조직 문화 확산의 분위기에 기여하게 된다.

이제 공간은 협업과 소통을 유도하는 개방형 공간으로의 역할을 충실히 수행하고 있다. 조직 내 공유 공간이 확대되어 다양한 부서의 사용자들이 자연스럽게 마주치고 커뮤니케이션을 진행하는 데 무리가 없다. 또한 직급의 배치가 철저히 배제된 수평적 좌

석 배치와 자율 좌석제에 대한 적응에 충분한 시간과 노력을 기울인 상태라 직위와 직급에 구분 없이 동일한 크기의 책상으로 업무 공간이 구성되었고, 공간의 목적에 따라 'Zone'별로 구분, 다양한 디자인의 책상을 제공하여 사용의 목적에 따른 다채로움과 '공유'에 대한 인식이 보편화된 상태이다. 또한 초기에 일부 직급 높은 사람이 전망 좋은 창가 자리를 독점하거나 편한 자리를 고정화하여 사용하는 부분도 제도로 그 갈등 요소를 해결한 상태이다.

과거의 회의는 폐쇄형 회의실 사용이 100%에 가까웠다면, 이제는 보안의 성격에 따라 개방 공간에서도 자유로운 미팅을 번번이 진행하고 있다. 물론, 회의실의 규모는 4/8/12/16/20人用 등으로 다양하게 구성되어 있다. 공간 변형성을 고려하여 회의실의 규모는 면적 대비 효율을 극대화하기 위해 폐쇄형 회의실 간 방음 벽체를 슬라이딩 월로 구성하여 최대 20인 이상, 최소 4인 이하의 자유로운 레이아웃 변경이 가능하도록 설계되어 그 만족도를 더한다.

임원실은 설계 단계에서 없애고자 하였으나, 장기근속 및 승진에 따른 동기 부여 차원과 내부 규정을 대폭 보완하는 조치에 따라 배치하기로 결정하였고, 현재는 임원 고정실을 없애고 각 임원이 사용 시 예약제로 운영하여 비어 있는 임원실을 자율적으로 활용하도록 사전 양해를 구해 사용하고 있다. 또한, 비어 있는 임원실은 8인 이하의 회의실로 활용하고 있다. 임원실도 개인 고정실이 아니기 때문에 클린 오피스Clean Office의 성격에 맞게 깨끗하게 비워지고 관리되어 회사의 중요한 기밀이나 프로젝트에 대한 보안 부분도 크게 문제되지 않는다.

폐쇄형 회의실은 자료 공유를 위해 TV와 빔 프로젝터 등이 의무적으로 배치되어 활용되고 있고 On/Off 기능에 더해 조명의 밝기 조절이 가능하도록 그 편의를 더하였다. 또한 개방형 공간에서도 워크숍이나 세미나, 기타 목적의 다양한 업무 활동 연계를 고려, 통합 라운지를 포함 특정 공간에 TV나 빔 프로젝터 등을 선택적으로 배치하여 좋은 호응을 얻고 있다. 주목할 점은 개방형 공간에서 TV를 통한 자료 회의를 할 경우, 직급과 상관없이 편안한 자세에서 의견을 주고받을 수 있도록 소파형 좌석을 의도적으로 배치하여 초기 적응의 성공적 선례는 물론, 직급 차이로 인한 위계적 문화 타파에 크게 기여하였다는 평가를 받고 있다.

- 공간에 기술과 창의를 더하라

이제 우리는 ICT를 활용하여 시간과 장소에 얽매이지 않고 언제 어디서나 편리하고 효율적으로 일할 수 있는 스마트 워크 요소의 기술적인 부분을 적극적으로 지원하는 공간으로의 완성을 준비하게 된다. 초超연결 기술과 클라우드를 통해 '일터는 공유화된 공간'으로 탈바꿈을 시도한다. 또한, 3G, LTE에 이어 5세대5G 통신 시대가 도래했고, IT 기술력을 통해 사물과 인간이 촘촘히 이어지는 IoT 이른바 '초연결 시대'가 구현되고 있다.

개인용 PC로 그 역할을 충실히 해 왔던 데스크톱 형태의 PC가 사라지고 있다. 스마트폰이나 노트북, 태블릿 PC 등 모바일 기기를 연결해 접속하면 바로 업무를 할 수 있게 구성할 수 있다. 자리도 예약제나 선착순으로 공유할 수 있으며, 회의실 역시 예약 상황이나 현재의 사용 현황을 실시간으로 모니터링할 수 있다. 이러한 환경 변화의 시도는 인공 지능이나 생체 인식 보안 기술 등 첨단 기술이 접목되기 때문에 가능해진다. 이러한 기술은 '공간의 개인화'가 아닌 '공간의 공유화'를 자연스럽게 유도하며 변화를 촉진한다. 초연결 네트워크Network 기술의 도입은 사무 환경을 통한 '디지털 싱킹Digital Thinking'을 다양한 경로로 유발하며, 공간의 기술을 통해 전향적인 문화적 형태로 조직 구성원들을 학습화하고 가속화한다. 이제 언제 어디서나 업무를 볼 수 있는 공간은 '모든 공간'으로 변모하기 시작한다.

〈그림 3-72〉 모비리티를 통한 네트워킹의 진화

이러한 F 레벨에서의 기술적 시도는 구성원들의 업무 방식을 크게 변화시키는 계기가 될 것이다. 이제 기업은 내부 서버가 아닌 클라우드 서버를 이용해 업무를 보기 때문에 근무 방식에 따른 시간 관리가 보다 정확해지고 편리해진다. 만약 긴급회의가 필요한 데 회의실이 모두 사용 중이라면 화상 회의도 가능하다. 또한 앞서 언급한 스마트폰을 통한 도킹 시스템은 개인 노트북이나 PC가 없어도 도킹 패드에 스마트폰만 꽂으면 가상 데스크톱 환경과 연동되어 업무를 볼 수 있게 해 준다. 또한 가상 현실AR과 증강 현실VR 등의 첨단 기술은 원거리의 회의 참가자들과 홀로그램Hologram 기반의 원격 회의를 할 수 있도록 돕는다. 이 외에도 기술적으로 진화된 오피스 환경은 사무실 천장, 주차장, 복도는 물론 지능형 CCTV, AI 기술력을 통해 IoT 센서가 부착 가능한 모든 장소를 통해 공간의 온도와 밝기, 습도, 공기 질 등 환경, 기기 상태, 이용 빈도 등 정보를 실시간으로 수집하여 서버에 실시간으로 전송하고 저장된다. 이를 토대로 에어컨, 조명, 환기 등을 제어하고, 공간 사용 정보를 분석해 사용 빈도가 낮은 공간을 재배치 또는 효율적으로 활용할 수 있는 대안을 마련하는 데 기여할 수 있다. 이 모든 과정은 AI 기반 딥 러닝Deep Learning — 이세돌 9단과 알파고의 대국으로 더욱 유명해진 — 기술이 자동으로 처리한다.

또한 이러한 공간과 기술적 접목의 다양한 시도는 시장 변화에 기민하게 대응해야 하는 산업의 각종 정보와 데이터, 의료, IT 서비스, 교육 등 지식 집약적 산업군의 조직 유형 업무 생산성을 극대화하게 되는 계기 마련이 될 수 있을 것이다.

- 이제는 공간 기술력과 정서적 소통의 수준을 한 단계 끌어올려야 하는 단계

F 레벨부터 중요하게 다뤄져야 할 부분은 앞서 언급한 기술력의 도입에서 보았듯 구성원들의 일하는 방식 변화에 있어 기존의 근무 방식과 미래의 근무 방식에 대한 정서적 안정감은 물론 소통의 파격적인 경로 변경에 따른 혼란을 최소화하고 안정화하는 데 주력해야 한다는 점이다. 원격 근무, 모바일 워킹이 활성화된 기업에서는 이러한 정보 교류 수단의 변화에 민감해야 한다. 뒤에 더욱 진화된 유형의 레벨에서 다루겠지만, 소통과 커뮤니케이션의 강화를 위해서는 기술적 진화와 함께 상호 간 친밀도를 높이는 문화적 제도적 장치가 동반되어야 한다. 임직원 간 업무 외 다양한 활동을 지원하고 독려하면서 상호 신뢰의 정도를 끌어올려야 함은 물론, 기술의 발전을 통한 정보의 교류 빈도 증가에 따라 동호회, 학습 조직, 연구회 등 다양한 커미티Committee를 조성하여, 단순한 취미

를 벗어나 다양한 공간 속에서 타인과의 친목을 통한 정서적 소통은 물론, 업무에 있어서도 심리적 부담감을 최소화하기 위한 온/오프라인On/Off-Line 교류와 스킨십을 강화하는 방안 마련이 중요하겠다.

이제 F 레벨의 공간은 단순히 일상적인 업무만 수행하는 곳에서 교류, 문화, 체육, 취미, 식사 등의 활동이 함께 어우러지는 기회를 함께 제공하는 수단으로 활용된다. 최고경영자는 회사의 철학은 물론 자신의 개성을 살린 소통을 위한 노력을 지속적으로 전파해 나가는 역할이 대단히 중요하다. 결국 다양하게 마련된 공간을 활용하고 그 안에서 성과를 이뤄내는 것은 조직 구성원의 역할에 얼마나 동기를 부여할 수 있는가에 대한 경영진의 의지로 귀결될 것이다. 이렇듯 공간 수용성과 사용성을 효율적, 효과적으로 높이기 위한 일련의 행동들은 상당히 중요한데, 내/외부적인 홍보와 치밀한 교육 과정을 통해 조직 구성원들에게 우리 조직이 변화하고 있다는 긍정적 신호와 기대를 꾸준히 인식시켜 줄 필요가 있을 것이다. 아울러 F 조직의 공간 관리의 경우, 사무실의 구조와 역할, 창의적 공간 활용 방법과 새로운 제도에 대해 명확히 인지시키는 것이 중요하게 작용한다.

다음의 G 유형 레벨에서는 기술적인 부분에서 간과되어서는 안 될 기술적 보안 문제에 대한 이슈로 공간의 완성도를 더할 것이며, 공간 구조 변화와 다양화에 따른 프라이버시 문제도 함께 다룰 것이다. 또한 '스마트한 공간을 활용하여 실제로 구성원이 창의적으로 변할 수 있는가'에 대한 근본적인 물음의 해결을 위해, 공간을 통한 '사람의 창의성 증진' 이슈에 대해서도 함께 다뤄보도록 하겠다.

No	F 조직의 공간 개선 목표	리커트 척돗값
1	회사 아이덴티티와 경영 철학, 디자인 철학을 반영하고 지속적으로 확장, 발전해 나가기 위한 공간의 역사성	60.00
2	답답하지 않게 공간이 오픈되고 공간을 사용하는 모든 사용자의 시야가 충분히 확보되는 공간의 개방성	50.00
3	다양한 디자인 요소를 고려한 레이아웃을 통한 적절한 배치를 기반으로 서로 유기적으로 구성되는 공간의 연결성	100.00
4	사용자들이 사용 목적에 따라 각 공간을 이동할 경우, 동선이 충분히 확보되도록 용이하게 구성된 공간의 이동성	40.00
5	몰입 공간과 이완 공간, 업무 공간과 편의 공간, 기타 복지 공간 및 특수 공간 등으로 다채롭게 구성된 공간의 다양성	100.00
6	소통과 협업 목적의 BOX형 공간, 모듈형 공간 등 레이아웃의 변동이 손쉽게 가능하도록 설계된 공간의 변형성	60.00
7	다양한 공간을 통해 활발한 교류와 협업, 업무 & 비업무적 커뮤니케이션 등 네트워킹이 촉발되는 공간의 소통성	70.00
8	모든 사용자들의 신체적, 정신적 편안함을 위해 냉난방, 온습도, 공기 질, 조명, 환기 등이 고려된 공간의 쾌적성	60.00
9	개인이 점유하는 공간 사용을 지양하고 다양하게 구성된 공간을 모든 사용자가 공유하게 되는 공간의 공유성	50.00
10	오염 및 감염의 예방, 환경 이상 감지는 물론, 특정 사용자를 배려한 유니버설 디자인 요소까지 고려된 공간의 안전성	60.00
11	개인 프라이버시의 존중, 특수 정보와 기밀 유지가 가능하도록 공간 및 시스템 솔루션을 제공하는 공간의 보안성	40.00
12	온라인 정보 및 지식 교류, 업무 고도화, 센서, 예약, 제어, 저장, 통합 관리 등 시스템 솔루션을 제공하는 공간의 기술성	50.00
13	다양한 요소들이 결합되어 모든 사용자들의 창발적 교류와 창의적 아이디어 생산을 촉진하는 공간의 창의성	80.00
14	사용자가 공간을 거부감 없이 받아들이고 모든 사용자의 적응이 최우선으로 고려되어야 하는 공간의 수용성	80.00
15	모든 공간을 적극적으로 활용할 수 있도록 장려하는 등 사용자들의 자율적 참여가 기반이 되는 공간의 사용성	80.00
	평균	65.33

〈도표 3-73〉 F 유형(Case F)의 공간 개선 목표

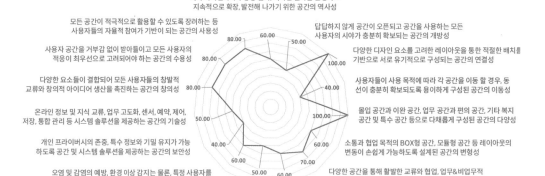

〈도표 3-74〉 F 유형Case F의 공간 개선 목표

2) '스마트한 문화 개선', 다시 한번, 속속들이 들여다보라

- 그간 공간과 제도의 강점에 무게를 두었다면, 이제는 문화의 숲을 세심하게 꾸미라

F 레벨의 조직 유형에서는 이제 연결 문화 내재화에 대한 그 수준의 완성도를 완벽히 해야 하며, 실제로 일하는 방식의 변화가 급진적으로 추진되고 있는 만큼, 근로 문화, 성과 문화, 낭비 제거 문화 등에 따른 다양한 문화 혁신의 시도들이 자발적 참여의 개선 문화로 자리 잡혀야 한다. 이러한 노력에 더해 구성원 개인의 가치와 철학을 존중하는 마인드Mind를 확장, 구성원의 가족까지도 조직의 배려와 관심이 전파되어야 한다. 이러한 노력의 과정이 구성원 스스로 '스트레스가 없는 회사', '출근하고 싶은 회사', '행복한 회사'로 나아가기 위한 중요한 포석이 될 것이라 판단된다.

앞서 E 레벨에서 '스마트한 문화'의 완성도를 높이기 위해 리더의 역할에 대한 중요성을 함께 알아보았다. 특히 중간 리더의 의식을 바꿔주는 일은 매우 중요하다. 예를 들어, 평가권을 가진 리더가 무심코 던지는 한마디로 인해 구성원들은 동기를 소실할 수도 조직을 원망할 수도 있으며, 이로 인해 '스마트한 문화'의 다양한 노력과 활동들이 한순간에 의미가 없어질 수도 있다. 특히나 앞서 소개한 모바일 오피스를 활용하거나 스마트 워크 센터를 활용한 온라인On-Line 네트워킹의 교류와 협업은 실제로 당사자의 고립감을 유발시킬 수 있고, 오프라인Off-Line상 대면 교류의 부족_{온라인 협업에 대한 양이 대폭 증가함에 따라 이에 대한 이질감을 심하게 느끼는 구성원도 더러 있다.}은 근로 문화 정착에 있어 갈등의 요소를 발생시킬 수 있다.

제도와 공간의 강점은 문화의 체계화를 더욱 앞당길 수 있으나, 이때 팔로워Follower들의 적응을 돕고 문화적 적응기를 겪는 동안 혼란을 최소화하기 위한 중간 리더의 멘토링을 효율적으로 운영할 필요가 있다. 온라인On-Line과 오프라인Off-Line의 회의 비중을 적절히 조정하여 구성원이 대면 회의에 참석하거나 사무실 근무를 할 때 다양한 고충과 갈등 요소를 의무적으로 들어 주고 해결안은 함께 모색할 수 있도록 멘토링 프로그램을 전략적으로 가동하는 것이 좋다. 팔로워Follower들의 업무 수행 적응력, 고립에 의한 스트레스, 생활 패턴과 근무 패턴 등은 쉽게 데이터로 드러나지 않는다. 이러한 정보를 세심하게 파악함으로써, 새로운 환경과 제도에 잘 적응하고 있는지 문화적으로 이질감은 없는지, 함께 이겨 내고 슬기롭게 극복할 수 있는 좋은 방안은 없는지 등 따뜻한 관심과 작은 배려 하나하나가 모여 팔로워Follower의 심적 부담과 동료 의식, 심지어 작은 감동으로 인한 동기 부여 등 공간과 제도의 적응력을 높이기 위한 다양한 솔루션으로 활용된다. 실제로 이러한 사항들이 조직 내 다양하게 피드백Feedback되고 데이터가 쌓이게 되면 문화적 체계화의 흐름과 방향성 설정에 큰 영향을 줄 수 있으며 제시되고 축적된 다양한 사항들을 개선해 나가려는 조직 차원의 의지야말로, 새로운 조직 문화 형성의 지름길로 작용하게 된다.

- 팔로워Follower들을 위한 상시적 지원 체제가 '조직화'되어야 한다

앞서 제시한 다양한 문화적 개선 목표를 성공적으로 이끌기 위해선 팔로워십Followership의 적극적 참여를 통한 조직 문화 구축이 필수적이다. F 레벨에서는 이들을 위한 지원 체제를 별도로 조직화組織化하여 구축하는 것이 바람직하다. '스마트한 문화'는 다양하게 마련된 '스마트한 공간' 속에서 '스마트한 제도'라는 원칙을 수행하기 위한 '추진 의지'의 동력 역할을 하게 된다. 성공적인 '스마트한 일터'를 만들기 위해서 우리는 팔로워Follower들에게 다양한 공간 활용에 대한 장려 차원에서의 제도를 마련하였고, 이렇게 마련된 제도를 효과적으로 통합화하기 위한 지원 체제는 다양한 경로를 통해 운영 스킬에 대한 노하우 전파에 힘써야 한다. 팔로워Follower 지원 체제를 위한 전담 조직은 해당 현장의 담당자로 한정하여 운영하는 것을 가급적 피하고, 다양한 부서의 리더들이 선발되도록 한다. 문화체가 완벽히 형성될 때까지는 TF 형식으로 운영하다가, 문화적으로 안정될 때 해당 조직에서 정기적, 또는 수시로 모니터링할 수 있도록 학습화한다. 이때의 해당 현장해당 부서 리더는 '조력자Facilitator' 내지 '멘토Mentor' 역할이 주 미션Mission이 된다.

〈그림 3-75〉 나의 조력자는 누구인가?

TF에서 해당 부서로 지원 체제가 확대될 때, 구체적인 문화체 형성 가이드를 만들어 제공하도록 한다. 또한 각 부서의 리더는 팔로워Follower들이 이러한 원칙들을 상황에 맞게 자율적이고 능동적으로 활용할 수 있도록 상황별 활용 및 적응의 예를 들어 주는 등 구체적인 방법을 제시해 주며, 스스로도 직접 모범을 행하는 '사용자 일원'으로서의 역할을 함께 보여 준다. 이러한 방법은 문화체 형성에도 기여하지만, 제도의 도입과 운영에 대한 실질적인 효율과 효과를 동시에 가져다준다. 가령 집중근무 제도의 활성화를 위해 실제로 팔로워Follower들이 집중과 몰입의 방해를 받지 않게 그 시간 전후로 회의를 하거나 미팅을 배정하여 사전 공지하고 시행하는 것도 좋은 지원안이 될 수 있다. 또한 다양하게 추진되고 있는 개선 제도에 대한 전사적 차원의 의견 수렴과는 별개로 리더 자체가 소속된 팔로워Follower들을 대상으로 'VOEVoice of Employee'를 시행하여 실제로 운영되고 있는 프로젝트나 팀 내 갈등 제도적 지원책, 기타 개선안 등 다양한 사안에 대한 의견을 경청하고 과업 플로Flow 조정이나 새로운 동기 부여, 갈등의 원인과 해결 등 직면한 문제에 대한 정보와 대안을 동시에 마련할 수도 있다. 이렇게 팔로워Follower들을 대상으로 한 리더의 노력은 지속적으로 확산되어야 하며 평가에 반영, 충분한 보상으로 연계되어야 한다.

- 새로운 팔로워십Followership을 통한 성과 문화의 선순환 구조를 마련하라

팔로워Follower들이 공간의 가시적인 조치와 제도화의 변화를 체감하고 실질적으로 그러한 공간 개선의 조치나 제도들을 운영해 나가면서 부딪히게 되는 문제점과 갈등 요소를 해결하면서 실천해 나갔다면, 그 다음에는 결과로써 조직 내 작더라도 성공적인 팔로워십Followership 구축 사례가 나타나야 하고 확산되어야 한다.

F 레벨은 리더의 결정 없이도 스스로 의견을 제시하고 열정적이고 적극적으로 조직

내 활동에 다양한 경로로 참여하는 자발적인 팔로워Follower에 대한 평가를 달리해야 할 때이다. 이를 위해선 결국 '동기 부여Motivation'를 구체화해야 함을 의미하는데, 팔로워Follower의 사기가 저하되고 동기가 부여되지 않는다면 조직 전체의 생산성이 떨어지게 되므로 기업의 입장에서도 매우 중요한 추진 과제로 선정해야 한다. 팔로워Follower들의 동기 관리에서는 행위에 대한 만족감에서 오는 내적 동기와 외부의 보상에 더 가치를 두는 외적 동기가 모두 고려되어야 한다뒤의 제도 편에서 구체적인 동기 부여 대안을 함께 고민해 보겠다. 결국 기업 제도는 문화의 기틀을 형성하게 되는 중요한 요소일 수밖에 없다.

새로운 팔로워십Followership을 정착시키기 위한 문화적 차원의 효과적인 동기 부여 방법에 대해 단계적 흐름별로 기술하자면,

✔ **첫째,** 팔로워Follower들이 스스로 참여할 수 있도록, 격려하는 문화를 조성한다.

✔ **둘째,** 팔로워Follower들이 긍정적 사고를 유지할 수 있도록, 스트레스와 심리적 압박을 최소화한다.

✔ **셋째,** 팔로워Follower들이 생산적 성과에 기여할 수 있도록, 업무에 대한 동기 상실을 극복하기 위한 문제점을 구체화하여 해결한다.

✔ **넷째,** 팔로워Follower들을 통한 조직 문화의 부정적인 인식 확산을 미연에 방지할 수 있도록, 슬럼프에 대한 세심한 주의를 기울인다.

✔ **다섯째,** 팔로워Follower들에게 높은 동기를 부여할 수 있도록, 팔로워Follower 개개인의 성장 욕구를 이해하고 역량 강화를 위한 교육 프로그램을 도입한다.

✔ **여섯째,** 팔로워Follower들의 높은 동기 부여 수준을 안정적으로 유지할 수 있도록, 특정 과업이나 프로젝트의 종료 시 그들이 느끼고 감사할 수 있는 다양한 보상안을 상시적으로 마련한다. 주로 내적 동기의 강화를 위한 심리적 보상안.

✔ **일곱째,** 팔로워Follower들이 번거롭고 까다로운 일에도 적극적으로 참여할 수 있도록, 특별한 보상 제도를 전향적으로 운영한다주로 외적 동기, 외적 차원의 물질적 보상안.

✔ **여덟째,** 팔로워Follower들이 새로운 리더로 올라설 수 있도록, 프로젝트에 대한 리더의 권한을 분산하고 그 성취감을 느낄 수 있도록 한다.

✔ **아홉째,** 팔로워Follower들이 그들이 바라는 이상적인 리더로서 성장할 수 있도록, 신규 입사자나 부적응자에 대한 멘토Mentor역할을 제도적으로 마련하여 지지하고 격려한다.

✔ **열째,** 팔로워Follower들을 통한 성과 문화와 새로운 근로 문화 정착을 위해, 과업과 성과에 대한 계획프로젝트 설계 단계부터 마무리 단계까지의 모든 과정에 적극적으로 참여시키고 개진된 의견을 반영한다.

또한 함께 고려되어야 할 팔로워Follower들의 발전 측면에서, 객관적 성과 측정 기준 마련안에 대해 설명하자면,

✔ **첫째,** 팔로워Follower들의 직무와 성과목표가 상세하게 기술되어, 측정 가능한 상세한 직무 기술이 정의되어야 한다.

✔ **둘째,** 팔로워Follower들이 현실적이고 달성 가능한 목표를 사전에 설정하되가능하다면 합의하여 정하고 반드시 수치화된 목표와 수치화된 성과가 제시되어야 한다.

✔ **셋째,** 주로 과업 대응과 관련된 사항에 적용되며, 팔로워Follower들의 과업 플로 수행 측면에서 양질의 기여를 할 수 있도록 필요한 '업무 퀄리티Quality', 즉 필수적인 과업 스킬과 업무 요구 조건이 명확히 명시화되어야 한다.

✔ **넷째,** 팔로워Follower들을 통한 목표화된 성과의 달성과 우수한 과업 수행 체제의 유지/발전을 위해, 다음 단계에서 필요한 역량 및 실천 방안을 마련하여 구체적인 미래 목표를 설정해 주어야 한다.

이렇듯 F 레벨의 새로운 팔로워십Followership 정립은 객관적이고 지속적인 차원에서 전사적 대안 마련이 추진되어야 한다. 新팔로워십Followership은 제도로 더욱 구체화 될 것이나, 새로운 근로 문화, 성과 문화, 개선 문화는 짧은 시간 내에 이루어지기 어려우므로 일정 시간을 두고 그 유효성을 판단하여야 한다. 어느 정도 문화체가 형성되어 가고 있다는 판단이 든다면 정기 또는 상시 피드백 과정 및 중간 평가를 통해 더욱 개선해야 할 부분을 파악하고 다음 단계로 나아가기 위한 제도적 마련을 준비해야 한다. 마지막으로 강

조하는 것은, 새로운 문화체 형성은 전적으로 구성원의 의견을 존중하는 마음에서부터 출발할 수 있다는 점이며, 조직 전반에 걸쳐 쌓아 온 다양한 문화적 형성체가 일부의 상황, 즉 즉각적인 제안의 거절이나 핀잔, 의견 무시 등의 상황으로 인해 한 번에 무너질 수 있다는 점을 간과해서는 안 될 것이다.

다음의 G 유형 레벨에서는 새롭게 형성되어 완성된 리더십과 팔로워십Followership의 구체적이고 고도화된 문화적 유형에 대해서 알아보고, 결국 조직 문화가 왜 행복 문화로 이어져야 하고, 또한 수평 문화로 완성되어야 하는지에 대한 필자의 견해를 더하도록 하겠다.

No	F 조직의 문화 개선 목표	리커트 척돗값
1	새로운 문화를 적극적으로 수용하고 오픈 마인드를 함양하도록 유도하는 오픈 문화	90.00
2	인간 존중 사고를 근간으로, 개인의 가치관과 개인의 철학, 개성을 인정하고 받아들이는 존중 문화	90.00
3	새로운 기업 문화를 만들기 위해 新리더십과 新팔로워십를 재정립하고 상호간 결합을 돕는 연결 문화	100.00
4	모든 구성원들의 창발적 소통이 활발하게 이루어질 수 있도록 돕는 교류 문화	90.00
5	조직 간, 조직 내 내재되어 있는 부서 이기주의 등 silo 요소를 타파하고 새로운 비전을 함께 만들어 나가는 동반 문화	80.00
6	모두에게 동기가 부여되고 적극적, 자발적인 참여가 이루어지는 참여 문화	80.00
7	권한과 책임의 분산과 체계화를 통해 몰입과 이완의 자발적 선순환을 유도하는 자율 문화	60.00
8	기업이 추진하는 긍정적 변화와 혁신 의지에 대해 구성원들의 지속적 참여가 이어지는 개선 문화	90.00
9	국가의 제도 변화에 능동적 대처가 가능하고 일하는 방식과 근무 시간의 변화를 적극적으로 수용하는 새로운 근로 문화	80.00
10	과정에 대한 통제적 관리를 지양하고 과업의 효율과 효과에 초점을 맞추어 구성원의 과업 수행을 돕는 성과 문화	70.00
11	시간의 낭비, 서류의 낭비 등 물리적 저해 요소를 없애고 각종 회의/보고/결재 시스템의 최적화를 돕는 낭비 제거 문화	70.00
12	개인의 의식, 소양, 역량 등 다양한 부문의 학습 지원을 통해, 개인과 조직의 발전과 성장을 지속적으로 돕는 학습 문화	70.00
13	개개인의 삶과 가족에 대한 배려는 물론, 구성원의 가정에 대한 존중이 기반이 된 친가족 문화	60.00
14	출근이 기다려지는 조직, 동료가 있어 든든한 조직, 즐겁고 역동적인 조직을 만들어 나가기 위한 행복 문화	60.00
15	권위와 위계, 통제가 근간이 된 전통적 수직 문화를 타파하고, 탈위계/탈권위/탈통제적 사고가 근간이 되는 수평 문화	50.00
	평균	76.00

〈도표 3-76〉 F 유형(Case F)의 문화 개선 목표

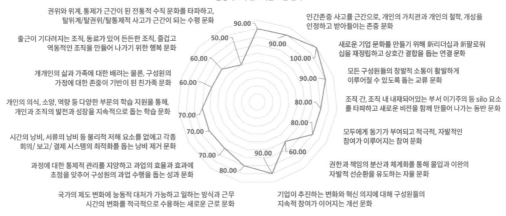

새로운 문화를 적극적으로 수용하고 오픈마인드를
함양하도록 유도하는 오픈 문화

권위와 위계, 통제가 근간이 된 전통적 수직 문화를 타파하고,
탈위계/탈권위/탈통제적 사고가 근간이 되는 수평 문화

출근이 기다려지는 조직, 동료가 있어 든든한 조직, 즐겁고
역동적인 조직을 만들어 나가기 위한 행복 문화

개개인의 삶과 가족에 대한 배려는 물론, 구성원의
가정에 대한 존중이 기반이 된 친가족 문화

개인의 의식, 소양, 역량 등 다양한 부문의 학습 지원을 통해,
개인과 조직의 발전과 성장을 지속적으로 돕는 학습 문화

시간의 낭비, 서류의 낭비 등 물리적 저해 요소를 없애고 각종
회의/ 보고/ 결제 시스템의 최적화를 돕는 낭비 제거 문화

과정에 대한 통제적 관리를 지양하고 과업의 효율과 효과에
초점을 맞추어 구성원의 과업 수행을 돕는 성과 문화

국가의 제도 변화에 능동적 대처가 가능하고 일하는 방식과 근무
시간의 변화를 적극적으로 수용하는 새로운 근로 문화

인간존중 사고를 근간으로, 개인의 가치관과 개인의 철학, 개성을
인정하고 받아들이는 존중 문화

새로운 기업 문화를 만들기 위해 新리더십과 新팔로워
십을 재정립하고 상호간 결합을 돕는 연결 문화

모든 구성원들의 창발적 소통이 활발하게
이루어질 수 있도록 돕는 교류 문화

조직 간, 조직 내 내재되어있는 부서 이기주의 등 silo 요소
를 타파하고 새로운 비전을 함께 만들어 나가는 동반 문화

모두에게 동기가 부여되고 적극적, 자발적인
참여가 이루어지는 참여 문화

권한과 책임의 분산과 체계화를 통해 몰입과 이완의
자발적 선순환을 유도하는 자율 문화

기업이 추진하는 변화와 혁신 의지에 대해 구성원들의
지속적 참여가 이어지는 개선 문화

〈도표 3-77〉 F 유형(Case F)의 문화 개선 목표

3) '스마트한 제도 개선', 제도의 미래상을 완성하라

- 이젠 제도의 유효성이 평가되어 새로운 제도적 도약을 준비해야 할 때이다

F 레벨의 제도는 지금까지에 더해 완성형을 목전에 두고 있다. 무엇보다 구성원들의 지지를 받는 제도적 시스템화 측면에서 현재의 제도적 운영 체계는 상당히 긍정적인 평가를 받고 있기에 새로운 목표점도 근무나 복지, 성과나 평가 제도 등 개별적인 접근보다 전체적으로 제도가 적절히 시행되고 있는가에 대한 타당성, 제도의 실질적 효과 측면에서의 유효성, 주기적으로 개선되고 있는가에 대한 보완성 등 제도 시스템 완성을 목표로 그 틀이 완성되어야 한다.

특히 앞서 언급한 내용에 더해 보상 부문 중 그 규모와 범주를 제도적으로 명확히 해야 할 시기이다. 성과 평가 부문 중 평가의 절차와 방법에 대한 객관성이 적절히 유지되고 있고 그 성과 측면의 보상에 대한 공정성이 확보되었다. 이에 더해 후속 과제는 선순환이 유지되고 향후 더욱 큰 성과가 기대되는 현재의 상황에서 조직의 동력을 더해 나갈 새로운 성과 측면 보상에 대해 더욱 명확한 양질의 기준이 필요할 것이다. 즉, 규모와 범주에 관한 구체적인 방향이 설정되어야 한다는 뜻이다.

현 시대는 산업이나 제품, 시장의 경쟁 구도와 관련한 다양한 정보를 쉽게 얻을 수 있다. 평가나 보상의 구체적인 기준도 시장의 관행이나 체계에 있어 상당한 정보가 조직 간에도 공유되고 있는데, 이는 내부 조직만의 절대적인 평가 체계나 보상 체계에서 외부의 경쟁자 또는 선두 주자를 고려하거나, 선진 기업의 벤치마킹을 통한 체제 발전 및 유지의 밑거름으로 활용할 수 있게 되었음을 의미한다.

방금 언급한 성과 보상 체계에 대해서 조직 구성원들이 느끼는 상대적 차등, 박탈감 등 내부 조직만의 일이 아닌 외부와 관련한 성과 평가 일례를 찾아보자면, 2020년 국내 IT 업계의 최고 이슈였던 엔씨소프트NCSOFT의 연봉 인상 소식업계 최고 수준의 연봉 인상과 보상 체계를 구축과 그로 인해 내/외부적으로 적잖은 타격을 입은 네이버를 들 수 있겠다. 네이버는 경영진이 지난해 성과에 대한 보상 수준에 대해 해명에 나섰지만 그 수습에 어려움을 겪는 모양새다. 네이버의 한 경영진은 "사업 방향에 대해 수없이 고민해야 하는 리더들의 힘듦도 이해해 줬으면 한다."라며 "사업과 보상은 20년 일해 오면서 늘 가장 고민해 온, 고민할 수밖에 없는 동전의 앞/뒷면 같은 본질이라 생각한다."라고 했다. 이어 "사업 방향을 잘 잡고 사업이 잘 돼야 결국 좋은 보상이 지속적으로 이뤄질 것"이라며, "업계의 보상 경쟁은 IT업계 인력의 보상 수준을 끌어올리는 긍정적인 부분도 있으나, 각 회사마다 사업 변화나 방향에 대한 충분한 설명 없이 너무 급하게 경쟁적으로 이뤄지고 있는 것 같다."라는 우려의 표시도 함께 했다.

〈그림 3-78〉 잘못된 평가 보상 시스템은 조직을 와해시킨다

다만, 네이버 직원들의 동요와 혼란, 실적 대비 경쟁사에 준하는 수준의 보상을 요구하는 목소리가 높은 만큼, 구체적인 보상안이 나오지 않으면 현 상황이 장기화될 수 있다는 것은 큰 시사점을 남기게 된다. 따라서 제도적 유효성은 결코 내부적으로 한정하여 그 기준안이 마련되거나 한시적으로 상황에 따라 시행해서는 안 되며, 보상 제도의 설계 단계에서부터 성장의 흐름별로 제도적으로 그 효과와 만족도가 보상의 체계에 따라 신뢰받고 있는지 유효성이 충분한지, 새로운 제도적 보완이 필요한 부분은 무엇인지 등 많은 부분을 고려하고 참고하여 수립되어야 한다.

- 결과 중심의 평가를 지향하라

앞서 문화 부분에서 F 레벨의 성과 지향적 팔로워Follower의 발굴과 육성에 대한 시사점을 기술하였다. 이에 따라 제도적인 부분도 구성원들의 기대와 신뢰에 부응하기 위해 지속적인 보완과 개발이 필요할 것이다. 우선 F 유형의 조직은 그간의 과정 중심 평가에서 결과 중심 평가 체계로 변화를 완성해야 할 때이다. 새롭게 변화하는 평가의 방식은 공간과 문화의 변화를 주도한다. 이러한 평가의 핵심은 바로 근태나 야근 등 과정에 초점을 두지 않고 오직 성과에만 초점을 두어 평가를 하는 것이다. 대개 조직에서는 허용되는 행위와 그렇지 않은 행위가 확연히 구분되어 암묵적 또는 실질적으로 운영된다. 하지만 성과 지향적 제도하에서는 이러한 기존 관행이나 규제에 대한 구분이나 기준 자체의 큰 의미가 사라지게 된다. 리더Leader든 팔로워Follower든 업무가 완수되는 한 모든 것이 허용된다. 참여도 자율적이며, 비참여도 통제되지 않는다. 모든 결과는 책임과 의무로 주어지며, 그 결과에 대한 보상 및 처우는 냉철하게 평가되고 심지어 그 성과에 대한 결과는 퇴직의 심각한 사유가 될 수도 있다.

결과 평가 제도를 지향하는 미국의 전자 제품 유통업체 베스트 바이Best Buy는 과정보다 결과 중심적인 성과 환경을 만들기 위해 모든 리더와 팔로워Follower를 다음의 원칙을 통해 하나로 묶는 데 성공하였다. 'ROWEResults-Only Work Environment'의 제도적 원칙을 소개하자면,

- ✔ **첫째,** 직원들은 자신, 고객 및 회사의 시간을 낭비해서는 안 된다.
- ✔ **둘째,** 직원들은 그들이 원하는 방식으로 일할 자유가 있다.
- ✔ **셋째,** 매일매일을 토요일같이 느껴라.
- ✔ **넷째,** 주어진 업무만 완수하면 유급 휴가를 얼마든지 가질 수 있다.
- ✔ **다섯째,** 일이란 '가야 하는 곳'에 가는 것이 아니고 '하는 것'이다.
- ✔ **여섯째,** 2시에 출근하든 2시에 퇴근하든 상관없다.
- ✔ **일곱째,** 누가 얼마나 많은 시간 동안 일했는지 절대 이야기하지 않는다.
- ✔ **여덟째,** 모든 회의는 필수가 아닌 옵션 사항이다.
- ✔ **아홉째,** 수요일 아침에 식료품점에 가든지, 화요일 오후에 영화를 보든지, 목요일 오후에 낮잠을 자든지 모두가 'OK'다!
- ✔ **열째,** 정해진 업무 스케줄은 없다.
- ✔ **열한째,** 어느 누구도 잔업 등에 대해 스트레스를 받지 않아도 된다.
- ✔ **열두째,** 마감 시한에 임박하여 일을 급하게 하지 않는다.
- ✔ **열셋째,** 시간을 어떻게 사용하든지 아무도 간섭하지 않는다.

실로 놀랍다. 실제로 ROWE 도입으로 베스트 바이Best Buy는 직원 만족도 상승뿐만 아니라 생산성 향상에도 크게 기여했다. 제도 도입 후 3개월이 지난 시점에서 이직률이 14%에서 0%로 감소했고, 회사에 대한 임직원 만족도는 10%나 상승한 것으로 분석되었다. 제도 도입 1년 후 시점인 2004년에 ROWE가 전 사업장으로 확대되었는데 2005년에서 2007년까지 3년 동안 ROWE를 도입한 팀의 생산성은 다른 팀에 비해 41%나 향상되었고, 자발적 이직률은 9분의 1로 급감하는 엄청난 효과를 낳았다.

이 예에서 알 수 있듯 그 효과로 인해 제도 개선의 틀은 보다 '조직 통제'에서 '자기 통제'의 흐름으로 변화하고 있다. 현 시대는 구성원들의 근무 시간이나 스케줄도 보다 가변적이 되었다. 또한 일과 생활을 갈등에 있어 조직의 역할이 중요하게 작용하고 있으며, 친親가족적인 문화로 변화하고 있음을 알 수 있다. 이러한 다양한 사항은 과거엔 존재할 수 없는 혜택?이었으나, 지금은 필수적인 제도적 과제로 대다수 회사가 이러한 제도적 방향성을 지향하여 문화를 바꾸어 나가고 있다.

- 팔로워Follower가 성과의 주체가 되게끔 제도를 추진하라

앞서 설명한 베스트 바이Best Buy의 ROWE는 리더와 팔로워Follower를 막론하고 전사적으로 인정된 하나의 대표적인 제도적 성과이다. 다만 앞서 언급한 내적 보상에 관대하고 충실한 리더의 이상향이 확립되었다는 조건하에서 팔로워Follower들을 위한 외적 보상은 구체적으로 전략화되어야 한다. 또한 이러한 성과 관리를 위한 동기 부여 제도는 다음의 중요한 물음을 남긴다. '성공적 성과 보상 시스템은 어떻게 작동하는 것일까?', '어떻게 해야 미래에 우리 조직을 이끄는 훌륭한 팔로워Follower들을 충분히 보유할 수 있을까?'

훌륭한 팔로워Follower를 육성하기 위해 어렵지 않게 접목이 가능할 뿐만 아니라, 필수적으로 추진되어야 할 제도적 동기 부여를 소개하자면,

구분	팔로워가 성과의 주체가 될 수 있도록 제도적 동기부여 방안을 마련하자
1	제도는 팔로워(Follower)들의 자율성을 극대화하도록 추진되어야 한다
2	제도는 팔로워(Follower)들의 몰입을 극대화하도록 추진되어야 한다
3	제도는 팔로워(Follower)들의 협업을 극대화하도록 추진되어야 한다
4	제도는 팔로워(Follower)들의 갈등과 고민을 최소화하도록 추진되어야 한다

〈도표 3-79〉팔로워가 성과의 주체가 될 수 있도록 제도적 동기부여 방안을 마련하자

✔ **첫째,** 제도는 팔로워Follower들의 자율성을 극대화하도록 추진되어야 한다. 자율성을 극대화하면 창의적인 발상의 확산, 즉 '창발적創發的 교류의 확산' 가능성이 높아지는 사례가 많다. 구글의 '20% 룰'이 대표적 자율 제도 사례인데, 근무 시간의 20%는 해 보고 싶은 업무나 연구, 개발 등 자율적인 참여를 유도하여 다양하게 개진된 아이디어를 다양한 경로의 협의를 통하여 개발 단계까지 끌어올렸고 그 결과 구글 뉴스, Orkut, Gmail과 같은 구글 상품이 탄생하였다. 물론, 자율성의 발로는 이에 대한 제도적 보상이 뒷받침되어 있기에 가능할 것이다.

✔ 둘째, 제도는 팔로워Follower들의 몰입을 극대화하도록 추진되어야 한다. 팔로워Follower들의 업무 집중과 몰입을 유도하기 위해 동료나 리더에게 방해를 받지 않는 고유의 집중 근무 타임을 제도적으로 추진하거나, 업무에 집중할 수 있는 '집중 업무 공간'의 비율을 늘려 공간적인 혜택을 제도적으로 충분히 보장하는 것도 좋은 제도의 방향이다. 다만, 팔로워Follower들의 몰입을 위한 제도를 설계하는 단계에서 반드시 고려되어야 할 사항은, '몰입하기 위해선 목표가 있어야 하고, 피드백이 명확해야 하며, 과제와 능력이 균형을 이뤄야 한다는 점'이다. 따라서 팔로워Follower 스스로 한계를 뛰어넘어 역량과 생산성을 끌어내는 몰입 단계로 도달하기까지, 조직적 차원의 다양한 고민과 지원이 함께 해야 한다.

✔ 셋째, 제도는 팔로워Follower들의 협업을 극대화하도록 추진되어야 한다. 이를 위해선 우선 과업의 결과물Output이 '공동 목표 지향'의 성격이 가미되어야 한다. 팔로워Follower들의 업무 단위별로 자연스럽게 산출되는 결과물들예를 들어 리서치 데이터, 분석 보고서, 다양한 기획안이 과거 리더를 위한 일방적인 보고 목적으로 만들어졌다면, 제도적으로 결재의 수순을 간소화하고 팀 내, 팀 간 협의, 합의의 과정을 의도적으로 늘리기 위한 결재 라인의 조정이 필요하다. 또한 개인의 루틴Routine 업무와 조직의 협력과 교류가 필요한 업무를 명확히 구분하여 운영해야 할 것이다.

✔ 넷째, 제도는 팔로워Follower들의 갈등과 고민을 최소화하도록 추진되어야 한다. 관례적인 정기 평가 방식을 개선하여 리더를 통한 '정기 면담 제도'를 분기별로 추진하거나, 멘토를 통한 '수시 면담 제도'를 활용하여 개인이 추진하고 있는 업무 관련 이슈나, 학습하고 있는 다양한 연구나 개발 과제 이슈, 또는 업무/비업무적 갈등 요소나 개인 문제, 다양한 고민거리 등 팔로워Follower들의 갈등과 고민의 해결에 대한 지원과 멘토링Mentoring이 가능할 것이다.

- 제도의 완성은 성과로 평가되고 검증된다

F 레벨에서 중요하게 다뤄져야 할 제도의 유효성 검증은 결국 제도의 운영적 부분에

대한 개선 이슈를 찾을 수 있게 한다. 또한 제도의 유효성은 제도 운용을 통한 조직의 성과 유효성으로 상당 부분 귀결된다. 제도를 통한 조직성과 창출을 위해서는 리더와 팔로워 Follower 간 회사의 목표에 대한 명확한 공유와 공감대 형성이 중요하다. 미래 불확실성을 최소화하고 조직의 지속 성장 가능성을 높이기 위해서는 미션과 비전, 핵심 가치를 공유하는 구조적 혁신의 과정이 반드시 함께 다뤄져야 할 것이다.

다음의 G 레벨에서는 제도적 목표가 완성 단계에 이른다. 또한 문화적 구심점도 명확하게 체계화된 조직으로 소개된다. 이에 따라 공간의 개선 목표점과 상당한 수준의 문화, 제도가 조화롭게 결합된, 그야말로 '스마트한 일터'의 전조 형태를 보이게 되는 사례로 소개된다. 이에 제도의 완성형을 통한 성과 체제로 발돋움하기 위해 특히 '제도의 전향성轉向性, 수렴성收斂性, 보완성補完性, 개발성開發性'의 4가지 부분에 그 깊이를 더해 보겠고, '창발적創發的 조직화'를 위한 '제도의 학습성學習性'을 다룸으로써 리더와 팔로워 Follower의 지속적 발굴과 육성에 대한 발전상에 대해 심도 있게 논하겠다.

No	F 조직의 제도 개선 목표	리커트 척돗값
1	명확한 비전과 목표 제시를 통해 명분과 정당성이 정립되도록 하기 위한 제도 개선	80.00
2	참여의 기회가 모두에게 주어지고 평등성이 보장되도록 하기 위한 제도 개선	80.00
3	제도 시행이 적절한가에 대한 타당성이 입증되도록 제도 개선	90.00
4	운영의 신뢰성이 전체 구성원들에게 확보되도록 하기 위한 제도 개선	80.00
5	제도 운용의 전 과정이 투명성 있게 추진되도록 하기 위한 제도 개선	80.00
6	전반적 제도 운용의 실질적 효과에 대한 유효성 검증 차원에 대한 제도 개선	80.00
7	조직에 실질적으로 유용하도록 제도의 주기적인 보완성이 확보되는지에 대한 제도 개선	80.00
8	구성원들이 개진하는 개선안의 적용 등 의견에 대한 수렴성이 반영되는지에 대한 제도 개선	100.00
9	회사가 제도 발전의 책임과 의무를 다하도록 미래 지향적 전향성을 가속화하기 위한 제도 개선	100.00
10	시대의 흐름과 기술력의 발전에 따른 근무 형태에 맞게 개발성이 확보되는가에 대한 제도 개선	100.00
11	구성원 평가의 절차와 방법에 대해 객관성을 확보하기 위한 제도 개선	100.00
12	성과 측면 보상의 규모와 범주에 대한 구성원 만족성이 충분한가에 대한 제도 개선	100.00
13	성과 측면의 보상에 대한 공정성이 명확히 유지되도록 하기 대한 제도 개선	100.00
14	구성원의 사기 진작은 물론, 특별한 관심과 보호가 필요한 부문의 복지성에 대한 제도 개선	100.00
15	구성원들의 꾸준한 역량과 잠재력의 발전을 돕는 학습성이 보장되는지에 대한 제도 개선	90.00
	평균	90.67

〈도표 3-80〉 F 유형(Case F)의 제도 개선 목표

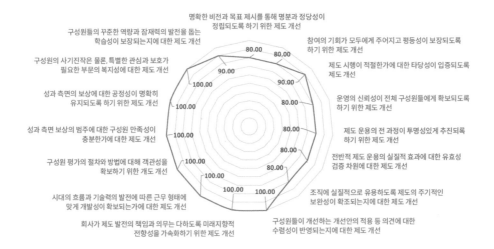

명확한 비전과 목표 제시를 통해 명분과 정당성이
정립되도록 하기 위한 제도 개선

구성원들의 꾸준한 역량과 잠재력의 발전을 돕는
학습성이 보장되는지에 대한 제도 개선

참여의 기회가 모두에게 주어지고 평등성이 보장되도록
하기 위한 제도 개선

구성원의 사기진작은 물론, 특별한 관심과 보호가
필요한 부문의 복지성에 대한 제도 개선

제도 시행이 적절한가에 대한 타당성이 입증되도록
제도 개선

성과 측면의 보상에 대한 공정성이 명확히
유지되도록 하기 위한 제도 개선

운영의 신뢰성이 전체 구성원들에게 확보되도록
하기 위한 제도 개선

성과 측면 보상의 범주에 대한 구성원 만족성이
충분한가에 대한 제도 개선

제도 운용의 전 과정이 투명성있게 추진되도록
하기 위한 제도 개선

구성원 평가의 절차와 방법에 대해 객관성을
확보하기 위한 개도 개선

전반적 제도 운용의 실질적 효과에 대한 유효성
검증 차원에 대한 제도 개선

시대의 흐름과 기술력의 발전에 따른 근무 형태에
맞게 개발성이 확보되는가에 대한 제도 개선

조직에 실질적으로 유용하도록 제도의 주기적인
보완성이 확조되는지에 대한 제도 개선

회사가 제도 발전의 책임과 의무를 다하도록 미래지향적
전향성을 가속화하기 위한 제도 개선

구성원들이 개선하는 개선안의 적용 등 의견에 대한
수렴성이 반영되는지에 대한 제도 개선

〈도표 3-81〉 F 유형(Case F)의 제도 개선 목표

우리는 지금까지 공간과 제도가 '긍정, Positive', 문화가 '부정, Negative'로 평가받는 F 유형의 조직에 대해 살펴보았다. 각 유형의 흐름에 따라 '긍정'과 '부정'의 성격이 하위 레벨에 비해 '비교우위比較優位'의 수치를 보이는 것을 감안하여 내용을 이해하는 것이 중요하며, '스마트한 일터'의 3요소 중 둘 이상의 요소에 있어 긍정적 평가를 받는 다는 것은 조직적으로 상당한 강점을 지닌 상태로 성장 가능성 또한 긍정적으로 해석할 수 있겠다. 특히 제도적으로 완성된 조직은 공간이나 문화체 형성에 조직적 응집력이나 구축의 속도 면에서도 유리한 고지에 있다고 판단된다.

다음의 G 유형 레벨에서는 '스마트한 일터'에 더욱 근접하게 된다.

우선 공간의 기술적인 부문에 더해 보안 문제에 대한 개선 이슈와 더불어, 공간 구조 변화에 따른 프라이버시 이슈, 공간을 통한 구성원의 창의 증진 관련 개선 이슈에 대해서도 함께 다뤄보도록 하겠다.

문화적 측면에서는 새롭게 형성된 리더십과 팔로워십Followership의 고도화, 또한 문화적 지표의 목적지가 왜 행복 문화로 이어지고 수평 문화로 완성되어야 하는지에 대한 논리를 전개하겠다.

제도적 측면에서는 '스마트한 일터'의 완성형에 꼭 포함되어야 할 '창발적創發的 조직화'의 이상향을 다룸으로써 새로운 리더와 팔로워Follower의 균형과 조화에 따른 성과 체계의 완성, 지속적인 제도 발전의 방안에 대해 살펴보겠다.

No	F 조직의 '스마트한 일터' 3요소 종합 목표치	리커트 척돗값
1	공간 개선 목표치	65.33
2	문화 개선 목표치	76.00
3	제도 개선 목표치	90.67
	평균	77.33

〈도표 3-82〉 F 유형(Case F)의 공간/문화/제도 개선 목표

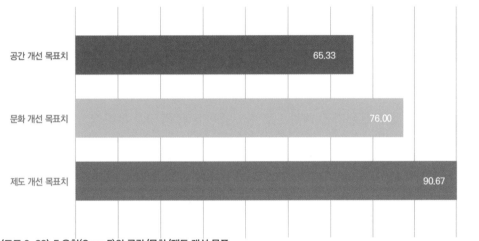

〈도표 3-83〉 F 유형(Case F)의 공간/문화/제도 개선 목표

Case G〉 물실호기勿失好機:

'공간 개선 현황'부정, Negative, '문화 개선 현황'긍정, Positive, '제도 개선 현황'긍정, Positive

- '물실호기勿失好機'는 '절호의 기회를 놓치지 말라'는 뜻으로,

  '현 상황에서 더 발전하고자 추진한다면 목적하는 바를 결코 잃지 않는다'는 의미로 해석될 수 있다.

    G 레벨은 공간을 제외한 문화와 제도의 성공적 안착으로 소통과 신뢰의 기반 아래 새로운 문화 조류에 대한 기본기가 충실한 조직으로 평가된다. 이제 남은 과제는 공간 개선의 수준을 높여 그 구축 정도를 상당히 완성도 있게 접목하고, 문화와 제도, 특히 제도 부문은 모든 기업이 부러워할 만한 수준으로 그 목표를 상향하여 운영하게 된다.

    G 레벨은 다양한 네트워킹을 기반으로 한 공유, 소통, 창의의 문화를 조직 내 빠르게 흡수할 수 있는 내성이 저변에 있기에 앞선 유형보다 더욱 빠른 속도로 조직의 발전을 꾀할 수 있는 상태이다. 특히 '스마트한 공간'을 완성하기 위한 추진 노력은 문화, 제도와 더불어 큰 시너지 효과를 낼 수 있다는 긍정적 신호가 보인다.

    수직 구조의 관리와 통제를 통해 업무를 수행하고 평가받으며, 대개 고정된 영역과 범위에서 일해 왔던 기성의 기업 문화와는 다르게 G 유형은 일의 목적과 방법에 가장 잘 부합하는 수단과 도구의 최적화를 즉시 목표화하게 된다. 개인 네트워킹을 통한 조직적 성과 체계에 성공적으로 안착하기 위한 상호 작용은 기민하고 활발하게 운영될 가능성이 크다. 이제 모든 업무 프로세스와 조직 운영은 지금까지 차곡차곡 쌓여진 충실한 기본 구조를 통해 보다 진보된 미래를 열어갈 수 있을 것이다.

구분	G 유형(Case G)의 '스마트한 일터' 개선 목표	
1	스마트한 공간 개선	완성의 때를 놓치지 말라
2	스마트한 문화 개선	조직문화의 심연에 개인의 가치와 깊이를 더하라
3	스마트한 제도 개선	집중화된 권한을 분산하여, 잠재력을 끌어 올리라

〈도표 3-84〉 G 유형(Case G)의 '스마트한 일터' 개선 목표

1) '스마트한 공간 개선', 완성의 때를 놓치지 말라

- 공간의 높은 목표점을 제시하라

G 유형은 문화와 제도가 성공적으로 안착한 상황으로 지금까지 소개했던 A~F 레벨의 유형에 비해 공간의 개선이 더욱 시급하고 그 목표도 상당한 수준으로 구축되어야 하는 상태이다. G는 단순히 공간 개선의 트렌드Trend에 대응을 위한 구축이 아니라 조직의 구성과 운영 방법, 시스템과 환경적 요인을 모두 고려한 총체적인 변화를 추진한다.

앞선 유형들에서 언급했던 개인 공간, 공용 공간 및 집중 공간, 몰입 공간의 모든 공간 형태를 구축하고 공유한다. 또한 IT 솔루션, 그리고 공간 활용의 매뉴얼이 더해진다. 공간 매뉴얼은 일종의 공간 활용 지침서로 구축 공간에서의 초기 적응과 그 활용도를 높이기 위한 일환으로, 구축 공간의 의미와 디자인 특성, 각 공간의 특징과 장점, 공간 성격에 따른 활용 방법, 공간 사용 방법, 사용 유의 사항, 에티켓 등 다양한 지침과 활용 방안을 담아 제공하게 된다. 또한 뒤에 이어 소개하겠지만, 첨단 정보화 시대에 그 중요성이 더욱 부각되어 다뤄지고 있는 보안 솔루션의 접목도 상당히 중요할 것이다.

G 레벨은 개인의 가치를 존중한다. 이는 공간 구성에 있어, 다음의 두 가지가 최우선이 된다.

✔ **첫째**, 개인이 원하는 근무 환경으로 변화하는 것이다.
✔ **둘째**, 개인이 불편할 것으로 판단되는 장애 요소를 제거하여 제공하는 것이다.

이 두 가지 원칙은 결국 조직적 변화와 조직 장애 요인의 제거로 확장되며, 공간 개선의 시작점에서 개인을 우선 존중하여 조직의 공유 공간으로 그 설계안을 확장해 나간다는 큰 의미가 있을 것이다.

- G 레벨의 모든 공간은 '상호 연결 공간'으로 구성된다

공간의 연결성에 대한 중요성은 앞서 공간 다양성이나 공간 개방성보다 중요하게 다루었다. 상호 연결의 작용과 그 시너지는 조직 효용으로 성과화되는 가장 중요한 핵심이다. 결국 스마트 워크의 핵심인 소통과 협업의 시너지를 위한 연결 공간으로 모든 구성원에게 인지되어야 할 것이며, 이는 물리적으로 구축 가능한 모든 공간에 IT 솔루션이 접목된 'Interconnecting Network상호 연결 네트워크'를 전면적으로 추진할 것을 추천한다. F 레벨에서 언급한 공간의 기술성技術性이란 IT 솔루션의 접목을 통한 스마트한 업무 프로세스를 가능하게 만드는 기술적 환경의 구축을 말한다. 장소를 불문하고 개인의 정보 관리나 정보 접근성, 정보 공유를 향상시킴은 물론이고 개인과 개인, 개인과 조직, 조직과 조직을 연결하는 모바일 시스템의 기술적 방법론을 포함한다.

또한 상호 연결을 촉진하고 지원하는 역할이 중요하다. 새로운 업무 환경에 대응하는 스마트한 필드 매니저는 중간 리더로서 그 역할과 책임이 분명해진다. 과거 관리자로서 임무가 주가 되었다면, 이제는 개인과 조직을 연결하는 조정자와 조율자의 새로운 임무가 부여된다. 새로운 공간의 구축에 따른 개인과 조직의 니즈를 설계 사항을 사전에 반영함은 물론 앞서 언급한 공간 매뉴얼에 따라 구축 후의 피드백을 통한 사후 개선, 각종 시스템의 사용과 연결, 업무 프로세스에 따른 공간 조율 등 새로운 스마트 워킹 시스템에 대한 정확한 매뉴얼을 수립하고 그에 따른 교육을 시행하고 지원하는 역할을 주도적으로 맡게 된다. 결국 공간 자원의 관리에 따른 지원책은 인적 자원의 관리와 개발로 공간과 제도가 결합되어 문화와 성과로 시스템화될 것이다.

- 문화와 제도의 효과를 경험하였다면, 이제는 공간이다

앞선 A~F의 유형들에서는 그 활용성을 높이고 효율적으로 공간을 구축/운영하기 위한 설명이 주를 이루었다. 그렇다면, 공간의 변화를 통한 동기 부여가 우리에게 주는 궁극적인 효과는 무엇일까? G 레벨처럼 제도와 문화가 성공적으로 안착되었다면 그 기대 효과는 더욱 선명하게 나타날 것이다. 그 대표적 효과에 대해 설명하자면,

구분	공간 변화의 동기 부여를 통한 기대 효과
1	공간변화의 동기부여를 통해 비용과 시간을 절감할 수 있다
2	공간변화의 동기부여를 통해 인재의 발굴과 확보를 동시에 얻을 수 있다
3	공간변화의 동기부여를 통해 개인의 전문성을 강화할 수 있다.
4	공간변화의 동기부여를 통해 조직의 창의성을 향상시킬 수 있다.

〈도표 3-85〉 공간 변화의 동기 부여를 통한 기대 효과

✔ **첫째,** 공간 변화의 동기 부여를 통해 비용과 시간을 절감할 수 있다. 매년 자행되는 부서 이동으로 인한 재배치 또는 증원에 따른 레이아웃 변경은 상당한 낭비로 인식되며 이에 대한 시간과 노력을 절감 또는 제거해 준다. 또한 공간과 결합되는 스마트 워크는 사회적인 측면에서 구성원의 출퇴근 거리의 감소, 영상 회의와 같은 원격 협업으로 출장 및 외부 미팅을 대체하여 교통량을 상당 부분 감소시키고, 이는 도심 교통 문제뿐만 아니라 환경 및 에너지를 고려한 사회 간접 비용 또한 감소해 준다. 또한 공간 구축 시 투자되는 초기 IT 환경 구축 및 정비 등에 대한 비용은 중/장기적 관점에서 사무 공간의 추가 설비 비용은 물론, IT와 '스마트 워크Smart Work'의 결합을 통한 운영비, 교통비 등 최종적으로 기업에게 다양한 측면의 비용 절감 효과를 가져올 수 있다. 또한 개인 고정 좌석의 경우 가구 비용이 상대적으로 부담될 수 있으나 공용 테이블에 여러 사람이 함께 공유하는 방식의 자율 좌석제는 재배치의 시간적 수고를 덜어 주고 가구 비용의 절감 효과를 줄 수 있다.

✔ **둘째,** 공간 변화의 동기 부여를 통해 인재의 발굴과 확보를 동시에 얻을 수 있다. 밀레니얼Millenial 시대의 주류 세대는 다양한 복지 제도에 민감하며, 기업이 개인을 대하는 존중 의식과 그 전향적 태도에 상당한 매력을 느낀다. 또한 출산 및 육아에 대한 부담을 크게 공감하는 만큼, 훌륭한 제도와 문화적 체계에 이어 다양한 공간의 매력으로 어필한다면 취업을 희망하는 인재들의 확보 기회가 더욱 크게 열릴 것이다. 또한 새로운 공간 속에서의 역동적인 근무 방식은 기존에 입사한 사용자일지라도 스스로 일하는 의의를 찾아내고 보다 적극적으로 일할 수 있는 동기를 공간을 통해 제공해 준다. 직장 중심의

근로관이 개인 생활과 삶의 질을 중시하는 경향으로 변화되는 이 시점에, 개인의 특성에 맞는 다양한 공간의 제공, 휴식과 몰입을 통해 다양한 경로로 업무를 수행할 수 있는 공간과 기회의 제공은 궁극적으로 동기 부여의 향상과 업무 생산성을 높여 주는 효과로 나타날 것이다.

✔ **셋째,** 공간 변화의 동기 부여를 통해 개인의 전문성을 강화할 수 있다. 기존의 자기 책상 기반의 칸막이 업무에서 특정 장소에 전원이 모이지 않더라도 협업이 가능하거나, 한 번에 모이기 힘들었던 공간적 구조의 틀을 깨서 개방적이고 다양한 공간을 제공한다는 것 자체가 대면과 비非대면, 즉 온/오프라인On/Off-Line의 협업과 교류를 동시에 촉진하는 강력한 수단으로써 공간이 그 역할을 하게 된다. 이는 과거의 리더, 즉 관리자형 리더의 평가/관리 체계가 연결형 리더의 새로운 체계로 변화됨을 의미하며, 새로운 평가 프로세스의 접목은 그간 눈으로 보는 관리, 보고서로 평가하는 관리에서 자율성과 전문성, 그리고 최종적으로 성과를 중시하는 문화가 공간 내 그대로 녹아들게 될 것이다. 팀장이나 리더가 같은 공간 내 근무를 하지 않더라도, 오직 개인의 과업 효용을 극대화하기 위한 자발적인 고민과 노력들이 공간 활용으로 이어지게 된다. 이렇게 개인 몰입이나 휴식, 이완, 공유 공간이나 집중 공간 등을 자율적으로 활용하는 시스템은 협업이 가능한 환경, 자발적 학습이나 개선의 노력이 확산되는 환경을 조성하게 되며 보다 높은 양질의 과업 결과를 통한 전문성을 확보할 수 있을 것이다.

✔ **넷째,** 공간 변화의 동기 부여를 통해 조직의 창의성을 향상시킬 수 있다. 특히 생산성에 기인하는 창의성의 결합은 의사 소통과 학습을 장려하는 분위기, 구성원에게 주어진 자유와 자율성, 성과와 보상의 공정과 신뢰, 업무의 과정이 아닌 업무 자체의 본질에 집중하는 조직적 규약 등이 기본적으로 갖춰져 있어야 한다. A~F 조직의 레벨은 제도나 문화적인 평가에서 어느 하나라도 '부정, Negative'의 평가를 받았기에 공간 혁신 측면에서 구성원 간 상호 작용을 증진할 수 있는 목표점에 그 한계가 보였고, 이는 창의적인 성과를 조기에 기대하기보다, 제도나 문화의 결점을 보완하고 더욱 체계화하여 공간 개선

은 이를 뒷받침하는 사무 환경의 역할이 클 수밖에 없었다. 하지만, 진보된 문화와 제도적인 시스템의 조화와 결합은 오픈 이노베이션Open Innovation, 수평적 의사 소통을 활성화 할 수 있는 채널 마련의 직/간접적 계기가 되며 이와 동시에 새로운 지식을 창출하고 창출된 지식을 공유하고 의논하며, 결국 실행하게 되는 중요한 과정으로 재再탄생된다. 더불어 첨단 기술과 디자인, 전략적인 설계로 무장된 공간이 제공되는 환경은 창발적創發的 조직화를 더욱 촉진하게 될 것이다. 결국 창의성은 제도와 문화의 개선도가 높은 조직일수록 그 발산과 효과가 더욱 커지게 될 것이다.

- '스마트한 공간'으로의 완성형, 보안을 담다

과거 아이폰 출시로 시작된 스마트폰 열풍으로 스마트폰 사용자는 삼천만 명에 육박했다. 또한 태블릿, 스마트 TV 등 새로운 기기의 출현으로 개인의 영역을 넘어 사무 영역까지 모빌리티Mobility의 중요성이 일반화되었고 그 효용성이 곳곳에서 검증되고 있으며, 새로운 패러다임으로 적용되면서 '스마트 워크Smart Work' 범국가적 시스템으로 공공, 민간의 분야를 아우르며 이어지고 있다.

지금까지 언급하였던 스마트 워크는 IT기술에 통신이 결합된 'ICT정보 통신 기술, Information Communication Technology'를 이용해 업무 시간 및 장소로부터 자유롭지 못하던 기존의 사무 환경을 완전히 바꿔 놓는 '사람 중심의 솔루션'이 접목되어 시대를 이끌고 있다. 이제는 이러한 미래 지향적 업무 환경으로 모바일 오피스의 개념에서코로나가 더욱 앞당긴 재택근무 또는 '사옥 없는 회사'의 탄생으로 그 개념이 진일보進—步되었다. 이제 스마트 워크 시스템Smart Work System 구축은 제도, 문화에 이어 공간의 핵심 요소로 인식되고 있으니, 스마트 워크Smart Work의 중요성과 구축의 필요성은 독자들도 충분히 인지하고 있으리라 믿는 바이다.

국가적으로도 스마트 워크의 법/제도와 관련한 인프라의 확대뿐만 아니라, 현재는 기술적인 솔루션의 성숙도와 정보 보호와 보안의 대응 체계에 대한 고도화, 그리고 민간 부문으로의 상용화에 중점을 두고 있다. 클라우드 컴퓨팅 해킹 등 정보 보안의 위협은 추가적인 정책 및 기술의 개발이 필요한 시점이며, 그간 주목되었던 통합 전산망 시스템 구축의 분야에 더해, 정보 보안 시스템 구축 분야로 시장의 관심이 이동되면서 많은 IT 기업은 다양한 솔루션을 개발하여 시장에 내놓고 적극적인 홍보를 이어 가고 있는 추세이다.

〈그림 3-86〉 보안시스템 구축을 간과해서는 안된다

대개 공간의 보안성 부문에서 일반적으로 강조되는 것은 공간 자체에서 보안의 업무를 수행하는 데 지장이 없는 독립적 공간이나 그 구성에 대한 방안을 주로 강조하기 마련인데, 이런 공간적 보안이나 프라이버시 문제에서 스마트 워크Smart Work의 개념으로 확장한다면 보안의 개념은 조직에서 사용하는 스마트폰, 태블릿 등 스마트 디바이스 보안과 사용자 인증, 회사 내부 시스템에 접속하기 위한 네트워크, 스마트 워크Smart Work를 구축하기 위해 제공되는 응용 서비스 등으로 나누어 볼 수 있으며, 이러한 스마트 워크 Smart Work 환경에서 발생할 수 있는 위협 및 위험은 다양한 단말과 기기에 대한 보안 및 네트워크에 대한 침입 방지 등 다양한 대책이 수립되어야 함을 알 수 있다.

다양한 스마트 디바이스Smart Device 및 스마트 플랫폼Smart Platform에 대한 위험 요인 및 손실 요인을 나열하자면,

✔ **첫째,** 가장 문제가 되는 위험 요인은 사용자들의심지어 관리자까지 낮은 수준의 보안 의식

이 문제가 된다.

✔ **둘째,** 일상적으로 접하게 되는 대량 스팸이나 SMS, 메일 등 악성 코드 감염을 통한 보안 문제이다.

✔ **셋째,** 사용하고 있는 애플리케이션 자체의 보안 취약성 문제이다.

✔ **넷째,** 비인가 접근의 허용 등으로 발생되는 보안 문제이다.

✔ **다섯째,** 개인 정보나 조직의 기밀 정보의 무분별한 노출에 따른 보안 취약성 문제이다.

✔ **여섯째,** 권한의 지정과 통제 관리 체계의 부재로 인한 보안 시스템 문제이다.

✔ **일곱째,** 보안의 관리나 위협에서 선제적으로 대응할 수 있는 보안 학습 체계의 부재이다.

스마트 플랫폼은 기존의 PC나 휴대 전화에서 진화한 것으로 그 안에는 실시간으로 사용자들과 소통하고 정보를 교류할 수 있는 업무 생산성 촉진 측면의 효용이 있지만, 반대로 보안의 위협은 앞서 언급한 바와 같이 분실, 감염, 유출, 공격 등 다양한 위험 요소가 존재하기 때문에 이를 도입하는 사용자조직 측면에서는 통신 사업자와 단말기 제조사의 정확한 검증과 보안 체계의 사전 학습, 보안 시스템 검증 체계 구축 등 단계적인 기반 마련이 필요하다. 또한 최근 PC나 태블릿 외에 스마트폰으로도 얼마든지 내부 시스템에 도킹할 수 있기 때문에 특히 스마트 폰을 경로로 한 모바일 악성 코드의 방지나 코드의 검증과 관련하여 사전 검증 및 설치 제어가 가능한 기능을 필수적으로 갖도록 해야 한다.

지금껏 살펴본 바와 같이 '스마트한 공간'은 추가로 보안성을 해결해야 하는 많은 과제를 안고 있다. 이 과제 해결을 위해 도입되는 기술은 소프트웨어 생태계에 따라 사용자의 사용편의성에 따른 실질적 보안이 이루어져야 하며, 보안 등급에 따른 보안 체계의 세분화가 추진되어야 할 것이고, 업체의 보안 대책 수립과는 별도로 내부 조직에서의 체계적인 플랫폼 로드맵과 보안 및 기술 분야의 도구 활용에 따른 전문성을 갖추기 위한 학습 체계가 마련되어야 할 것이다.

No	G 조직의 공간 개선 목표	리커트 척도값
1	회사 아이덴티티와 경영 철학, 디자인 철학을 반영하고 지속적으로 확장, 발전해 나가기 위한 공간의 역사성	90.00
2	답답하지 않게 공간이 오픈되고 공간을 사용하는 모든 사용자의 시야가 충분히 확보되는 공간의 개방성	80.00
3	다양한 디자인 요소를 고려한 레이아웃을 통한 적절한 배치를 기반으로 서로 유기적으로 구성되는 공간의 연결성	100.00
4	사용자들이 사용 목적에 따라 각 공간을 이동할 경우, 동선이 충분히 확보되도록 용이하게 구성된 공간의 이동성	70.00
5	몰입 공간과 이완 공간, 업무 공간과 편의 공간, 기타 복지 공간 및 특수 공간 등으로 다채롭게 구성된 공간의 다양성	100.00
6	소통과 협업 목적의 BOX형 공간, 모듈형 공간 등 레이아웃의 변동이 손쉽게 가능하도록 설계된 공간의 변형성	90.00
7	다양한 공간을 통해 활발한 교류와 협업, 업무 & 비업무적 커뮤니케이션 등 네트워킹이 촉발되는 공간의 소통성	100.00
8	모든 사용자들의 신체적, 정신적 편안함을 위해 냉난방, 온습도, 공기 질, 조명, 환기 등이 고려된 공간의 쾌적성	90.00
9	개인이 점유하는 공간 사용을 지양하고 다양하게 구성된 공간을 모든 사용자가 공유하게 되는 공간의 공유성	80.00
10	오염 및 감염의 예방, 환경 이상 감지는 물론, 특정 사용자를 배려한 유니버셜 디자인 요소까지 고려된 공간의 안전성	90.00
11	개인 프라이버시의 존중, 특수 정보와 기밀 유지가 가능하도록 공간 및 시스템 솔루션을 제공하는 공간의 보안성	70.00
12	온라인 정보 및 지식 교류, 업무 고도화, 센서, 예약, 제어, 저장, 통합 관리 등 시스템 솔루션을 제공하는 공간의 기술성	80.00
13	다양한 요소들이 결합되어 모든 사용자들의 창발적 교류와 창의적 아이디어 생산을 촉진하는 공간의 창의성	100.00
14	사용자가 공간을 거부감 없이 받아들이고 모든 사용자의 적응이 최우선으로 고려되어야 하는 공간의 수용성	100.00
15	모든 공간을 적극적으로 활용할 수 있도록 장려하는 등 사용자들의 자율적 참여가 기반이 되는 공간의 사용성	100.00
	평균	89.33

〈도표 3-87〉 G 유형(Case G)의 공간 개선 목표

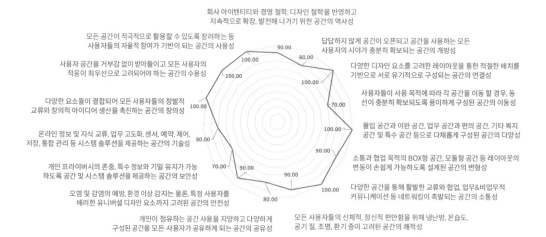

〈도표 3-88〉 G 유형Case G의 공간 개선 목표

2) '스마트한 문화 개선', 조직 문화의 심연에 개인의 가치와 깊이를 더하라

- 개인의 행복이 조직의 문화를 가치화한다

왜 요즘 세대는 행복이 중요할까? 각자의 가치관과 삶을 대하는 철학은 조직 내 세대 간에서도 그렇지만 새로운 세대에 속하는 그들 사이에서도 꽤나 많은 생각의 차이를 보인다. 또한 그 흐름은 젊음을 이끄는 하나의 거대한 트렌드로 시시각각 빠르게 변화하고 있다. '저녁이 없는 삶'을 당연하게 받아들이던 시대에서 삶을 영위해 온 과거의 세대는 어느덧 회사의 중심이 되는 리더로 자리 잡았고 새로운 세대와의 결합과 조화를 받아들이고 있다. 분명한 것은 현재도 이러한 조화의 과도기라는 것이다. 세대와 직위의 차이로 인한 갈등과 부조화는 다른 시각에서 보면 그들이 가지고 있는 각자의 '행복 기준'이 다름에서 기인할 수 있다. 현재의 리더는 더 이상 '조직의 충성'과 '충성으로 인한 보상과 승진'이 행복의 기준이 아니다. 현재의 팔로워Follower도 '조직적 충성의 강요'와 '그로 인한 보상'이 행복의 기준이 아닐 것이다.

적어도 G 레벨의 목표점은 문화의 중심에 '행복에서 기인하는 역동성'이 자리 잡아야 한다. 현 단계에서 '수직적 조직 문화', '위계적 조직 문화'는 상당 부분 해소되었다고 여겨진다. 과거 삼성전자의 '갤럭시 노트Galaxy Note' 사태의 원인 중 하나로 '수직적 위계질서 문화'가 지목되면서 스타트업Startup은 물론 대기업들도 조직 문화의 근본적 변화에 대한 경각심을 일깨우는 계기가 되었고 이에 대한 혁신의 의지만큼이나 더 큰 노력이 뒤따랐던 만큼, 기존에 형성된 조직 문화를 개선하여 행복한 일터를 만드는 것은 쉽지가 않다.

〈그림 3-89〉 조직의 성장을 통한 개인의 행복

다만 A~F까지 존중과 배려의 오픈 마인드Open Mind를 함양하고 그 기반을 바탕으로 상당 부분 문화 체계 완성에 기여하였다면, 이제 G 레벨 조직 철학은 인위적, 전략적으로 가공되어 만들어진 신뢰의 단계를 훨씬 뛰어 넘는 수준조직의 진정성과 노력이 개인의 감동으로 다가오는 정도으로 그 깊이를 더해야 할 때이다.

　G 유형의 레벨에서 필수적인, '개인의 행복'이 존중받고 인정받는 조직 문화를 만들기 위해서는,

✔ **첫째**, 구성원 개개인이 자발적으로 움직일 수 있는 동기 부여가 제시되어야 하고,

✔ **둘째**, 그 동기 부여를 바탕으로 구성원 개개인이 자신의 적극적 의지로 시간과 노력을 투자하여 과업을 수행해야 하며,

✔ **셋째**, 그 과업에 대한 결과와 책임을 스스로 질 줄 알며, 자신이 맡은 일에 자부심을 가질 수 있어야 한다.

　결국 조직의 가치를 만드는 것은 일의 완성에서 나오는 성과로 유발되며, 행복하고 일하기 좋은 조직의 첫 번째 조건은 조직의 동기 부여와 개인의 노력, 과업의 성과로 이어지는 성과 체계의 기반 아래, 조직 관점에서 구성원 개개인에 대한 존중, 개인 관점에서 서로의 다름을 인정하고 소통과 협업을 통해 업무를 처리하는 유연한 업무 활동으로의 개선이 꾸준히 이뤄진다는 전제하에 '행복 문화'로 다가설 수 있다.

- 조직 문화의 혁신은 자발적으로 행해져야 한다

　리더와 팔로워Follower의 조화는 어느 조직에서나 가지고 있는 큰 갈등 요소이자 해결 과제이다. 조직 문화를 변화시키기 위해 필자는 앞서 새로운 리더와 팔로워Follower의 역할을 제시하였고, 그들의 화합과 조화가 조직의 가치를 상승시킬 수 있음을 강조하였다. 문화와 제도적으로 그 체계가 높은 수준으로 평가받는 G 조직은 이렇게 내재화된 강점을 유지하고 지속화하는 것에 우선의 문화적 목표점이 심어져야 한다. 타 유형은 조직 문화의 중요성을 인지하고 그 가치를 알게 되기까지 상당한 시간이 소요된다. 문화는 보이지 않는 체계, 즉 무형의 형태이지만 제도로써 완성되고 표현되기 때문이다. 따라서 특히 제도적 완성형에 다다른 G 조직의 문화 또한 개선의 여지를 제외하고는 그 문화체 자체의 가치에 있어 '무결점'으로 올라서기 위한 일환으로 특별히 누군가 신경 쓰지 않아도

항상 개선의 필요성을 느끼고 지속적으로 변화를 향한 의견을 제시하며 고민을 함께 거듭하는 문화적 선순환 구조를 만들어야 한다.

조직은 '효율과' '효과'로 그 '성과'를 달성하며 운영되고 성장한다. 따라서 내부에서 발생되는 문제에 대해 적극적으로 해결해야 할 어려움은 조직의 수준을 막론하고 끊임없는 해결 과제로 잔존하게 된다. 이제부터 '문화 혁신'은 조직의 성과를 개인의 가치에 대한 존중으로 표현되는 '행복 문화'로 다가서야 하며, 조직의 혁신성과 창발성이 다음의 과제로 이어져야 한다. 그렇다면 자발적으로 개선의 활동이 이어지며 역동적인 '혁신의 조직', '창발적創發的 조직'으로 나아가기 위한 G 조직의 남은 문화적 과제는 무엇일까? 다시 한번 그 근본에 대한 물음으로 혁신의 퍼즐을 맞춰 보자.

✔ **첫째,** '질문이 존중되는가'의 문제이다. 리더가 무언가를 요청했을 때, 또는 내게 주어진 업무의 성격에 따라 내 임무와 역할이 정확히 무엇을 원하는지, 아니면 과업의 상황은 이해가 되나 최종적으로 어떤 형태의 결과물이 요구되는지 등 다양한 상황에서 팔로워Follower들은 이해를 못할 수 있다. 실패하는 조직은 '알아서' 하길 원한다. 성공하는 조직은 '질문하는 자'를 존중한다. 결국 질문은 배우고 개선하고자 하는 첫걸음이자 의지의 표현이기 때문이다. 조직 구성원들이 창발적創發的 사고를 함양하기 위해서는 다양한 의견과 질문을 제시할 수 있는 문화체가 자리 잡아야 하고, 그들이 개진한 의견과 질문에 대한 관심과 피드백이 반드시 뒤따라야 한다. 그리하면 팔로워Follower는 인정받을 것이란 기대를 품게 되며, 리더는 존중 받을 것이란 기대를 품게 된다. 이러한 '기대'는 조직의 가치를 발전시킨다. 질문은 보편화되어야 되고, 그 자체로써 높이 평가되어야 된다.

✔ **둘째,** '실패가 존중되는가'의 문제이다. 우리는 성공이라는 결과를 만들기까지 필연적으로 수많은 실패가 수반되는 것을 잘 알고 있다. 그럼에도 불구하고 대부분의 조직은 매번 우수한 성과가 창출되기를 바라며, 실패는 인정되지 않는다. 또한 '나의 실패'에 대한 가치는 스스로 높이 평가하지만, '남들의 실패'에 대해서는 그 가치는커녕 비난과 힐난으로 바라본다. 모두가 그렇진 않겠지만, 인간이 가지고 있는 기본적인 이기심의 발로

이다. 이 이기심은 조직 문화의 이상향이 제대로 자리 잡지 못한 조직에서 보이지만, 조직 문화가 아무리 우수해도 삐뚤어진 경쟁 심리를 보이게끔 제도적으로 허점이 있는 조직에서도 나타나는 현상이다. 실패에 따른 문책과 패널티Penalty는 중요하다. 다만, 실패와 패널티Penalty는 공동이 짊어지고, 성공과 보상은 공동은 물론 개인에게까지 돌아가게 만든다. 이것이 포용이며 교훈이다. 조직 구성원들은 이 교훈을 발판으로 조직의 발전을 위한 가치 있는 논의와 교류를 자발적으로 행한다.

✔ **셋째**, '권한이 존중되는가'의 문제이다. 앞선 유형에서 수직적 업무 지시와 위계에 따른 관리/통제의 강화는 조직 구성원들을 수동적으로 만들며, 나아가 창의성과 개개인의 잠재력을 저해하는 요소로 작용함을 설명하였다. G 레벨부터는 '의무'에 초점이 아닌 '결과'를 이끌어 내기 위한 '권한'에 초점이 맞춰져야 한다. 조직이 제시하는 합리적인 동기 부여와 함께 합당한 권한을 부여하여 리더와 팔로워Follower의 전문성 향상과 적극성을 끌어올린다. '성과'의 달성은 '권한'과 '책임'의 정도, '참여'와 '기여'에 따라 차등 된다. 굳이 '의무'가 있다면, 우리는 이러한 권한의 존중 아래, 성장의 초석을 다지는 문화체를 형성할 '공동의 의무'가 있을 뿐이다.

✔ **넷째**, '즐거움이 존중되는가'의 문제이다. 조직의 성과가 개인의 삶보다 우선시 되는 과거와는 달리, 현대 사회는 개인의 삶에 보다 높은 가치를 부여하며 성장할 책임이 요구된다고 하였다. 하지만 이는 단순히 개인의 삶을 우선시 하는 것이 아니라 개인 삶의 존중을 기반으로 '일'을 대하는 마인드Mind와 실행력을 강화하여 조직에 기여하며 결과적으로 자신의 삶을 완성시키는 것을 의미한다. 조직은 리더Leader든 팔로워Follower든, 현재 자신이 하고 있는 일에 즐거움을 느끼는지, 삶의 중심이 너무 일에 치우쳐 있지는 않은지, 반대로 삶의 다양한 문제로 인해 일에 어려움을 느끼고 있지는 않은지 관심을 가질 책임이 있다. 실패하는 조직은 "여기는 회사이고 너의 삶은 알아서 해결해야 하는 문제다." 또는 "일과 삶을 분리하지 못하면 도태될 것이다."라고 외친다. 아직까지 필자도 자주 보고 있는 문화체이다. 다시 말하지만 조직의 행복은 개인 행복에 기인한다. 개인 행

복의 진단은 너무나 중요한 필수 과제이며, 개인이 즐겁게 일을 영위할 수 있도록 지원하는 다양한 조직적 노력들이 이상적 '문화'로 만들어 줄 것이며, 진정한 '성과'를 선물해 줄 것이다.

- 이제야 비로소 '수평 문화'이다

좋은 문화를 지향하는 조직에 대한 물음의 대답에, 항상 빠지지 않고 등장하는 문화는 '수평 문화'이다. 필자는 많은 이가 '겉'으로 표방하는 '수평 문화'에 대해 심한 우려를 표명하고 있다. 필자가 생각하는 '수평 문화'는 많은 것을 담고 있다. 이 문화는 '과정'일 수도, '결과'일 수도 있다. 또한 끊임없이 진화하며 그 의미를 더해 간다. 더욱이 기업 문화 발전의 근원이 국가나 사회적으로 차이가 많은 우리나라에서 '수평 문화'의 성공을 단언하는 조직이 과연 몇이나 될까? 필자가 '스마트한 일터'의 개선 과제 중 '수평 문화'를 가장 마지막에 배치한 이유도 조직의 가장 마지막 진단 과제와 개선 과제가 '수평 문화'라는 것을 절감했기 때문이다.

〈그림 3-90〉 이제야 수평 문화를 거론한다

고백하자면, 현장에서 컨설팅을 진행할 때, 어느 정도의 긍정적 문화 수준을 '수평 문화'로 단정해 버리고 '문화 개선'을 시작하였던 사례가 있다. 참담한 결과였다. 그들의 경영진은 '수평 문화'를 자처했고, 관련한 모든 부정적인 수치에 불편함을 느꼈다. 나는 수평 문화의 단계적 조치를 과제로 제시했지만, 그들은 '속전속결'의 개선안을 요구했다. 프로젝트의 유지를 위해 컨설팅은 계속 진행되었지만, 1차적 개선의 목적지인 '혁신'의 결과물조차 뚜렷하지 않았다. 프로젝트의 이상위험을 감지한 그 조직의 리더와 팔로워 Follower는 많은 부분을 감추기 시작했고 나에게 더 이상의 진단과 과제 수행의 결과와 분석은 의미 없는 행위였다. 큰 깨달음이었다. '문화적 가치'를 전파하는 이 '업業'에 '타협'과 '양보'의 자세는 그들을 기만하게 만드는 행위라는 것을! 또한 수평적 조직 문화는 '조직의 구조'와 '제도적 운영'이 완벽해도 쉽게 만들어 질 수 없음을. 오히려 '구조'가 허술해도 '분위기'가 훈훈한 조직이 '수평 문화'에 가까울 수 있음을 알게 된 소중한 경험이었다.

발간된 지 20년이 넘은 『Deep Change or Slow Death』는 미국 경제학 교수인 로버트. E. 퀸이 저자로, "변하지 못하면 결국 서서히 죽음의 길로 갈 것이다."라는 의미를 담고 있다. 이 책은 근원적 주체인 리더십 개발과 팔로워Follower들을 움직이는 프로세스의 변화를 강조한 것으로, 'Deep Change'를 가능케 하는 근본 동력인 조직 문화에 대한 고민을 제시하고 있다. '진정한 혁신'을 창출하기 위해서는 '수평 문화'와 '연결 문화'를 지탱하는 새로운 변화가 필요하다. 이제 우리는 얼마나 더 깊은 변화가 필요한지에 대한 의문을 가져야 한다. 이제 G 유형은 새로운 '가치 창출'을 목표로 '이윤 창출'과 같은 케케묵은 문구를 과감히 삭제하고 '모든 사람의 행복'을 추구하는 '가치'의 진정성에 초점을 맞춰야 한다.고객과 모든 이해 관계자의 행복, 사회적 가치에 대한 견해는 마지막 H 레벨에서 다루도록 하겠다. G 레벨에서 '수평 문화'의 완성체로 다가가기 위한 변화의 지침은 다음과 같다.

- ✔ **첫째,** 즐거운 분위기를 조성하고 유지하라.
- ✔ **둘째,** 문화적 지표를 마련하고 새로운 것은 함께 보완하라.
- ✔ **셋째,** 조직 문화 소통 협의체를 강화하라.
- ✔ **넷째,** 실천 가능한단기적 문화 개선 프로그램부터 시작하라.
- ✔ **다섯째,** 문화적 변화의 피드백을 주기적으로 전 사원에게 공유하라.
- ✔ **여섯째,** 문화적으로 중/장기 개선 프로그램을 제시하라.

✓ **일곱째**, 불합리하다고 판단되는 문화를 없애라.

✓ **여덟째**, 작은 발상도 존중받고 실현될 수 있도록 '시책'을 준비하라.

✓ **아홉째**, 필요한 문화는 과감히 적용하라.

✓ **열째**, 조직 문화를 주체모든 구성원들에게 직접 점검받아라.

내 직원들이 항상 옳은 일을 할 것이라고 믿어주는 문화, 과감하고 합리적인 보상을 허용하는 문화, 칭찬이 공개적으로 장려되고 이를 보는 모든 사람이 행복해지는 문화, 모든 성과는 아름다운 과정과 아름다운 결과로 이어지는 문화, 직원이 주인이 되고, 진정성을 가지고 일하는 문화, 이것이 필자가 바라는 수평적 조직 문화의 '분위기'다.

No	G 조직의 문화 개선 목표	리커트 척도값
1	새로운 문화를 적극적으로 수용하고 오픈 마인드를 함양하도록 유도하는 오픈 문화	100.00
2	인간 존중 사고를 근간으로, 개인의 가치관과 개인의 철학, 개성을 인정하고 받아들이는 존중 문화	100.00
3	새로운 기업 문화를 만들기 위해 新리더십과 新팔로워십를 재정립하고 상호간 결합을 돕는 연결 문화	100.00
4	모든 구성원들의 창발적 소통이 활발하게 이루어질 수 있도록 돕는 교류 문화	100.00
5	조직 간, 조직 내 내재되어 있는 부서 이기주의 등 silo 요소를 타파하고 새로운 비전을 함께 만들어 나가는 동반 문화	80.00
6	모두에게 동기가 부여되고 적극적, 자발적인 참여가 이루어지는 참여 문화	80.00
7	권한과 책임의 분산과 체계화를 통해 몰입과 이완의 자발적 선순환을 유도하는 자율 문화	90.00
8	기업이 추진하는 긍정적 변화와 혁신 의지에 대해 구성원들의 지속적 참여가 이어지는 개선 문화	90.00
9	국가의 제도 변화에 능동적 대처가 가능하고 일하는 방식과 근무 시간의 변화를 적극적으로 수용하는 새로운 근로 문화	100.00
10	과정에 대한 통제적 관리를 지양하고 과업의 효율과 효과에 초점을 맞추어 구성원의 과업 수행을 돕는 성과 문화	100.00
11	시간의 낭비, 서류의 낭비 등 물리적 저해 요소를 없애고 각종 회의/보고/결재 시스템의 최적화를 돕는 낭비 제거 문화	90.00
12	개인의 의식, 소양, 역량 등 다양한 부문의 학습 지원을 통해, 개인과 조직의 발전과 성장을 지속적으로 돕는 학습 문화	90.00
13	개개인의 삶과 가족에 대한 배려는 물론, 구성원의 가정에 대한 존중이 기반이 된 친가족 문화	80.00
14	출근이 기다려지는 조직, 동료가 있어 든든한 조직, 즐겁고 역동적인 조직을 만들어 나가기 위한 행복 문화	90.00
15	권위와 위계, 통제가 근간이 된 전통적 수직 문화를 타파하고, 탈위계/탈권위/탈통제적 사고가 근간이 되는 수평 문화	80.00
	평균	91.33

〈도표 3-91〉 G 유형(Case G)의 문화 개선 목표

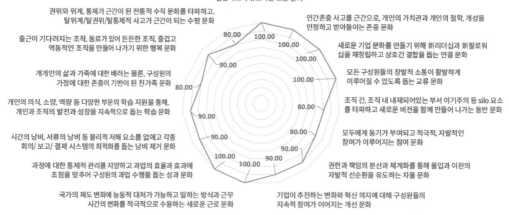

새로운 문화를 적극적으로 수용하고 오픈마인드를 함양하도록 유도하는 오픈 문화

권위와 위계, 통제가 근간이 된 전통적 수직 문화를 타파하고, 탈위계/탈권위/탈통제적 사고가 근간이 되는 수평 문화

출근이 기다려지는 조직, 동료가 있어 든든한 조직, 즐겁고 역동적인 조직을 만들어 나가기 위한 행복 문화

개개인의 삶과 가족에 대한 배려는 물론, 구성원의 가정에 대한 존중이 기반이 된 친가족 문화

개인의 의식, 소양, 역량 등 다양한 부문의 학습 지원을 통해, 개인과 조직의 발전과 성장을 지속적으로 돕는 학습 문화

시간의 낭비, 서류의 낭비 등 물리적 저해 요소를 없애고 각종 회의/보고/결제 시스템의 최적화를 돕는 낭비 제거 문화

과정에 대한 통제적 관리를 지양하고 과업의 효율과 효과에 초점을 맞추어 구성원의 과업 수행을 돕는 성과 문화

국가의 제도 변화에 능동적 대처가 가능하고 일하는 방식과 근무 시간의 변화를 적극적으로 수용하는 새로운 근로 문화

인간존중 사고를 근간으로, 개인의 가치관과 개인의 철학, 개성을 인정하고 받아들이는 존중 문화

새로운 기업 문화를 만들기 위해 新리더십과 新팔로워십을 재정립하고 상호간 결합을 돕는 연결 문화

모든 구성원들의 창발적 소통이 활발하게 이루어질 수 있도록 돕는 교류 문화

조직 간, 조직 내 내재되어있는 부서 이기주의 등 silo 요소를 타파하고 새로운 비전을 함께 만들어 나가는 동반 문화

모두에게 동기가 부여되고 적극적, 자발적인 참여가 이루어지는 참여 문화

권한과 책임의 분산과 체계화를 통해 몰입과 이완의 자발적 선순환을 유도하는 자율 문화

기업이 추진하는 변화와 혁신 의지에 대해 구성원들의 지속적 참여가 이어지는 개선 문화

〈도표 3-92〉 G 유형Case G의 문화 개선 목표

3) '스마트한 제도 개선', 집중화 된 권한을 분산하여, 잠재력을 끌어올리라

- 배려와 감사함이 제도에 깃들다

G 레벨의 제도는 제도 시스템의 완성이라는 관점에서 보다 나아가 모든 구성원을 자발적으로 참여시키고 그들의 잠재력을 끌어올리는 목표를 가져야 한다.

앞서 문화 편에서 설명한 '행복 문화'와 결부하여 제도적 예를 들자면, 구글은 자신에게 도움을 주었거나 훌륭한 성과를 거둔 사람에게 동료가 공개적으로 칭찬하는 제도를 운영하고 있다. 'G Thanks'라는 제도로, 온라인On-Line 양식에 상대방에 대한 고마움을 표시하기 위해 그 이름과 내용을 간략히 기입한다. 칭찬 내용이 공개적으로 게시되고 구글플러스를 통해 공유되는 등 감사 인사를 공개함으로써 도움을 주고받는 배려와 감사함에 대한 '행복'은 '제도'를 통해 실현되고 '문화'로 정착된다. 또한 칭찬만으로 부족하다고 느낄 경우, '동료 보너스'를 선택하여 조직에서 동료에게 현금 175달러의 보너스를 지급할 수 있다. 이 제도에 경영진의 관여는 없으며 선정된 직원에 대한 리더의 승인 과정이 완료되면 즉시 지급이 진행된다.

구글의 한 관계자는 "우리는 직원들이 옳은 일을 할 거라고 믿어줄 때 그들이 정말 실제로 옳은 일을 한다는 사실을 알았다. 직원들이 서로 보상하는 것을 허용할 때, 회사 안에는 칭찬과 봉사의 문화가 정착되고, 직원들은 주인처럼 생각하는 것이 옳다는 걸 깨닫는다."라고 말한다. 구글 모든 조직의 성과는 아름다운 결과를 만들어 내기 위해 반드시 아름다운 과정을 거치게끔 제도를 설계한다. 바이럴 페이Viral Pay, 지땡스G-Thanks, 동료 보너스 제도 등은 기본적으로 모든 구성원에 대한 신뢰를 바탕으로 이뤄지며, 진정성 있는 배려는 '행복 문화'와 '수평 문화'를 조성할 수 있는 최고의 관계이다.

- 새로운 변화에 모두가 동참한다

최근 많은 조직에서 새로운 경영 방식으로 '애자일Agile' 조직 문화에 대한 관심이 높다. '기민함', '민첩함' 이라는 의미로 사무 환경의 부서 간 벽을 허물고 팀원에게 의사 결정 권한을 부여해 신속하게 업무를 진행하는 방식을 뜻한다. 애자일 경영 방식이 화두로 떠오른 이유는 언제 어떻게 변화할지 모르는 업계 트렌드나 흐름, 이슈의 변화 등 불확실한 미래에 발 빠르게 대처할 수 있는 전략이 필요하기 때문일 것이다.

애자일의 대표적 조건을 꼽아 보자면,

✓ **첫째,** 경계 없는 조직 문화를 형성한다. 가까운 동료뿐만 아니라 자주 마주치기 어려운 직원들과 소통도 원활할 수 있게 만드는 환경과 제도를 구축하는 것이다.

✓ **둘째,** 업무의 마감 기한을 명확히 설정한다. 빠른 대응력이 필요한 현대의 조직은 업무 특성에 따라 프로젝트형 조직으로 참여자의 역량이나 시간에 따라 자유롭게 참여가 가능하도록 설계하며, 제한 시간을 두고 무엇이든 만들어 내도록 독려한다. 마감 기한은 평균적으로 프로젝트당 2주 정도로 둔다.

✓ **셋째,** 비주얼 플래닝Visual Planning을 통해 업무의 목표, 개요, 진행 사항, 추진 고려 요소, 변동 사항 등 과업 플로의 전체적인 사항을 모든 참여자가 한눈에 확인할 수 있도록

모든 업무 사항을 도식화圖式化하여 공유한다. 이렇게 업무가 시각화되면, 불필요한 미팅과 회의가 줄어들고, 일이 어떻게 진행되고 있는지 개인에게 확인할 필요가 없어지며 표로써 한눈에 확인할 수 있게 된다.

미국 최대 온라인On-Line 의류 쇼핑몰 '자포스Zappos'는 수많은 프로젝트를 수행하는 서클circle 단위의 애자일 조직을 운영한다. 자포스의 창업자 토니 셰이Tony Hsieh는 '다운타운 프로젝트Downtown Project'라고 불리는 본사를 화려한 빌딩이 아닌 도시로 만든 장본인으로 유명하다. 조직 내에서 자연스럽게 예술가, 뮤지션, 창업가 등 다양한 구성원들과 마주칠 수 있는 일상 환경을 조성하여, 자연스러운 협력을 통해 조직의 혁신성과 창의성을 높이고자 하는 경영 철학을 실천함으로써 많은 이의 찬사를 받았다. 2014년부터 자포스는 '홀라크래시Holacracy'라는 조직 실험을 통해 '목적형 조직' 운영을 위한 애자일Agile의 새로운 발전형을 제도적으로 시행하고 있다.

〈그림 3-93〉 ZAPPOS CEO, Tony Hsieh

홀라크래시Holacracy란 1967년 Arthur Koestler의 『The Ghost in the Machine』에서 사용된 'Holarchy'에서 인용한 것으로, 자율적이고 자급자족의 단위이면서 더 큰 전체에 의존적인 단위로 이루어진 시스템을 뜻한다. 자포스가 시행하고 있는 홀라크래시Holacracy에서 자율적 단위는 '서클Circle'이며, 개별 서클Circle이 각각의 자율성을 보장받으면서 동시에 조직 목적을 달성하기 위한 목적 지향 형태의 새로운 조직 구조를 제도로 체계화한 것이다.

자포스의 단위별 조직서클 내 모든 구성원은 하나 이상의 역할을 수행하게 된다. 그 역할은 자율적으로 협의하여 합의된다. 즉, 전통적 방식에서의 리더가 각 구성원에게 일과 역할을 할당하는 방식이 아니라, 각 서클Circle에 동참하고 참여한 구성원들이 자발적/자율적으로 역할과 프로세스를 정의하고, 수정을 논의하며, 수행해 나간다. 모든 프로젝트는 조직의 목표에 따라 목적 지향형 서클Circle들에 의해 운영된다. 또한 조직 목적에 부합하여 구체적인 서클 목표가 규정되고 프로세스가 확정된다.

대개 조직은 직위가 높아지면 권한이 집중되는 일반적 구조를 가지고 있다. G 레벨에서는 의도적으로 제도를 통해 집중화된 권한을 분산하기 위한 노력을 해야 한다. 이는 분산된 역할과 책임 구조의 변화를 뜻하며, 빠른 의사 결정, 즉시 의사 결정을 내릴 수 있는 구조로 변화하는 것을 의미한다. 전통적인 조직이 가지고 있는 의사 결정의 방식은 조직의 현안과 이슈에 대한 대응이 너무 늦게 이뤄질 수밖에 없다. 앞서 자포스의 예시에서와 같이, 서클 단위의 유닛을 구성하고, 확산하며, 서클 내 역할과 책임 범위에 대한 거버넌스를 명시하고, '연결자' 또는 '조정자'외부 전문가나 내부의 임원급이 맡는 경우도 많다를 통해 조직 목표에 대한 프로젝트별 성과와 기여도의 측정과 분석, 새로운 단위 서클의 확장 또는 임무가 완성된 프로젝트 서클Circle의 해체 등 다양한 제도적 역할이 필요할 것이다.

여기서 흥미로운 점은, 프로젝트에 따라 다양한 구성원들이 모인 서클 유닛이기 때문에, 하나의 서클Circle에 리더를 맡고 있다고 해서, 다른 서클Circle의 리더가 되는 것은 아니며, 직급에 따른 역량과 분야의 전문성으로 서클의 리더와 팔로워Follower가 선정되기 때문에 평소보다 팔로워Follower들의 역할이 커질 수밖에 없다는 점이다. 따라서 이들이 모인 서클은 프로젝트 수행의 역할과 프로세스를 규정하고 전체 조직 내에서 그들이 각기 맡은 분야를 명확히 책임지며 임무를 수행한다. 즉, 모두가 책임자로서 의식을 가지고 참여하게 된다. 서클Circle들 사이의 조정은 제도화된 '연결 역할Connecting Role'의 담당자가 수행하게 되며 '연결자'로서 조직 내에서 가장 큰 역할을 수행하게 된다.

- 실패를 예측하고 그 원인을 곱씹다

코로나19로 인한 팬데믹Pandemic시대가 2021년을 관통하고 있다. 그 어느 때보다도 현시대는 새로운 경영 기법과 그 제도적 시스템 구축에 대한 관심이 높아지고 있다. '애자일'은 최근에 개발된 것이 아님에도 불구 뉴스, 기사, 책, 강연 주제로 자주 등장하고 있다. 그 뿐만이 아니라, 앞서 소개한 '자포스'의 홀라크래시와 같은 큰 조직 운영 체계에 이르기까지 전 세계적으로 효과적인 경영 기법을 통한 제도 시스템을 접목하기 위해 다양한 시도가 적극적으로 이뤄지고 있다.

다시 '자포스'로 돌아가 보자. 결론적으로 아쉽게도 자포스는 조직 문화 변화 시도로 현재 어려움을 겪고 있다. 그들이 몇 년 전부터 진행한 '혁신적이면서도 급진적인 조직 문화' 제도인 '홀라크라시'는 현재 다양한 진통에 시달리고 있다. 일각에서는 '실패한 시도'라는 평가까지 있는데, 왜 그 높던 비전과 반응이 이렇게 식어 버리게 된 것일까?G 레벨과 같은 제도와 문화적 성과와 업적, 그 시스템이 상당한 발전을 이룬 조직은 이를 특히 유념해서 바라봐야 한다 그 실패의 원인을 찾자면,

구분	ZAPPOS 실패 원인을 찾아보자
1	아무리 좋은 제도라도 과도한 변화는 '적응'과 '부적응'만 초래하게 될 뿐이다
2	'비체계 속의 체계'를 쫓다가, 체계마저 잃게 되다(급진적 변화로의 '모험'은 '실패' 확률이 크다)
3	결국 문제는 제도 구축을 위해 경험되고 축적된 '시간' 이었다(각고의 갈등 해결 과정이 필요하다)

〈도표 3-94〉 ZAPPOS 실패 원인을 찾아보자

✔ **첫째,** 아무리 좋은 제도라도 과도한 변화는 '적응'과 '부적응'만 초래하게 될 뿐이다. 제도의 목적은 '부적응자'를 색출하는 것이 아닌, '적응자'를 '발전형 인재'로 만들어 조직에 기여하게 하는 것이 목적이다. CEO 토니 셰이는 홀라크라시 제도를 시행하며 이같은 변화를 받아들일 수 없는 직원에게 퇴직 장려금을 줄 테니 회사를 떠나라고 했다. 이러한 파격적 변화는 결국 구성원들에게 거부감을 주었고, 그 시기 20%가 넘는 많은 사람이 회사를 떠났다.

✔ **둘째,** '비체계 속의 체계'를 쫓다가, 체계마저 잃어버렸다. 높은 지위와 명예는 인간의 본능이다. 필자가 앞서 밝힌 바와 같이 제도 명분의 확립, 운영의 투명성, 평가 및 보상의 객관성, 공정성을 통한 구성원 만족성과 제도의 신뢰성 등 사전에 제도를 통한 문화체로 확립되는 인고의 노력을 장시간 투자하지 않고 단기간의 급진적 변화에 '모험'을 걸 경우 큰 '실패'로 돌아올 수 있음을 알자. 우리가 흔히 사용하고 있는 직위를 갑자기 없애면 성과를 냈을 때 보상이 사라지며 동기 부여가 상실된다. 자포스는 보스를 없애는 대신 구

성원 모두가 주인 의식을 가진 리더가 되길 바랐으나, 직급 체계의 붕괴로 인해 모두가 팀장급 이상의 책임을 지니게 되었다. 자포스의 상당수 직원들, 특히 주니어들은 리더의 책임과 권한의 부여가 감당하기 힘든 일이었다고 토로한다.

✔ 셋째, 결국 문제는 제도 구축을 위해 경험되고 축적된 '시간'이었다. 새로운 조직 문화로의 이행에는 분명히 시간이 걸린다. 필자가 굳이 A~H의 유형을 두어 독자들에게 논리를 전개하는 것도 각 구분된 특성이 갖는 요소로의 집중이 아닌 체계, 즉 시스템을 만들어 가기 위한 각고의 과정과 노력이 다양한 갈등과 오류, 해결 과정 속에서 체득화되어야만 진정한 제도적 시스템을 통한 문화적 혁신에 근접하게 된다는 것이다.

많은 조직은 '수평 문화'를 표방한다. '위계질서'를 폐지하는 것이 '수평 문화'는 아닐 것이고, '호칭 제도'를 사용하는 것이 '유연한 조직 문화'로 변화하는 것이 아닐 것이다.
지포스 사례는 많은 조직에게 여러 시사점을 안겨 준다.

No	G 조직의 제도 개선 목표	리커트 척돗값
1	명확한 비전과 목표 제시를 통해 명분과 정당성이 정립되도록 하기 위한 제도 개선	100.00
2	참여의 기회가 모두에게 주어지고 평등성이 보장되도록 하기 위한 제도 개선	100.00
3	제도 시행이 적절한가에 대한 타당성이 입증되도록 제도 개선	100.00
4	운영의 신뢰성이 전체 구성원들에게 확보되도록 하기 위한 제도 개선	100.00
5	제도 운용의 전 과정이 투명성 있게 추진되도록 하기 위한 제도 개선	100.00
6	전반적 제도 운용의 실질적 효과에 대한 유효성 검증 차원에 대한 제도 개선	100.00
7	조직에 실질적으로 유용하도록 제도의 주기적인 보완성이 확보되는지에 대한 제도 개선	100.00
8	구성원들이 개진하는 개선안의 적용 등 의견에 대한 수렴성이 반영되는지에 대한 제도 개선	100.00
9	회사가 제도 발전의 책임과 의무를 다하도록 미래 지향적 전향성을 가속화하기 위한 제도 개선	100.00
10	시대의 흐름과 기술력의 발전에 따른 근무 형태에 맞게 개발성이 확보되는가에 대한 제도 개선	100.00
11	구성원 평가의 절차와 방법에 대해 객관성을 확보하기 위한 제도 개선	100.00
12	성과 측면 보상의 규모와 범주에 대한 구성원 만족성이 충분한가에 대한 제도 개선	100.00
13	성과 측면의 보상에 대한 공정성이 명확히 유지되도록 하기 대한 제도 개선	100.00
14	구성원의 사기 진작은 물론, 특별한 관심과 보호가 필요한 부문의 복지성에 대한 제도 개선	100.00
15	구성원들의 꾸준한 역량과 잠재력의 발전을 돕는 학습성이 보장되는지에 대한 제도 개선	100.00
	평균	100.00

〈도표 3-95〉 G 유형(Case G)의 제도 개선 목표

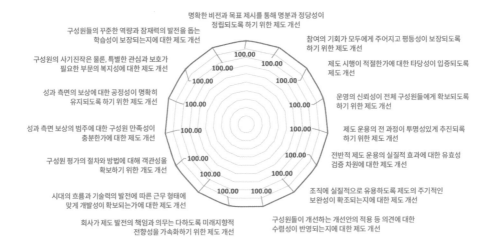

명확한 비전과 목표 제시를 통해 명분과 정당성이
정립되도록 하기 위한 제도 개선

구성원들의 꾸준한 역량과 잠재력의 발전을 돕는
학습성이 보장되는지에 대한 제도 개선

참여의 기회가 모두에게 주어지고 평등성이 보장되도록
하기 위한 제도 개선

구성원의 사기진작은 물론, 특별한 관심과 보호가
필요한 부문의 복지성에 대한 제도 개선

제도 시행이 적절한가에 대한 타당성이 입증되도록
제도 개선

성과 측면의 보상에 대한 공정성이 명확히
유지되도록 하기 위한 제도 개선

운영의 신뢰성이 전체 구성원들에게 확보되도록
하기 위한 제도 개선

성과 측면 보상의 범주에 대한 구성원 만족성이
충분한가에 대한 제도 개선

제도 운용의 전 과정이 투명성있게 추진되도록
하기 위한 제도 개선

구성원 평가의 절차와 방법에 대해 객관성을
확보하기 위한 개도 개선

전반적 제도 운용의 실질적 효과에 대한 유효성
검증 차원에 대한 제도 개선

시대의 흐름과 기술력의 발전에 따른 근무 형태에
맞게 개발성이 확보되는가에 대한 제도 개선

조직에 실질적으로 유용하도록 제도의 주기적인
보완성이 확조되는지에 대한 제도 개선

회사가 제도 발전의 책임과 의무를 다하도록 미래지향적
전향성을 가속화하기 위한 제도 개선

구성원들이 개선하는 개선안의 적용 등 의견에 대한
수렴성이 반영되는지에 대한 제도 개선

100.00 (×15)

〈도표 3-96〉 G 유형(Case G)의 제도 개선 목표

우리는 지금까지 G 유형 레벨의 '공간', '문화', '제도'의 수준과 더욱 발전하기 위한 개선의 목표점에 대해 살펴보았다. 본서는 '스마트한 일터'로 변화하기 위한 정의와 목적, 그 수준을 핵심의 3요소로 풀어 가고 있다. 필자가 '스마트한 일터'의 '완성형'이란 표현을 자주 사용하고 있으나, H 단계에 이어 마지막 결론 부분을 써 내려 갈 때를 즈음하여, 아마도 새로운 이상향에 대해 다양한 전문가들의 새로운 시각이 존재할 수 있을 것이다. 필자의 지론이 결론적으로 수많은 조직에게 '정답'이길 바라는 마음은 '0%'라고 단언한다. 다만 이 과정스마트한 일터를 목표화하고, 직면하게 될 문제들을 예측하고, 개선해야 할 목표점에 대한 실천 방안을 마련하고, 결국 묵묵히 추진해 나가는 과정을 통한다면 '100%' '스마트한 일터'로 다가서게 될 것을 확신한다.

No	G 조직의 '스마트한 일터' 3요소 종합 목표치	리커트 척돗값
1	공간 개선 목표치	89.33
2	문화 개선 목표치	91.33
3	제도 개선 목표치	100.00
	평균	93.56

〈도표 3-97〉 G 유형(Case G)의 공간/문화/제도 개선 목표

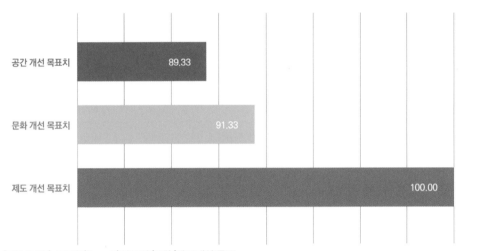

〈도표 3-98〉 G 유형(Case G)의 공간/문화/제도 개선 목표

Case H〉괄목상대刮目相對:

'공간 개선 현황'긍정, Positive, '문화 개선 현황'긍정, Positive, '제도 개선 현황'긍정, Positive

– '괄목상대刮目相對'는 '눈을 비비고 다시 보며 상대를 대한다'라는 뜻으로,

   '과거에 비해 빠른 속도로 학식이나 업적이 크게 진보하고 있거나 발전하는 상황'을 말한다.

   필자가 소개한 A~H 유형 중 마지막 H 레벨 단계에 이르렀다. H는 '공간', '문화', '제도'의 형태가 매우 '긍정적'인 수준이다. 특히 '스마트한 일터'의 개선 목표점 평균3요소의 개선 목표점 평균이 '100%'이다. 아니, 정확히 말하면 '100%+@'로 귀결된다. '+@'에 대한 부분은 마지막 결론 부분에서 '스마트한 일터'의 3요소가 가지는 각 개선 목표의 지향점에 따른 척도, 미래 조직의 추가 성장 동력에 대한 고민을 담는 시간에서 논하겠다. 즉, H 유형은 이미 매스컴에서 소개하는 '새로운 변화에 성공한 기업'일 수도 있고, 작고 강하지만 아직 세상에 드러나지 않은 '숨은 조직'일 수도 있겠다. 다만 그 평가가 관점이 되기보다본서의 흐름이 지금껏 그래왔듯 '다양한 변화를 추구하고, 그 결과 성공으로 평가를 받는 기업'도 새로운 목표점이 필요할 것이기에 마지막 H 레벨의 조직을 통해 '완전무결함'의 100% 개선 목표점이 아닌, '지속적 성장성'의 100% 개선 목표점을 화두로 하여 본론을 마무리하도록 하겠다.

구분	H 유형(Case H)의 '스마트한 일터' 개선 목표	
1	스마트한 공간 개선	성과를 재투자하라
2	스마트한 문화 개선	수평적 조직 문화를 완성하라
3	스마트한 제도 개선	'제도'라는 믿음을 통해 직원을 가슴 뛰게 만들라

〈도표 3-99〉 H 유형(Case H)의 '스마트한 일터' 개선 목표

1) '스마트한 공간 개선', 성과를 재투자하라

H 레벨은 '스마트한 공간'의 완성형에 있어, '개인 공간'과 '공용 공간'의 개념은 '공유' 의 개념으로 이미 '체득화', '내재화'가 되어 있는 상태고, 특별히 이분법적인 구분이 필요 없다고 판단하여, '개인 공간'과 '공용 공간'의 구분이 아닌, '업무 공간'과 '편의 공간' 으로 구분하여 소개한다.

- 업무 공간, 비로소 '스마트한 공간'에 다가서다

비로소 공간의 개선 목표도 '스마트한 공간'의 완성형을 지향하게 된다. 사무 환경은 개방형 공간으로, 위계적 배치는 수평적 배치로, 사전 진단에 따라 인원과 사용 목적별 로 다양한 공간이 설계되었다. 각 공간은 개인 업무 공간을 중심으로 파티션과 칸막이가 최소화 파티션의 구성은 소통과 협업의 정도에 따라 집중 업무 공간 내에도 그 높이를 각기 달리하여 구성할 수 있다 되어 물리적 장벽을 없앴으며, 사용자들이 자연스럽게 마주치고 교류와 대화를 유도할 수 있도록 공간의 연결성을 높였다. 특히 집중 업무와 보안 업무가 필요한 사용자나 팀을 위해 예약 및 보안 시스템을 접목하여 통합 라운지를 제외한 필수 업무 공간에 사용의 불편함이 없도록 하였다.

과거 단독 공간으로 배정되었던 부서장이나 팀장의 공간도 사라져, 모든 사용자와 마찬가지로 평등한 사용을 장려한다. 즉, 수평적 좌석 배치로 운영되며, 특정인을 배려한 책상 사이즈의 차등은 이제 찾아볼 수 없으며, 다양한 크기의 디자인 가구는 모두 공용 공간으로 전환/운영된다. 창가 등 전망 좋은 곳에 1인당 고정석으로 배치되던 임원실은 창가와 벽 등 업무 공간을 중심으로 분산되어 별도의 지정실로 고정하지 않고 임원 간 공유하여 예약제로 사용된다. 또한 임원실은 공실일 경우 부족한 회의실을 대체할 수 있는 좋은 대안이 될 것이다.

기존 'ㄱ'자형 책상에 비해 좌석 재배치 및 가구 이동이 수월하고 면적 점유 비율을 최소화하기 위해 환경 변화에 따라 '一'형 책상으로 변경된다. 별도의 모니터 2개 이상가 배치된 '모니터 존'을 제외하고 업무 공간의 책상 사이즈는 '1,200X800mm'으로 구성한다전용 면적의 여유가 있을 경우 '1,400X800(mm)' 또는 '1,200X800mm'와 혼용하여 배치할 수 있다). 'ㄱ'자형 책상보다 각이 넓은 커브드 타입Curbed Type형 책상보통 디자이너들은 Y자형 책상이라고 부른다으로도 구성할 수 있는데, 직사각형보다 정사각형에 가까운 사무실의 경우 환경의 쾌적함과 사용 용도의 확장을 위해 설치하기도 한다. 커브드 타입 책상의 경우 3개 1Set로 마주 보며 3인이 마주 보며 일하게 구성이 가능하며, 변형에 따른 결합과 분리를 통해 여유 공간 면적을 고려 6, 9개 등 Set를 좌우로 붙여 확장 또는 축소가 가능하다.

업무 책상 사이즈를 줄여 개인 공간 면적을 최소화하되 반대로 공용 공간의 면적을 늘려 주는 효과를 통해 다양한 공간 사용을 유도한다. 특히 사용자 간 대화, 소음과 방음이 원칙적으로 고려되는 개인 집중 업무 공간공용 집중 업무 공간은 대화나 목소리가 밖으로 퍼지지 않게 협업 공간을 폐쇄형으로 구성하여 제공하는 것이 일반적이다.을 제외한 일반 업무 공간 주변에는 의도적으로 회의/미팅 공간폐쇄형&개방형을 배치하여 개인 업무와 협업의 변화가 자연스럽고 용이하도록 배치된다.

회의/미팅 공간은 2/4/6/8/12/20인용 등, 사용 조직의 조직도와 부서 특성, 협업의 정도와 사용 인원 비율 특성을 고려하여 회의 성격에 맞게 다양한 공간을 선택하여 사용할 수 있도록 구성하되, 면적의 여유가 부족한 조직의 경우, 슬라이딩 월Sliding Wall을 통한 회의실을 통합과 분리 또는 이동형 가구를 활용한 책상의 통합/분리가 용이하도록 공간 사용 효율을 극대화하고 공간 사용의 낭비를 최소화한다. 공간 면적이 여유로운 조직에서도 이동과 변형, 재배치가 쉬운 가구를 사용해 회의실 구조를 자유롭게 변경하여 사용하는 경우가 많아지는 추세이다. 앞서 설명한 바와 같이, 대형 회의실은 중/소규모의 회의실로 변형되며, 자료의 공유와 발표, 워크숍, 세미나 등 다양한 목적에 맞게, 태블릿Tablet PC, TV, 빔 프로젝터개방형 공간에 빔이 설치될 경우, 빛이나 눈 부심 등을 방지하기 위해 조명이나 암막, 벽의 색채 등을 고려하여 배치한다. 등을 취사 배치하고 충전기와 콘센트 등 전원 공급 라인도 필히 고려된다.

특히 폐쇄형 영상 회의 공간 구조는 개인이 사용하는 모바일에 헤드셋이나 웹캠 등을 배치하여 원격 회의를 위한 지원이 가능하며, 영상 회의가 빈번히 일어나는 조직의 경우 조직별로 그 사용 목적이 상이하지만 해외 등 타국에 지사가 있거나 국내외 파트너스(Partners) 등과 미팅이 필요할 경우 아예 영상 회의 설비를 갖춘 별도 회의실을 요소에 설치하여, 보안이나 집중의 문제도 함께 해결한다.

또한, 업무 또는 사적 통화에 불편함이 없도록 폰 부스Phone Booth가 요소에 설치된다. 사용자의 손쉬운 활용, 방음에 특화, 1~2인 업무주로 1인용 집중 업무 공간으로 활용되는 경우가 많다나 보안 업무도 동시에 가능할 것이다.

사무실 입구로부터 복도 계단으로 이어지는 경로에 조직의 역사, 창립자 경영

〈그림 3-100〉 조직의 필요성에 따라 공간의 형태는 지금도 계속 진화 중이다

철학, 각종 정보를 담는 등 다채로운 디자인 요소가 가미된다. 특히 건물로 들어가는 출입구 부근이나 층별 입구에는 접견인을 위한 접견 공간을 마련한다. 접견실은 주로 사무실 외부에 두나 특별 외부인의 접견이나 내방 빈도, 보안 정도에 따라 내부에도 접견실을 설치할 수 있다. 또한 로비 및 층별 입구 부분에 디지털 스크린을 설치하여 조직 관련 뉴스, 제품 홍보, 실적 향상, 사회 공헌, 회사 소개 등 다양한 용도로 활용이 가능하다. 특히 사무실 입구의 라인을 따라 개인 사물함개인 로커을 제공하여 운영한다. 내부의 면적이 좁을 경우, 부득이 외부 복도에 설치하는 경우도 있으나 대부분 내부에 설치한다. 개인 로커는 공실률이 많거나 설치 면적의 한계가 있을 경우, 사전 진단 데이터를 고려하여 설치 비율을 인원 대비 줄여 예약제로 운영할 수 있다. 면적의 여유가 없을 경우 세로 3단 설치3단 로커 형태로, 면적 여유가 있는 경우 의류의 수납까지 용이하게 되도록 세로 2단 설치2단 로커를 권장한다.

OA존은 부서별로 배치되던 프린터의 수가 대폭 줄어든다. 처음에 심했던 부서별 반발도 회의 및 보고 문화 개선, 문서 생성량 및 회수의 축소, 페이퍼리스 캠페인 등 출력물을 최소화하는 전사적 노력에 따라 층별 1~2대의 복합기1대당 약 50여 명이 활용 가능한 정도로도 충분히 활용이 넉넉하다. 절대 팀별 1대씩 있어야 한다는 부서도 기존의 소형 프린터를 제공했고, 결국 인쇄가 필요한 특정 부서를 제외하고는 전사적 출력량 자체의 감소 노력에 따라 대부분 적응이 된다. 또한 클라우드 프린터를 활용하여 인쇄 작업 시, 프린터에 개인 사원증을 터치하면 출력물이 인쇄되도

록 할 수 있고, 사전 인쇄가 걸린 여러 명의 출력물이 섞이지 않는 혼란을 미연에 방지할 수 있다. 또한 사무실 내 비치된 프린터 중 어느 곳에서도 자유롭게 출력이 가능하기에 그 활용 효율이 높다.

- 편의 공간, 모든 사용자의 '감성'까지 사로잡다

앞서 수차례 강조하였듯, 우선 복지의 개념을 포함한 편의 공간은 제도와 문화의 완성도에 따라 그 활용의 효율과 효과 면에서 편차가 심하다. 우선 모든 업무 공간사무 공간은 편의 공간의 성격이 가미된다. 타 유형에서 특별히 라운지나 캔틴Canteen을 제외하고는 모든 사무 환경을 업무 공간의 성격으로 고정하는 데 반해, 현재의 수준에서는 얼마든지 업무 공간에서도 몰입과 이완을 자유롭게 혼용하여 공간이 활용된다. 목표는 '성과'이지 '과정'이 아니기 때문이다. 즉 H 레벨G 레벨 이상을 가정한다면 그 활용과 만족도 측면에서 큰 문제가 없을 것이나 잔여 A~F 조직의 편의 및 복지 시설을 디자인할 경우 자칫하면 그 공간이 애물단지가 되어 버릴 소지가 크다.

H와 같이 자유롭고 자율적인 분위기에 익숙해지면 근무 중 휴게실을 이용하는 것도 타인의 시선을 크게 의식하지 않는다. 빡빡한 일정의 업무를 소화하는 사이에 잠깐 가지는 이완의 시간이 서로에게 '실'보다 '득'이 될 것이란 사실을 공감하고 있기 때문이다. 따라서 일례로 제도적으로 공간 활용에 따른 '몰입과 집중의 시간'을 두었다면, 반대로 사용자의 신체 리듬과 휴식을 의식한 '이완과 교류의 시간'을 별도로 편성하는 것도 좋은 방안이다. 편의 공간의 동선은 자유롭게 배치된다. 주목할 만한 것은, 조직 문화의 경직도가 작은 기업일수록, 편의 및 복지 공간의 분포가 넓게 분산되며, 조직 문화의 경직도가 높은 기업일수록 편의 및 복지 공간은 사각으로 숨어든다.

〈그림 3-101〉 편의 공간을 보면 조직의 지향점이 보인다

H 레벨에서는 의도적으로 편의 공간과 복지 공간의 비율을 늘리고 요소로 분산시키는 것이 장기적 측면에서 유리할 수 있다. 더불어 소규모의 편의 공간을 여러 곳으로 배치한다. 편의 공간이 한곳에 넓게 구성되어 있는 것보다 활용도 측면에서 그 구축 성과가 크게 나타난다. 한 곳에 집중하여 넓게 구성된 휴식 공간도 공간의 목적이 명확하겠지만, 사람이 모이는 밀도에 따라 제대로 된 휴식을 취할 수가 없기 때문이다. 따라서 오로지 휴식을 목적으로 하는 소규모의 편의 공간을 구축할 경우, 사무실 내 분산 배치하여자율 좌석제를 고려 내 근무 배치에 따라 자유롭고 편안한 휴식을 가지도록 유도한다. 협업을 요하는 개방적 근무 환경에서 편의 성격의 공간 배치는 단적으로 조직 문화의 위계도를 가늠하는 중요한 잣대가 되기도 한다. 공개적인 장소에서의 자연스러운 휴식과 '자신만의 은신처'를 중요시하는 요구까지, 적재적소適材適所의 공간 배치로 내부 고객들의 신뢰를 잡아 보자.

편의 공간은 그 조직의 수평적 문화를 가늠할 수 있을 뿐만 아니라, 정체성도 나타낸다. 픽사Pixar 캘리포니아 스튜디오는 광활한 거실현재의 통합 라운지을 건물 중앙에 두었다. 오가는 직원이 우연히 만날 수 있도록, 마치 좌뇌와 우뇌의 에너지가 서로 만나 시너지를 이루는 것처럼 자연스러운 결합과 화합을 통한 창의를 최우선으로 하는 발상으로부터의 설계다. 페이스북은 옥상에 수천 그루의 나무를 심어 두뇌 피로를 풀 수 있도록 배려하였으며, 구글은 "사내에서 먹고 놀고 마시게 하라."라는 모토로, 오락실, 운동 시설, 산책로, 레스토랑 등을 빼곡히 갖춘 캠퍼스를 창조했다. 이처럼 공간은 회사의 경영 철학과 하나가 되어 그 전략을 담아 움직인다. 특히 비교적 일률적 구조로 구성되는 사무 공간의 형태에 비해 편의 공간은 그 선택의 폭이 넓다. H 레벨은 회사 또는 브랜드 정체성과 역사, 경영 철학을 모두 담는 그릇으로서 편의 공간을 활용할 필요가 있다.

미래 디지털 시대의 일터는 일과 개인의 사생활 사이에 놓인 결합 공간으로 진화하게 될 것이다. 회사 안에 설치된 충분한 복지 시설은 구성원들에게 만족감과 생산성을 높여 주는 계기가 된다. 워라밸Work&Life Balance이 개인의 삶과 일 사이에 확실한 선을 그어 균형을 맞춰야 한다는 개념이었다면, 미래의 시대는 회사의 업무를 사무실을 벗어나서 할 수 있음은 물론, 집에서도 할 수 있도록 수용하듯, 개인의 삶을 충분히 수용해야 하며,

'홈 라이크 오피스Home Like Office'와 같이, 구성원들이 자기 집처럼 아늑하고 편안한 환경의 편의 공간을 조성해 심리적 안정감을 주는 것이 중요하다. 구성원들의 다양한 개성과 그들의 삶을 존중하고 다양성을 담는 편의 공간이 다채롭게 마련된다면 '직원 감동'과 '밀레니얼Millennial 세대'의 인재 포섭이라는 두 마리 토끼를 잡을 수 있을 것이다.

- 코로나가 주는 공간 변화의 교훈

원격/재택근무는 코로나19로 인하여 전 세계적으로 동시에 전 분야에 걸쳐 진행된 사회적 실험이라 할 수 있다. 과거 먼 나라 이야기로 치부되고 조직에서 거부되었던 재택근무는 이제 당면한 필수 요소로 자리 잡았고, 이에 따라 모든 조직은 다양한 제도적, 기술적 장치의 준비에 여념이 없을 것이다. H 레벨은 근무 형태의 변화에 있어 재택근무의 경험과 만족도 모두 높게 나온다. H에게 현재 상황에서 고려 사항은 시스템과 인프라가 아닌, 재택근무에 대한 장단점 평가와 손익 계산에 대한 문제 또는 일상 및 비상시의 재택근무 운영에 대한 제도적 성과의 문제일 것이다.

〈그림 3-102〉 과거에는 상상도 하지 못했던 재택 근무

SK텔레콤은 서울 도심 본사로 출근하는 대신 서울 전역과 인근 도시의 분산 사무실로 출근할 수 있도록 하여, 전 직원의 출근 시간을 20분 이내로 줄이는 방안을 추진한다고 발표하였다. Gallup 조사에 따르면 미국의 경우, 코로나19 이전에는 원격/재택근무 비중이 3.2%였으나 현재까지 63% 정도가 재택근무를 하고 있고, 직원의 80% 이상이 재택근무를 했다는 응답률도 68%에 달했다. 이는 오피스 자체로써의 기능, 공간 형태 기능뿐 아니라, 원격 작업과 호환이 되는 오피스 시스템이 공간과 일상에 녹아들어야 한다는 큰 교훈을 준다. 전 세계의 글로벌 기업들의 행보는 거점 오피스를 중심으로 '디지털 근무 체제'로의 확실한 전환의 변곡점을 시사하며 향후

'영구적인' 재택근무, '노마드Nomards형' — 유목민의 이동형 생활에서 비롯한 — 근무 제도 도입 등 다양한 근무 방식을 통한 공간의 변화를 시사한다.

H 유형은 공동 업무 공간, 고정 자리 없는 공간을 전격 도입하여 적용함으로써 임대료 절약에도 큰 효과를 누릴 수 있다사실 가장 확실한 임대료 등 사무 공간 비용 절감은 재택근무 또는 극단적으로 가능하다면 거점 오피스의 제거일 수 있겠다. 또한 비용 측면뿐 아니라, 유연한 공간을 제공하여 큰 성장을 도모하고 있다. 그동안 기업 조직들은 사무실 근무 관행과 변화에 따른 불확실성 때문에 재택근무로 넘어가는 데 주저했으나, 팬데믹 시대로 급속한 대전환의 상황을 겪으며 사무실 형태의 유지에 대해서 근본적으로 다시 생각하게 된 계기가 마련되었다고 판단된다. 이는마지막 4장에서 다루겠으나 오직 회사의 유지와 성장에 있어 성과 측면으로 집중하여 바라볼 때, 그 가능성이 검증되고 실행 리스크가 확실히 제거된다는 가정 하에 미래의 시대는 '재택근무'나 '원격 근무'의 형태를 빠르게 넘어 '탈오피스' 형태로 다가서게 될 것이라 본다.

H의 사무 환경은 구성원의 삶의 구조 및 목적, 의미를 부여하는 공간이다. 집에서 잠자는 시간을 제외하고는 깨어 있는 일상의 대부분의 시간을 보내는 곳이며, 구성원들이 실제로 '사는 곳'이라고 해도 과언이 아니다. 사무실에서 조직 구성원들과 보내는 시간의 비중이 가족과 지인을 보는 시간보다 더욱 크다. 이제 공간은 사회생활의 터전이고, 조직과 내가 성장하는 공간이다. 사회생활을 시작하며 업무를 배우고, 인생의 경험을 배우는 성장의 공간이다. 비공식적인 대화에서 좋은 아이디어가 나오기도 하지만, 교류하는 여유 속에서 마음의 휴식도 얻을 수 있어야 한다. 이러한 상호 작용을 통하여 창의성이 유발되고 창의성이 결합되며 생산성을 높여 간다. 생산성의 성과는 다시 공간적 투자로 동기 부여화가 된다. 코로나19로 비非대면 업무가 늘어나면서 공간의 역할도 새롭게 재조명되고 있으나, 그 위상의 변화가 심상치 않은 건 사실이다. 다만 H는 휴식과 이완, 편안한 상태에서의 생각이나 친화적 교류를 포함한 다양한 협업, 집중 등 몰입과 창조의 과업 수행 활동에 이르기까지 다양한 목적을 공간에 담아내고, 이를 완성해야 할 단계이다. 이제 H의 공간은 회의, 브레인스토밍, 워크숍, 문화 및 교육 허브 등 개인의 요소를 담는 집단적인 상호 작용을 위한 다양한 활동이 동시다발적으로 일어나는 '스마트한 공간'으로 변화할 것으로 전망된다.

No	H 조직의 공간 개선 목표	리커트 척돗값
1	회사 아이덴티티와 경영 철학, 디자인 철학을 반영하고 지속적으로 확장, 발전해 나가기 위한 공간의 역사성	100.00
2	답답하지 않게 공간이 오픈되고 공간을 사용하는 모든 사용자의 시야가 충분히 확보되는 공간의 개방성	100.00
3	다양한 디자인 요소를 고려한 레이아웃을 통한 적절한 배치를 기반으로 서로 유기적으로 구성되는 공간의 연결성	100.00
4	사용자들이 사용 목적에 따라 각 공간을 이동할 경우, 동선이 충분히 확보되도록 용이하게 구성된 공간의 이동성	100.00
5	몰입 공간과 이완 공간, 업무 공간과 편의 공간, 기타 복지 공간 및 특수 공간 등으로 다채롭게 구성된 공간의 다양성	100.00
6	소통과 협업 목적의 BOX형 공간, 모듈형 공간 등 레이아웃의 변동이 손쉽게 가능하도록 설계된 공간의 변형성	100.00
7	다양한 공간을 통해 활발한 교류와 협업, 업무 & 비업무적 커뮤니케이션 등 네트워킹이 촉발되는 공간의 소통성	100.00
8	모든 사용자들의 신체적, 정신적 편안함을 위해 냉난방, 온습도, 공기 질, 조명, 환기 등이 고려된 공간의 쾌적성	100.00
9	개인이 점유하는 공간 사용을 지양하고 다양하게 구성된 공간을 모든 사용자가 공유하게 되는 공간의 공유성	100.00
10	오염 및 감염의 예방, 환경 이상 감지는 물론, 특정 사용자를 배려한 유니버설 디자인 요소까지 고려된 공간의 안전성	100.00
11	개인 프라이버시의 존중, 특수 정보와 기밀 유지가 가능하도록 공간 및 시스템 솔루션을 제공하는 공간의 보안성	100.00
12	온라인 정보 및 지식 교류, 업무 고도화, 센서, 예약, 제어, 저장, 통합 관리 등 시스템 솔루션을 제공하는 공간의 기술성	100.00
13	다양한 요소들이 결합되어 모든 사용자들의 창발적 교류와 창의적 아이디어 생산을 촉진하는 공간의 창의성	100.00
14	사용자가 공간을 거부감 없이 받아들이고 모든 사용자의 적응이 최우선으로 고려되어야 하는 공간의 수용성	100.00
15	모든 공간을 적극적으로 활용할 수 있도록 장려하는 등 사용자들의 자율적 참여가 기반이 되는 공간의 사용성	100.00
	평균	100.00

〈도표 3-103〉 H 유형(Case H)의 공간 개선 목표

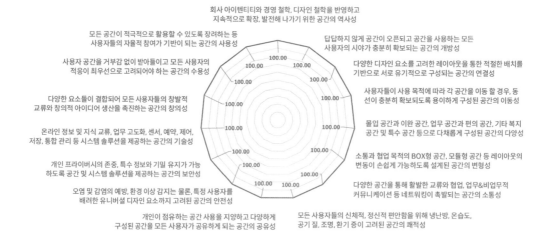

〈도표 3-104〉 H 유형(Case H)의 공간 개선 목표

2) '스마트한 문화 개선', 수평적 조직 문화를 완성하라

- 이제 '개인'과 '조직'의 사이에, '가정'이 스며들어야 한다

H 레벨은 고정 관념을 과감히 타파해 나간다. '혁신적 기업 문화'를 만드는 것이 목표가 아니라, 매일 문화를 바꾸고 채워 나가는 도전의 일상 그 자체의 '문화적 변화'가 목표가 된다. 리더와 팔로워Follower의 구분뿐만 아니라, 남성과 여성 모두에게 평등하고 공정한 조직이 되어야 한다. '수평 문화'는 위계/경직 문화의 틀을 깨고자 하는 '도전자'의 입장에서 사용하는 말이 아닌, 모두가 같은 조건에서 차별 없이 일할 수 있도록 문화체 구성에 성공한 '달성자'의 입장에서 쓰는 말이어야 할 것이다. 차별이 없다는 것은 소통에 근거를 두고 있다. 또한 소통은 자유로움의 원칙에 충실하며, 발전을 위한 방향에 있어서는 개인의 신념과 회사의 성장에 따른 이해관계의 성립이 상당히 높은 수준으로 균형을 이루고 만족스러운 상태이어야 문화적 발전 잠재성이 높다고 할 수 있다.

H 수평 문화가 문화적 기둥 역할을 충실히 해내기 위해서는 '친親가족 경영'이 그 저변에 있어야 한다. 사람 간 '정情'이 통하고 정을 나누는 조직은 '개인-가족-기업'을 연결함으로써 성장을 위한 선순환 구조를 만들게 된다. 가정에서 '엄마'로서 육아의 역할과 '직장인'으로서의 역할을 동시에 수행하는 '여성'에 대한 존중과 배려도 필히 문화적 인식이나 제도적으로 뒷받침되어야 한다. 또한 과거에 비해 가정에서의 역할이 더욱 커진 '아빠'의 입장도 오히려 더욱 중요하게 인지되어야 할 것이다. '친親가족 경영'을 실천한다면 적어도 H 레벨에서 '육아'를 위한 휴직이나 근무 시간의 조정이 - 요소로 작용해서는 절대적으로 안 될 것이다. 특히 출산을 앞두고 있거나, 영유아나 초등학생 자녀가 있는 직원 가족을 위한 다채로운 문화 활동을 정기적으로 운영하고, 전문가 등을 초빙하는 등 육아와 직장 생활에 대한 학습 차원의 복지 프로그램을 문화적으로 아끼지 말아야 할 것이다.

열심히 일한 동료들을 격려하고 축하하며, 구성원들은 가족들에게 자신들이 다니는 회사를 소개하고, 내 버팀목이 되어준 '가족'과 '동료'에게 감사를 보낸다. '개인-기업'의 결합과 조화를 넘어 '가족-기업'의 구조를 만들어야 '개인-가족-기업'이라는 최고의 문화체가 형성될 수 있다. 진정한 수평 문화는 '존중과 배려의 문화', '친親가족 문화', '행복 문화' 등 감성적인 문화체가 형성되어 나타나는 다양한 문화적 시너지근로 문화, 성과 문화, 개선 문화, 낭비 제거 문화, 학습 문화 등로 확대될 것이다.

〈그림 3-105〉 '개인화'속의 '동료愛'가 조직을 성장시키는 새로운 동력이 될 것이다

- 문화의 궁극적 성과는 '지속성'과 '발전성'이 '학습화' 또는 '내재화'되는 것이다

H는 업무 추진 과정에서 체득한 노하우를 개인이 독점하지 않는다. 성공적인 노하우는 공개되고 교류된다. 이렇게 체득한 스킬이나 역량, 경험된 성공 사례 등이 서로 진솔하게 교류되어야 구성원 개개인의 시행착오를 줄이고 조직 전반의 역량을 고도화할 수 있다. 다양한 연구나 개발 과제, 기획 과제 등 추진되는 상황과 경험은 '스마트한 공간'에서 교류할 수 있는 최적의 '소재'들이다. 역량과 스킬, 성공적인 경험담, 심지어 성공적인? 실패담까지 과거를 되돌아보고 현재를 점검하며 미래를 그릴 수 있는 대화의 장을 정기적으로 문화화시켜야 한다.

미국의 '타운 미팅지역 주민들이 정책 결정권자나 선거 입후보자들과 만나 정책과 공약에 대한 설명을 듣고 자유롭게 의견을 교환할 수 있는 미팅의 장'에서 현재 많은 기업에서 사용하고 있는 '타운 홀 미팅Town Hall Meeting'으로 발전하여 운영되고 있다.

구글은, 기업의 최고 경영자가 직원들과 회사의 중요하거나 특별한 주제에 대해 자유롭게 소통을 하던 방식에서 발전하여, 모든 직원 간의 토론을 통해 회사에서 해결해야 하는 중요한 문제의 해결책을 모색하는 것뿐만 아니라, 직원들이 최고 경영자나 경영진에게 궁금해하는 모든 것을 자유롭게 질문하고 답변을 들을 수 있는 완전히 오픈된 공개 회의 방식으로 변환하여 운영한다. 사내 식당인 찰리스 카페Charlie's Cafe에서 매주 목요일 전 직원을 대상으로 토론회를 개최하고 이제는 전 세계적으로 이 미팅이 실시간으로 중계되고 있다. 세계 어디서든 볼 수 있고, 참여할 수 있고, 질문도 할 수 있는 것이다.

〈도표 3-106〉 찰리스 카페Charlie's Cafe, google

다만, 일부 조직에서는 타운 홀Town Hall 미팅이라는 명목으로 대표 이사가 주관하는 '결산 회의'의 성격을 벗어나지 못하고 있는 것을 필자도 많이 확인하였고, 오히려 직원들에게 자유롭게 의견을 제시하고자 하는 미팅에서조차 '우리 조직은 의견 제시가 역시 어렵구나.'라는 한계점을 재확인시켜주는 역효과마저 낳고 있다. 따라서 E 레벨부터는 해당 주제를 통해 담당 부서 주관으로 진행하는 것으로부터 시작하여, 자유로운 주제, 전사로 확장하는 일련의 단계를 거치는 것이 좋고, H 레벨에서는 '스마트한 공간'을 활용한 '스마트한 문화', '스마트한 제도'의 관점에서 가치를 극대화해야 한다.

- 행복한 조직 문화를 통한 수평적 조직 문화를 만들자

H 레벨은 개인을 존중하고 배려하며, 구성원들이 자신의 업무 속에서 생각과 아이디어를 자유롭게 소통, 공감하는 자발적 조직 문화이다. 또한, 자신의 업무 권한 속에서 '결과'를 책임질 수 있는 건전하고 자기 주도적인 환경을 완성해 나간다. 이는 결코 한순간이나 단기에 머무르지 않고 중/장기적인 관점에서 학습형 문화로 내재화內在化하여 차별적인 조직적 환경과 문화의 구축을 통한 수평 문화의 체계로 빠르게 다가설 것이다.

우리가 생각하는 '성공한 조직'의 문화는 무엇이 다른가? 다음의 성공 과제를 통해 H의 문화적 목표를 완성하자.

구분	H 유형의 문화적 성공 과제
1	지속적인 공유
2	심리적인 안정감
3	높은 상호 의존성

〈도표 3-107〉 H 유형의 문화적 성공 과제

✔ **첫째,** '지속적인 공유'이다. 좋은 목적은 좋은 과정과 결과를 도출해 낸다. 여기서 중요한 것은 목표 지향적인 핵심 과제를 지속적인 공유를 통해 문제를 해결해 나갈 수 있는 지속적인 공유의 과정이 결코 생략되어서는 안 된다는 것이다. 좋은 리더는 우리 팀만의 좋은 목적을 구성원 상호 간에 공유한다. 팔로워Follower 개개인은 자신이 하는 일이 가치 있고 의미 있는 목적을 이뤄간다는 사실을 날마다 느낄 수 있을 때 잠재력이 향상되고, 조직적으로 창발적創發的 시너지도 문화화되어 만들어질 것이다.

✔ **둘째,** '심리적인 안정감'이다. 훌륭한 조직은 모든 인간관계의 위험이나 위협으로부터 완벽한 안전지대를 제공한다. 또한 이러한 안정감은 구성원 간 믿음으로 이어지며 리더와 팔로워Follower의 입장에서도 의견의 교류 내지는 개진을 두려워하지 않는다. '스마트한 문화'에 속한 구성원은 누구나 자신의 아이디어나 이야기, 질문 등으로 인해 자신과 타인이 심리적, 물리적인 불안함과 불이익을 받지 않는다는 확신을 심어 주는 것이 중요하다. 이 확신은 결국 내재되어 형성된 우리 조직만의 조직 문화로부터 나와 동료들이 주체가 될 수 있다는 자부심으로 나타날 것이다.

✔ **셋째,** '높은 상호 의존성'을 만들어야 한다. 리더와 팔로워Follower를 막론하고 한 사람이 조직을 통솔하고 이끌어 나가는 시대는 이미 지났다. 개인의 사고는 그 한계가 명확하다. 시장도 조직의 의도가 아닌 고객의 요구에 따라 변화하는 시대이다. 새로운 제품을

개발자가 만드는 것이 아닌 궁극적으로 고객이 만드는 시대가 도래한 것이다. 따라서 목표를 달성하기 위한 과정에서 각자의 역할을 수행하기 위한 다양한 소통을 해결해 주는 문화적 목표도 중요하지만, 무엇보다 개인보다 팀의 시너지를 통한 문제를 바라보는 시각을 의도적으로 길러 주어야 하고, 구성원 간 협력과 생각의 공유를 확대한다는 지속적인 조직적 노력이 필수적일 것이다. '스마트한 문화'는 개인의 성과뿐만 아니라 조직의 가치 창출을 달성하기 위한 것이라는 인식을 창출해 낸다. 그 과정에서 '조직'의 책임과 '개인'의 역할이 선순환된다면, 결국 그 시너지는 극대화되며 창발적創發的 조직으로 발전할 수 있을 것이다.

No	H 조직의 문화 개선 목표	리커트 척돗값
1	새로운 문화를 적극적으로 수용하고 오픈 마인드를 함양하도록 유도하는 오픈 문화	100.00
2	인간 존중 사고를 근간으로, 개인의 가치관과 개인의 철학, 개성을 인정하고 받아들이는 존중 문화	100.00
3	새로운 기업 문화를 만들기 위해 新리더십과 新팔로워십을 재정립하고 상호간 결합을 돕는 연결 문화	100.00
4	모든 구성원들의 창발적 소통이 활발하게 이루어질 수 있도록 돕는 교류 문화	100.00
5	조직 간, 조직 내 내재되어 있는 부서 이기주의 등 silo 요소를 타파하고 새로운 비전을 함께 만들어 나가는 동반 문화	100.00
6	모두에게 동기가 부여되고 적극적, 자발적인 참여가 이루어지는 참여 문화	100.00
7	권한과 책임의 분산과 체계화를 통해 몰입과 이완의 자발적 선순환을 유도하는 자율 문화	100.00
8	기업이 추진하는 긍정적 변화와 혁신 의지에 대해 구성원들의 지속적 참여가 이어지는 개선 문화	100.00
9	국가의 제도 변화에 능동적 대처가 가능하고 일하는 방식과 근무 시간의 변화를 적극적으로 수용하는 새로운 근로 문화	100.00
10	과정에 대한 통제적 관리를 지양하고 과업의 효율과 효과에 초점을 맞추어 구성원의 과업 수행을 돕는 성과 문화	100.00
11	시간의 낭비, 서류의 낭비 등 물리적 저해 요소를 없애고 각종 회의/보고/결재 시스템의 최적화를 돕는 낭비 제거 문화	100.00
12	개인의 의식, 소양, 역량 등 다양한 부문의 학습 지원을 통해, 개인과 조직의 발전과 성장을 지속적으로 돕는 학습 문화	100.00
13	개개인의 삶과 가족에 대한 배려는 물론, 구성원의 가정에 대한 존중이 기반이 된 친가족 문화	100.00
14	출근이 기다려지는 조직, 동료가 있어 든든한 조직, 즐겁고 역동적인 조직을 만들어 나가기 위한 행복 문화	100.00
15	권위와 위계, 통제가 근간이 된 전통적 수직 문화를 타파하고, 탈위계/탈권위/탈통제적 사고가 근간이 되는 수평 문화	100.00
	평균	100.00

〈도표 3-108〉 H 유형(Case H)의 문화 개선 목표

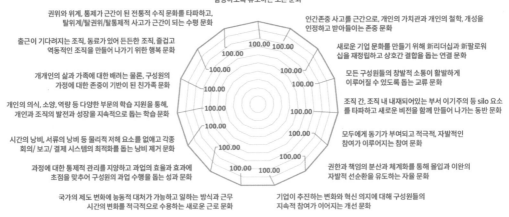

새로운 문화를 적극적으로 수용하고 오픈마인드를
함양하도록 유도하는 오픈 문화

권위와 위계, 통제가 근간이 된 전통적 수직 문화를 타파하고,
탈위계/탈권위/탈통제적 사고가 근간이 되는 수평 문화

출근이 기다려지는 조직, 동료가 있어 든든한 조직, 즐겁고
역동적인 조직을 만들어 나가기 위한 행복 문화

개개인의 삶과 가족에 대한 배려는 물론, 구성원의
가정에 대한 존중이 기반이 된 친가족 문화

개인의 의식, 소양, 역량 등 다양한 부문의 학습 지원을 통해,
개인과 조직의 발전과 성장을 지속적으로 돕는 학습 문화

시간의 낭비, 서류의 낭비 등 물리적 저해 요소를 없애고 각종
회의/ 보고/ 결제 시스템의 최적화를 돕는 낭비 제거 문화

과정에 대한 통제적 관리를 지양하고 과업의 효율과 효과에
초점을 맞추어 구성원의 과업 수행을 돕는 성과 문화

국가의 제도 변화에 능동적 대처가 가능하고 일하는 방식과 근무
시간의 변화를 적극적으로 수용하는 새로운 근로 문화

인간존중 사고를 근간으로, 개인의 가치관과 개인의 철학, 개성을
인정하고 받아들이는 존중 문화

새로운 기업 문화를 만들기 위해 新리더십과 新팔로워
십을 재정립하고 상호간 결합을 돕는 연결 문화

모든 구성원들의 창발적 소통이 활발하게
이루어질 수 있도록 돕는 교류 문화

조직 간, 조직 내 내재되어있는 부서 이기주의 등 silo 요소
를 타파하고 새로운 비전을 함께 만들어 나가는 동반 문화

모두에게 동기가 부여되고 적극적, 자발적인
참여가 이루어지는 참여 문화

권한과 책임의 분산과 체계화를 통해 몰입과 이완의
자발적 선순환을 유도하는 자율 문화

기업이 추진하는 변화와 혁신 의지에 대해 구성원들의
지속적 참여가 이어지는 개선 문화

100.00 (반복 표시)

〈도표 3-109〉 H 유형(Case H)의 문화 개선 목표

3) '스마트한 제도 개선', '제도'라는 믿음을 통해 직원을 가슴 뛰게 만들라

- 조직 제도는 개인의 '신뢰'로 완성된다

우선 성과 평가의 측면에서 보자. 과거 많은 기업이 '성과 관리 제도'를 만들었다. 명목상으론 개인의 성과와 목표를 연계시키는 것이 목적이었지만 이를 구현한 기업은 사실상 별로 없었다. 대다수의 기업이 개인 평가보다 조직 성과에 초점을 맞추었기 때문이다. 조직 성과를 위한 제도는 그 지표 개발에 있어 매출이나 이익의 성장을 중심으로 체계를 마련하지만, 개인 성과를 위한 제도는 업적에 따른 역량의 평가는 물론 구성원들의 인식, 이해, 수용 등의 행동 변화가 수반되어야 가능하다. 때문에 조직 성과 평가보다 시행 기간도 길고 정착 기간도 길 수밖에 없다.

H 단계에서의 올바른 성과 평가 제도는 무엇이고 조직원의 수용도를 높이는 방법은 무엇일까? 세상의 모든 조직은 목표가 있다. 이 목표를 달성하려면 반드시 성과는 평가되어야 하고 보상되어야 한다. 제도를 아무리 '멋지게' 만들어도, 이를 수용하는 사람이

받아들이지 않고 제도에 참여하지 않는다면 제도는 '무용지물'이 된다는 사실을 잊지 말자. 사실 조직성과의 지표를 마련하는 것이 설계 측면에서는 개인성과 지표보다 더욱 어려울 수 있다. 하나의 거대한 조직을 움직이는 제도 설계 측면에서 고려해야 할 요소와 목표가 더욱 확대될 수밖에 없기 때문이다. 문화적으로 반감이나 갈등의 골이 깊은 기업은 CEO나 경영진의 추진력으로 강행하여 제도를 움직여도 그 효과를 어느 정도 기대할 수 있을 것이지만, H는 제도 속에서 개인의 자율적인 경쟁과 선의의 참여가 반드시 수반되어야 한다는 사실이 명백하기에 그간 성장을 거듭하며 조직 성과의 평가 제도가 어느 정도 마련되어 있다는 가정하에 개인 성과에 대한 평가 체계 고도화에 더욱 박차를 가할 필요가 있다.

　H 레벨은 리더나 팔로워Follower의 제도 참여 의지가 매우 적극적이다. 이는 우선 조직 성장에 따른 전사적 노력이 계속 이어지고 있다는 것이고, 개인 평가에 있어 차등 보상의 정책이 뚜렷하지 않더라도 공동 목표 달성에 따른 평가 보상이 충분히 이어지고 있기에, 개인적 불만이나 나름의 개선 의지가 조직적 긍정의 분위기 속에서 수면 아래 잠들어 있을 가능성도 배제할 수 없다. 제도적, 문화적 안정감 속에서도 공동의 목표 달성이 언제나 '순항'일 수는 없을 것이다. 더욱이 '일하는 방식'이 디지털 네트워킹Digital Networking을 통해 상당한 변화를 이루었고, 협업에 대한 참여율도 '자율 체계'에 따라 그 기여도가 다를 것이며, '과정'보다 '결과'와 '이익', 궁극적으로 '고객'을 최우선으로 하는 조직 프레임은 이미 언급하였듯 기능형 조직에서 다양한 프로젝트형 조직으로 변모했다. 따라서 이러한 경영 환경 변화와 제반 요건에 따라 조직이 더욱 성장하거나, 조직이 성장하기 위한 새로운 혁신 기반을 마련해야 한다거나, 반대로 조직 성장 지수가 일정 시점에서 안 좋게 나타나게 될 때, 수면 아래 가라앉아 있던 개인들의 다양한 불만과 그간의 갈등이 다시 수면 위로 올라올 수 있다는 것을 경고한다.

〈그림 3-110〉 조직의 성장에 기반한
성과 평가 체계를 만들어야 한다

따라서 H는 조직 성과에 대한 부분은 회사의 성장과 그 성과에 기반하여 각 부분의 기여도, 세부적으로 사업부나 팀의 기여도에 따라 평가 체계를 설계해야 하는 것이 당연할 것이고, 개인별로는 '성과'에 대한 지표 설정에 있어 그 관점을 꼭 눈으로 보이는 — 누가, 얼마나 잘했는가 등 — '성과'에 연연할 것이 아니라, 단기적인 관점에서는 그 권한에 따른 목표 설계와 추진 과정에서의 기여도, 관련 프로젝트 수행에 따른 참여도와 역량 발전 등에 초점을 맞춰서 지표를 설정해야 하고, 중/장기적 관점에서는 '평가' 체계의 정착과 안정화를 기반으로 '보상' 체계를 본격적으로 연봉과 인센티브에 반영하여 추진해 나가야 할 것이다. 이미 언급하였듯 H 단계에서는 '금전적 보상' 외 '비금전적 보상'에 따른 제도 또한 충분히 활용하고 있을 것이기에 구성원들은 자신의 직무 특성 및 업무의 성격, 개인적 니즈에 적합한 근무 방식을 선택하여 제도에 충분히 적응할 수 있는 기반이 마련되어 있다고 판단된다.

H 레벨의 개인 성과 평가는 결국 조직 구성원들이 경영진이 설정한 조직의 장/단기 목표를 달성하는 과정에서, 자신의 목표는 무엇이며 그 목표 달성을 위해 어떤 일을 어떤 방식으로 수행해야 할 것이며 어떤 역량을 지속해서 보완하고 개발해야 본인과 조직의 성과를 동시에 달성할 수 있는지를 알려 주는 최고의 도구로 활용된다. 경영진으로서 개인 성과 평가는 구성원들 스스로가 성과에 따른 평가와 보상의 실행 주체이자 수혜자라는 확신을 주고 있다고 판단되더라도 신뢰 관계를 더욱 두텁게 유지하기 위해 항상 구성원들에게 피드백을 열어 놓고 피드백에 대한 대안을 주어야 이 시스템이 지속적으로 발전하게 될 것이다. 제도적으로나 문화적으로 구성원에게 '신뢰'받지 못하는 조직은 언제나, 무엇을 하더라도, 심한 저항과 갈등에 시달리거나, 기껏 시스템을 마련해 놓고도 제대로 된 참여가 이루어지지 않기에 결국 실패하거나 급기야 혼란을 통제로 수습하려는 '제왕적 제도'의 과거 방식으로 상황을 종결지으려는 경우가 많다. 이는 우리에게 많은

시사점을 안겨 준다. '통제'는 간단하고 그 효과가 단기에 보일 수 있는 '달콤한 사과'다. 다만 통제를 통해 절대 얻지 못하는 '신뢰'는 '받으려는 자'가 먼저 '주는 것'이다. 조직은 개인들의 '신뢰'를 얻기 위해 많은 것을 준비하고 '주어야' 한다. '언제 주고, 무엇을 주고, 어떻게 주고, 얼마나 주고, 누구에게 줄 것인가'에 대한 경영진의 행복한 고민이 깊어질수록 그 조직은 성장한다.

- 제도는 '분위기'로 발전한다

우리가 흔히 사용하여 알고 있는 페이스북은 하버드대를 중퇴한 20대 청년 마크 저커버그Mark Elliot Zuckerberg가 설립한 미국 기업으로, 인터넷을 통해 온라인On-Line으로 사람들과 교류하고 소식을 나누는 소셜 네트워크 웹사이트Social Network Website를 운영을 기반으로 성장하였으며 전 세계의 가입자 수는 상상을 초월한다. 페이스북은 '해커톤Hackathon'이라는 제안 제도를 운용한다. 'News Feed새 소식 전하기'나 '사용자 직접 통역' 프로그램을 비롯해 수많은 서비스가 해커톤에서 나오고 있다. 이 제도는 타 조직들이 부러워할 만한 성공 사례이지만 사실 전혀 제도화되어 있지 않다. '비체계非體系'로 오해할 수 있으나, 명백히 이 제도는 '통제'를 완전히 빼고 오로지 '자율'에 맡긴 것이다. '해커톤 합시다'로 시작하여 사람들을 초대하고, 피자를 주문하고 냉장고에 콜라와 레드불Redbull을 가득 채우면 준비는 끝난다. 구성원들이 하나둘 모여들어 어느새 참석자는 수십, 수백 명이 된다.

현재 페이스북 직원들은 정기적으로 열리는 해커톤에 참가해 자신이 관심을 가지고 개발한 프로젝트를 선보일 수 있다. 팀, 프로젝트, 혹은 개인적 업무와는 상관없이 모든 이가 참여해 뜻깊은 성과를 이룰 수 있도록 진행된다. 초기에 밤을 지새우며 진행하던 전통이 있으나 현재 주간에 진행되기도 한다 해커톤의 강점은 지금까지 해커톤을 통해 개발된 대표 기능들을 통해 엿볼 수 있다. 채팅, 타임라인, 영상 통화, 댓글 내 태그 기능, 그리고 페이스북을 상징하는 '좋아요' 버튼 등 수많은 기능이 해커톤을 통해 개발됐다.

해커톤은 페이스북이 지속해서 성장할 수 있도록 한 원동력이다. 해커톤은 개발자와 디자이너뿐만 아니라 마케팅, 재무, 인사 등 다양한 페이스북 구성원들에게 열려 있다.

여기서 논의되는 아이디어는 실질적으로 개발로 이어진다. 해커톤을 통해 한국 사용자들에게만 선보인 음력 생일 표시 역시 개발됐다. 이처럼 페이스북의 해커톤은 지역에 상관없이 전 세계의 페이스북 사용자들의 서비스 이용 경험을 개선시키기 위한 창의적인 아이디어들로 매해 개최된다.

〈도표 3-111〉 facebook hackathon

페이스북 해커톤의 성공은 현재 수많은 기업이 벤치마킹하여 사용하고 있다. 재미있는 점은 페이스북 해커톤이 성공한다고 포상금이 두둑하게 나오는 것도 아니다. 근데 왜 이 프로그래머들은 자진해서 밤을 새우면서 수많은 아이디어를 제안하는 것일까? 참석자들은 이구동성으로 "재미있어서", "뿌듯해서"라고 한다. 조직에 속한 개인들이 제도를 통해 뿌듯해하고 일에 재미를 느끼고 있다. 결국 성취감을 주는 '분위기'가 페이스북 구성원들을 움직이고 있다. '아직 내 역량이 살아 있구나.', '역시 내가 최고야.'라는 쾌감은 나이와 성별, 경력을 막론하고 그들을 지탱하고 자부심으로 똘똘 뭉치게 만드는 최고의 '분위기'를 선사한다. 오히려 조직의 성장은 '덤'으로 느껴질 정도이다.

- 가슴 뛰는 '제도'를 통해 '참여'를 만들라

페이스북 사례에서 보듯, 좋은 제도는 '사람'을 끌어들이고 반하게 만든다. 리더Leader든 팔로워Follower든 그들의 가슴을 설레게 하고 뛰게 만든다. 반면 공들여 제도를 만들어 놓고도 유명무실한 조직들도 많다. 그 구성원들이 페이스북보다 학력이 낮아서일까, 아니면 역량이 부족해서일까? 아니면 업종의 특성 때문일까? 아니다. 투명하고 공정한 심사와 평가, 보상제도도 갖춰져 있는데 구성원들의 참여가 부족하여 경영진이 고민하고 있다면, 분명한 것은 조직 문화가 다르거나, 부족한 탓이다. 아무리 제도를 공들여 만들어 놓았어도 그 실효성이 부족하다면 사람들이 참여하지 않는 것에는 분명한 이유가 있을 것이다. 명확히 규정하여 말할 순 없어도 공식화된 문서나 제도에 직접적으로 드러나지 않는 이 실체는 구성원들의 말 한마디, 동료들과 협업하거나 이야기할 때의 표정, 일하면서 느껴지는 조직의 분위기에서 나타난다.

H 레벨이 더 높은 목표를 지향하기 위해서는 '경영진'이나 '리더'는 시스템을 인위적으로 만들어 강제로 '운영'하는 것이 아니라, '팔로워Follower'들 스스로가 '참여'하는 과정에서 시스템이 만들어지게 연결하고 조율하는 것이다. 제도는 시대적 상황과 조직이 처한 환경에 따라 수시로 변화해야 한다. 유연한 제도는 구성원의 소리를 귀담아듣는 과정에서 발로한다. H의 수준으로 평가받는다면 형식적이고 강압적인 제도 운용은 과감하게 지양해야 한다. 항상 위에서부터 내려오는 이러한 성격의 제도라면 시도되는 것 자체가 큰 리스크를 유발할 수 있다. 제도적 정착이나 폐해 현상의 원인을 지목하자면,

✔ **첫째,** 제도 자체가 너무 '구식'이라는 것이다. 21세기는 4차 산업 혁명의 시대다. 지식 정보화 사회에서 디지털 씽킹Digital Thinking으로의 전환이 너무나 빠르게 진화되고 있는 이 시점에서 첨단 네트워킹 도구를 활용한 일하는 방식의 변화는 구성원들이 일을 대하는 관점 자체를 흔들어 놓고 있다. 이를 묵묵하게 지탱할 수 있는 구심점을 새롭게 발굴해 나가야 한다. 대한민국은 제조업 성과로 큰 국가적 성장의 시대를 맞이했었다. 과거 많은 제도가 제조업에서 탄생되어 널리 전파되었고, 상당수 기업이 이를 도입하여 현재도 운용하고 있다. 급격한 초고령화 및 저低출산의 위기를 직면하고 있는 현시점에서 제도는 그 탄생의 근본을 넘어 다양한 성격의 조직에 맞게 운용되고 적용되어야 한다.

✔ **둘째,** 구성원들은 물론 경영진도 '제도 설계'에 대한 참여를 '당연한 일'과는 별개로 인식하고 있다. 대다수 조직 구성원들은 '제도는 경영진이 만들어 주는 것'으로, 대다수 경영진은 '제도는 조직 시스템 유지를 위해 만드는 것'으로 인지하고 있다. 그렇기 때문에, 제도는 항상 '문제가 없으면 과거의 것이 그대로 유지되고', '문제가 발생될 때'만 개선되고 조정된다. 이 경우 제도는 특별한 불만이나 위험이 제대로 파악되지 못하고 묻히는 경우, 변화하지 못하고 계속 옛것을 답습하게 된다. 또한 새로운 제도가 도입될 때, 이

는 추진하는 입장에서나 받아들이는 입장에서 '문제'에 대한 '원인'을 해결하기 위한 '과제'로 인식되기 때문에 '긍정'의 요소보다 '부정'의 요소, '참여'의 관점보다 '해결'의 관점에 더욱 치중하게 만든다. 실제로 심층 인터뷰를 해 볼 때, 대다수의 구성원은 제도에 대한 불만을 느끼고 있다. 하지만, 조직에 의견을 개진하는 부분에선 "NO!"라고 하거나, 깊이 망설인다. 또한 대다수의 경영진은 제도에 대한 완성도를 높이 평가하지만, '제도 참여'나 '제도를 통한 효과'가 부족한 상황에 대해서는 그 책임을 구성원들에게 돌리는 경우가 많다. 제도 설계와 운용에 있어 경영진은 '성과 측정 수단', 구성원들은 '따라야 하는 책임과 의무'로 인지하는 현실을 벗어나, 모두가 '기회의 장'으로 시각을 달리하는 전환점이 필요하다.

✔ **셋째,** '의식 변화'는 없는데 제도만 수차례 바뀌는 것이다. 팬데믹Pandemic시대를 맞이한 최근의 기업 환경은 '불不연속적인 변화'라고 할 수 있을 것이다. 경쟁의 글로벌화, 기술 변화, 정보 기술의 발전은 그간 해 오던 사업 방식, 제품의 기반이 되어온 기술 등으로부터의 이탈을 의미한다. 이렇게 조직의 근 미래 생존 자체가 위협받는 상황에서 조직 구성원들은 대체로 '익숙함'을 선호하고 변화가 유발하는 '심리적 불안'을 회피하는 경향이 있다. 다만 개인은 '향후 무슨 일이 일어날 것인가?', '나에게 피해가 오지는 않을까?', '내가 해고될 수도 있지 않을까?'라는 위기감을 항상 가지고 있다. 이 불안감과 위기감은 사실 당연한 것이며, 다른 관점에서 보자면 효과적인 조직 변화를 추진하기 위한 주동력이 될 수 있다. 위기의식에 대한 공감대는 조직이 실제로 위기에 직면하거나 위기 상황으로 돌입하기 전에 공동체적 관점으로 수면으로 드러내 형성되어야 하며, '위기의식'이든, '변화 거부 의식'이든 조직은 여러 차례 경고의 메시지를 구성원들에게 전달하고 동시에 긍정적인 비전의 미래와 공감대 형성을 위해 노력해야 한다. 구체적으로, 앞서 수차례 강조한 내용인 학습 조직 시스템을 활용한 대대적인 혁신 프로그램을 도입하여 제도의 변화와 수용에 대한 사전 교육과 그 참여도나 프로그램 성과를 기반하여 기존 제도의 효과를 대입/측정하고 향후 변화할 제도의 참여와 기대 효과를 예측할 수 있을 것이다. 수시로 변화하는 제도에 구성원들을 적극적으로 동참시키기 위해서는 무엇보다 최고 경영

자의 적극적 참여 의지와 개선 의지가 필요하다. 최고 경영자를 포함, 경영진과 중간 리더, 팔로워Follower들의 의사소통 채널이 연결되어야 신뢰는 형성되고 '저항'은 '의지'로 바뀌며, 비로소 '정체'는 새로운 '변화'를 맞이하게 될 것이다.

마지막으로 H 단계에서 제도적 운용을 보다 유연하게 하고, 그 완성도를 높이기 위한 개선안을 제시하자면,

✔ **첫째,** 기존의 제도에 대한 조직 구성원의 신뢰도와 효용성을 측정하고,

✔ **둘째,** 제도의 방향성을 시대와 경영 상황에 맞게 단순화하며,

✔ **셋째,** 제도에 직접 참여하게 되는 사용자들, 즉 구성원들이 스스로 제도를 설계하고 제안을 하는 과정과 통로를 적극적으로 개설해야 하며,

✔ **넷째,** 모든 제도의 목표와 기대 효과를 심지어 제도 운용의 심사 과정까지 공개하고 공유해야 하고,

✔ **다섯째,** 가장 중요한 점은 과거의 업적이나 현실에 안주하지 않고 지속해서 미래의 성장 동력을 마련하기 위한 제도로써 발전을 목적으로, 최고 경영자에서부터 신입 사원까지 모든 조직 구성원의 인식과 의식 개선을 위한 교육과 훈련에 게을리해서는 안 될 것이다.

No	H 조직의 제도 개선 목표	리커트 척도값
1	명확한 비전과 목표 제시를 통해 명분과 정당성이 정립되도록 하기 위한 제도 개선	100.00
2	참여의 기회가 모두에게 주어지고 평등성이 보장되도록 하기 위한 제도 개선	100.00
3	제도 시행이 적절한가에 대한 타당성이 입증되도록 제도 개선	100.00
4	운영의 신뢰성이 전체 구성원들에게 확보되도록 하기 위한 제도 개선	100.00
5	제도 운용의 전 과정이 투명성 있게 추진되도록 하기 위한 제도 개선	100.00
6	전반적 제도 운용의 실질적 효과에 대한 유효성 검증 차원에 대한 제도 개선	100.00
7	조직에 실질적으로 유용하도록 제도의 주기적인 보완성이 확보되는지에 대한 제도 개선	100.00
8	구성원들이 개진하는 개선안의 적용 등 의견에 대한 수렴성이 반영되는지에 대한 제도 개선	100.00
9	회사가 제도 발전의 책임과 의무를 다하도록 미래 지향적 전향성을 가속화하기 위한 제도 개선	100.00

10	시대의 흐름과 기술력의 발전에 따른 근무 형태에 맞게 개발성이 확보되는가에 대한 제도 개선	100.00
11	구성원 평가의 절차와 방법에 대해 객관성을 확보하기 위한 제도 개선	100.00
12	성과 측면 보상의 규모와 범주에 대한 구성원 만족성이 충분한가에 대한 제도 개선	100.00
13	성과 측면의 보상에 대한 공정성이 명확히 유지되도록 하기 대한 제도 개선	100.00
14	구성원의 사기 진작은 물론, 특별한 관심과 보호가 필요한 부문의 복지성에 대한 제도 개선	100.00
15	구성원들의 꾸준한 역량과 잠재력의 발전을 돕는 학습성이 보장되는지에 대한 제도 개선	100.00
평균		**100.00**

〈도표 3-112〉 H 유형(Case H)의 제도 개선 목표

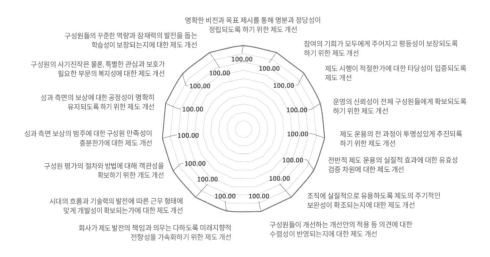

〈도표 3-113〉 H 유형(Case H)의 제도 개선 목표

우리는 지금까지 A~H 유형의 단계를 거치며 '스마트한 일터'에 다가서기 위한 '공간', '문화', '제도' 측면의 관점에서 요소별 그 깊이와 개선 목표를 계승하여 발전상을 더해왔다. 필자가 제시하는 '스마트한 일터'는 각기 다른 상황이나 경영 요소에 근간하여 그 궁극의 목표점이 다를 수도 있겠으나, 결국 그 목표점을 향한 과정에 있어서는 '스마트한 공간', '스마트한 문화', '스마트한 제도'가 가지는 각 지향점을 수용하면서 서로 연결되고 결합된다. 필자는 진단되고 평가되는 절대적인 수치의 '이상향' 자체가 가지는 목표로서의 의미보다, 3가지 요소가 적절히 조화를 이룬 상태에서 조직이 가지는 '성장 가능성'에 보다 큰 의미를 두고 싶음을 밝힌다. 당연하게도 필자가 제시하는 '스마트한 일터'의 3요

소 외에도 그 격을 이루는 다른 요소가 존재할 것이다. 어떠한 핵심 요소든 조직과 개인을 동반 성장시킬 수 있는 과정이 담길 수 있다면 필자도 그 새로운 분야에 대한 연구/개발 노력을 이어갈 것을 약속한다.

No	H 조직의 '스마트한 일터' 3요소 종합 목표치	리커트 척돗값
1	공간 개선 목표치	100.00
2	문화 개선 목표치	100.00
3	제도 개선 목표치	100.00
평균		**100.00**

〈도표 3-114〉 H 유형(Case H)의 공간/문화/제도 개선 목표

〈도표 3-115〉 H 유형 (Case H)의 공간/문화/제도 개선 목표

구분	A	B	C	D	E	F	G	H
공간 개선 목표치	16.00	20.00	24.67	32.00	48.67	65.33	89.33	100.00
문화 개선 목표치	18.67	26.00	33.33	44.67	59.33	76.00	91.33	100.00
제도 개선 목표치	26.67	32.00	39.33	49.33	76.00	90.67	100.00	100.00
평균값	**20.44**	**26.00**	**32.44**	**42.00**	**61.33**	**77.33**	**93.56**	**100.00**

〈도표 3-116〉 A~H 유형(Case A~H)의 공간/문화/제도 개선 목표 흐름

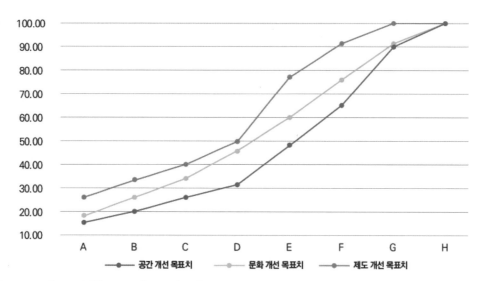

<도표 3-117> A~H 유형(Case A~H)의 공간/문화/제도 개선 목표 흐름

'스마트한 일터' 시스템화

4장의 구성	
구분	**'스마트한 일터' 시스템화**
1	'스마트한 일터'를 구축하기 위한 절차와 지침 마련
2	'스마트한 일터' 시스템 구축을 위한 진단의 가치
3	Next level, 미래로 나아가기 위한 준비

〈도표 4-1〉 4장의 구성

1. '스마트한 일터'를 구축하기 위한 절차와 지침 마련

- '스마트한 일터' 구축 전 고려 사항

'스마트한 일터'를 도입하고 우리 조직의 특성과 환경에 맞게 개선의 목표점을 설정한다는 것은 말처럼 쉽지가 않다. 우선 '공간, 문화, 제도' 측면의 조직 진단은 새로운 '변화 관리'의 기준이 되는 만큼, 지표의 개발이나 평가 과정에 있어 경영진의 적극적인 수용 자세가 필요하다. 나아가 3요소의 진단 평가 결과를 어떻게 활용할 것인가에 대한 명확한 방침이 마련되고 '공간 설계 및 시공', '문화적 패러다임 변화 및 내재화', '제도 시스템 개선'에 이르기까지 조직적 목표점 합의와 참여가 반드시 수반되어야 본 프로젝트의 실효성을 확보할 수 있기 때문이다.

따라서 진단 컨설팅의 과정에서 사전에 필히 고려되어야 할 사항은,

✔ **첫째,** 최고 경영자를 포함, 전체 임직원이 진단 및 개선 활동 전반에 걸쳐 우리 조직의 문제점을 과감히 '수면 위로 드러낼 각오'가 준비되어야 할 것이다. 진단 데이터는 조직이 변화해야 할 목표점을 타당하게 제시하여 주고, 개선의 과정에 필요한 모든 준비 사항의 지침을 사전 마련하는 효과가 있으며, 진단 모형의 동일성에 따라 타 조직 결과와의 직간접 비교도 가능하다는 장점을 가지고 있다. 다만, 진단을 실행하는 해당 조직의 다양한 요인에 따라 해석이 가변적으로 행해질 소지가 있다는 점, 위계화되고 관습화된 문화 체

계에 따른 비非협조 상황의 예측, 또한 최고 경영자에서부터 팔로워Follower에 이르기까지 변화를 위협으로 인식하고 거부하는 분위기 등 여러 가지 내/외부적 방해 요인을 사전 제거하고 진단부터 '스마트한 일터'의 구축까지 적극적인 협조의 자세가 필요하겠다.

✔ **둘째,** 프로젝트를 3요소의 어느 범주까지 실행할 것인가의 문제이다. 일부 조직은 진단의 과정에서 개선할 점이 많다는 점을 감안, 현재 사업 구조와 성장 흐름으로 볼 때 당장의 변화 추진을 망설이고, 3요소에 대한 일부를 선택적으로 변화하거나 진단 컨설팅만으로 프로젝트를 마무리하는 경우가 종종 있다. 이는 혁신의 개선 의지가 뚜렷한 타 조직과 비교하여 향후 조직이나, 제도, 공간의 운영에 있어 개선 전과 비교하여도 추가적 문제점을 초래할 소지가 있고, 이러한 소극적이고 선택적인 개선 활동으로 인해, 전체 임직원의 변화 동력이 떨어질 가능성이 있다는 데 주의해야 할 것이다.

✔ **셋째,** 진단 결과와 수립된 개선 목표점을 토대로 어디까지 변화할 것인가 하는 문제이다. 결국 '스마트한 일터'의 구축을 목표로, '공간'과 '문화'와 제도'를 구축한다는 가정하에, A~H 사례를 참고하여 단/중/장기적 관점에서 부분적 개선 활동 또는 전체적 혁신 활동의 방향성이 명확히 설정되어야 할 것이다. 사전/사후 컨설팅을 모두 합쳐도 그 기간은 유한하고 짧기 때문에, 필자는 이 과정에서 최고 경영자, 경영진, 리더, 팔로워Follower에 대한 참여의 역할을 규명하여 제시하고, 구성된 TF와 함께 문제가 발견되는 부분에 대하여 향후 스스로 진단하고 개선안을 모색/해결할 수 있는 자체 조직 진단 기법 및 그 활용 방안을 제시하여 준다.

- '스마트한 일터' 만들기 프로젝트의 시작과 완성

'스마트한 일터'는 시대적 흐름과 변화의 수용과 새로운 성장 동력 마련을 목표로 공간, 문화, 제도의 3요소로 그 혁신의 방향성을 제시한다. 또한 현재도 스마트 워크와 스마트 오피스를 적극적으로 도입하고 있는 대기업군은 물론, 중견 기업과 중소기업의 조직 변화의 새로운 물결에 일조하기를 바라는 취지에서 본서를 준비하였다.

〈그림 4-2〉 조직의 성장 잠재력을
파악하느냐가 성패를 가르는 열쇠이다

국내 조직의 특성을 감안해 개인적으로 본 프로젝트의 도입에 있어 조직의 성장 촉진에 얼마나 기여했는가에 대한 결과에 본인은 무한한 책임을 느낀다. 필자가 제시하는 '스마트한 일터'의 '변화 추진 시스템'은 3장에서 제시하였던 3가지 요소의 유형별 자체 진단 툴Tool을 토대로, 크게 준비 단계 진단, 목표 설정 단계 진단, 안정화 단계 진단, 성장 단계 진단의 과정을 거치는 조직 진단 시스템을 개발하였다. 조직의 양적 성장은 질적 성장인 잠재력 향상에 의해 가능하다고 보았고, 현장의 경험을 바탕으로 조직 성장 역량은 3요소의 역순제도 구축, 문화 구축, 공간 구축으로 준비되고 구축되어야 추후 변화 관리와 연동이 가능할 수 있다는 확신하에 지속적인 성장의 확장성을 고려하였다.

다만 글로벌화를 목표로 선진 외국 기업과의 경쟁 구도에서 유리한 거점에 위치한 대기업군에 비해, 상대적으로 낙후한 중소기업군과 그 중간의 경계에 위치한 중견 기업군의 조직 구조는 글로벌 수준의 경쟁력과 새로운 시대의 변화에 대응할 만한 '스마트한 일터'의 혁신 시스템을 구축하는 데 여러 가지 장애 요소가 있음을 확인하였다. 이에 따라, 본서가 '스마트 워크'의 소프트웨어적 측면 또는 '스마트 오피스'라는 하드웨어적 측면의 구축 관점에서 벗어나, 본질적으로 조직이 필요로 하는 체계적 시스템의 효율과 효과를 고려, 현장의 경험을 바탕으로 '공간, 문화, 제도'라는 3요소에 대한 구축점을 돕기 위해 컨설팅을 준비하게 되었다. 결국 '일하는 방식의 변화를 통한 조직 성장 동력 마련'이라는 목표는 제도와 문화라는 시스템적 구조와 공간이라는 형태적 구조를 조화롭게 연결하여 솔루션을 제공하는 것이 진단 컨설팅의 주된 목표이다.

한편으로 중앙 정부의 중소벤처기업부에서 주관하는 '스마트 팩토리' 추진 사업 — 중소/중견 기업의 제조 현장에 적합한 다양한 형태의 스마트 공장 구축/고도화 및 유지 관리 등에 대한 비용을 지원하여 기업의 제조 혁신 경쟁력 향상 도모 목적 — 과 같이 '스마트 일터'와 관련된 정부의 지원안이 시급히 마련되었으면 하는 바람이다. 제조 현장의 수준을 확인하고 점검하는 절차, 설비 구축 지원, 스마트 솔루션 지원 및 공장 고도화 지원, 스마트화 역량 강화를 위한 교육 및 컨설팅 지원, 대기업 등 현장 경험이 풍부한 퇴직 전문가 파견을 통한 스마트 공장 구축 애로 사항 해결 및 성과 제고, 클라우드 기반 저비용/고효율 솔루션 구축 지원을 통한 중소기업의 정보화 문제 해결 등 전 분야에 걸친 사업에 따른 지원 사항을 검토하다 보면 제조 현장 못지않게 사무 현장의 경쟁력 제고를 위한 다양한 국가적 제도안의 효과와 파급력이 클 것이라 생각된다. '스마트한 일터'의 시스템 구축이 직접적으로 어려운 조직을 위해 새로운 분야로의 범국가적 예산 편성을 기대해 본다. 기회가 된다면 관련 정부 부처에 제도안 기획 및 제공을 통한 국가적 차원의 '스마트한 일터' 추진 사업의 기틀 마련에 도움이 되고 싶다.

- '스마트한 일터'를 구축하기 위한 진단 컨설팅 핵심 과정

구분	'스마트한 일터'를 구축하기 위한 진단 컨설팅 핵심 과정
1	공간, 문화, 제도 차원의 조직 현황을 1차적으로 파악하여 분석, 변화 공감대 형성 통합 세미나 개최
2	2차 평가의 분석 내용을 토대로 도출된 문제점 해결을 위한 개선 목표점과 방법론 구체화 협의
3	변화 과제 달성을 위한 단/중/장기의 전략 방안 체계화, 의견 교류회 및 중간 보고회
4	진단 결과와 새로운 목표점 제시를 통한 개선 TF 선별/구성
5	공간, 문화, 제도 측면의 '일하는 방식 변화와 혁신'을 위한 토론회, 변화 방향성과 진행 경과 점검 및 보완
6	'공간 설계 단계에서부터 시공 – 입주 – 입주 후 공간 적응 단계'까지의 개선 프로세스
7	비효율적 관행 및 인식 타파, 새로운 패러다임으로 전환하기 위한 문화 체계화 (New Leadership & New Followership)
8	제도 변화 프로세스 (제도안 마련 – 추진 제도 확정 – 제도 시행 및 피드백 – 제도 평가 및 新제도안 마련) 순환
9	'스마트한 일터' 시스템 정착, '스마트한 공간', '스마트한 문화', '스마트한 제도' 단/중/장 성과 평가 및 대안마련

〈도표 4-3〉 '스마트한 일터'를 구축하기 위한 진단 컨설팅 핵심 과정

'스마트한 일터'를 구축하는 진단 컨설팅 과정에서 필자는 조직에게 다음의 핵심 절차에 대해 강조한다.

✔ **첫째**, '스마트한 일터'에 대한 올바른 이해를 토대로 조직을 재점검하는 과정을 통해

공간, 문화, 제도 차원의 조직 현황을 1차적으로 파악하는 설문 방식의 과정을 통해 그 결과를 토대로 '변화'에 대한 전체 구성원의 공감대를 모으기 위한 세미나를 개최하고,

✔ **둘째,** 개인 및 집단 인터뷰 등을 통한 2차 평가의 분석 내용을 토대로 도출된 문제점을 해결하기 위한 개선 목표점과 방법론을 구체화하는 과정을 거치며,

✔ **셋째,** 공간, 문화, 제도의 변화 과제를 달성해 나가기 위한 단/중/장기의 전략적 방안을 체계화하여 의견 교류회 성격의 중간 보고회를 갖는다.

✔ **넷째,** 진단 과정이 마무리되면 '스마트한 일터' 3요소, '공간-문화-제도'의 '변화 관리 프로젝트'가 본격적으로 가동되어야 할 시점이다. 이에 진단 결과와 목표점에 대한 컨설팅 완료 보고를 토대로 담당 임원, 주무 부서처와 향후 일정과 방식 등을 협의/합의하여 전 사원을 대상, 최적의 TF를 선별/구성한다.

✔ **다섯째,** 구성된 TF는 공간ICT 포함, 문화, 제도 측면에서 '일하는 방식의 변화와 혁신'을 위한 토론회를 기점으로, 주 단위의 정기 회의를 통해 3요소 구축 과정에 대한 방향성과 진행 경과를 점검/보완하는 시간을 갖는다.

✔ **여섯째,** 공간은 설계 단계에서부터 시공 및 입주, 입주 후 공간 적응 단계까지의 개선 프로세스로 진행되며, 구축된 공간에 대한 활용 효율과 효과를 극대화하기 위한 사용 매뉴얼과 공간 적응 프로그램이 제공된다.

✔ **일곱째,** 문화는 현 조직이 안고 있는 비효율적 관행 및 인식을 타파하고 새로운 패러다임으로 전환하기 위한 문화 체계화를 목표로 실제 사용자를 중심으로 한 리더와 팔로워 Follower들을 대상으로 다양한 문화 개선 프로그램을 가동한다.

✔ **여덟째,** 제도는 앞서 밝힌 4가지 변화 추진 시스템을 토대로 제도적 시스템 접목 관점에서, '준비 단계제도안 마련-목표 설정 단계추진 제도 확정-안정화 단계제도 시행 및 피드백-성장 단계제도 평가 및 新제도안 마련'를 통한 개선 프로세스의 절차를 밟게 된다.

✔ **아홉째,** '스마트한 일터'의 지속적인 개선책이 마련되는 시스템 정착을 위해, 단기 현황 평가반기나 연간 성과를 도입 전과 후로 비교 평가를 바탕으로 '스마트한 공간', '스마트한 문화', '스마트한 제도'의 도입과 개선 효과, 미션에 따른 목표 달성 현황, 미래형 조직화를 위한 TF의 역할 변화'스마트한 일터' 구축과 적응 관점의 역할에서 성장과 지속화의 역할로 변화와 그 시스템 유지

에 대한 교육/훈련 프로세스 및 최종 보고의 과정으로 마무리된다.

2. '스마트한 일터' 시스템 구축을 위한 진단의 가치

- 혁신의 유일한 상수는 '변화'이다

앞서 제시한 컨설팅으로 '스마트한 일터'를 구축하기 위해 조직 혁신 차원에서 새로운 것을 받아들이는 일은 조직의 전향성에 따라 그 효과가 상이하다. 진단 컨설팅 중에는 조직이 가지고 있는 변화에 대한 경험적 가치를 존중하며 그 경험이 도움이 되어 새로운 변화를 더욱 빠르게 유도할 수 있다. 예를 들어, 리더는 새롭고 다양한 업무 방식에 맞춰 제도의 효과를 측정하고 공간을 구축하고 다양한 의견을 수렴/조정하면서 팔로워Follower들을 지원하고 연결한다. 이렇게 만들어진 구축점은 리더 간, 팔로워Follower 간, 리더와 팔로워Follower 간 연결을 위한 변화에 기여하며 이때 반드시 필요한 것은 '경험의 축적'이다. 변화에 대한 경험치가 축적될수록 성공과 실패 여부에 상관없이 조직은 '스마트한 일터'에 근접하게 된다. '스마트한 일터' 시스템은 '일하는 방식의 혁신과 조직 성장' 차원에서 크게 보아 두 가지 목표점을 갖는다. '스마트한 일터'의 새로운 시스템을 접목하기 위한 '3요소의 인프라' 구축이 첫 번째이고, 인프라의 성과를 최대로 끌어올리기 위해 더욱 중요하게 다뤄져야 할 것이 '개선 프로세스' 설계다.

앞서 설명한 변화의 추진 과정은 실제로 컨설팅에서 '공간', '문화', '제도' 측면에서의 핵심 지표를 도출하고 미래형 조직으로 개선 활동을 꾸준히 이어가기 위해 다음의 정성적/정량적 항목들이 사용된다.

구분	'스마트한 일터'의 '스마트한 공간'핵심 진단 항목		
1	공간의 역사성	9	공간의 공유성
2	공간의 개방성	10	공간의 안정성
3	공간의 연결성	11	공간의 보안성
4	공간의 이동성	12	공간의 기술성
5	공간의 다양성	13	공간의 창의성
6	공간의 변형성	14	공간의 수용성
7	공간의 소통성	15	공간의 사용성
8	공간의 쾌적성		

〈도표 4-4〉 '스마트한 일터'의 '스마트한 공간'핵심 진단 항목

✓ **첫째,** 공간적 측면에서의 15개 항목공간 역사성, 공간 개방성, 공간 연결성, 공간 이동성, 공간 다양성, 공간 변형성, 공간 소통성, 공간 쾌적성, 공간 공유성, 공간 안정성, 공간 보안성, 공간 기술성, 공간 창의성, 공간 수용성, 공간 사용성별 측정을 통한 만족도와 중요도 조사를 바탕으로 항목별로 현 수준을 유지할 것인지, 개선을 위한 중점 항목으로 설정할 것인지, 중점 항목으로 선정되었다면 그 시급성에 따라 개선 항목의 순서를 어떻게 배치하여 추진할 것인지에 대한 포트폴리오를 정한다. 이 포트폴리오가 공간 설계의 기준이 된다.

구분	'스마트한 일터'의 '스마트한 문화' 핵심 진단 항목		
1	오픈 문화	9	근로 문화
2	존중 문화	10	성과 문화
3	연결 문화	11	낭비 제거 문화
4	교류 문화	12	학습 문화
5	동반 문화	13	친가족 문화
6	참여 문화	14	행복 문화
7	자율 문화	15	수평 문화
8	개선 문화		

〈도표 4-5〉 '스마트한 일터'의 '스마트한 문화' 핵심 진단 항목

✓ **둘째,** 문화적 측면에서의 15개 항목오픈 문화, 존중 문화, 연결 문화, 교류 문화, 동반 문화, 참여 문화,

자율 문화, 개선 문화, 근로 문화, 성과 문화, 낭비 제거 문화, 학습 문화, 친(親)가족 문화, 행복 문화, 수평 문화별 측정을 통해 현 수준과 목표화될 수준을 규정한다. 이 때 문화는 내면화된 가치 체계로써 구성원들의 사고방식과 행동 양식을 결정하는 궁극적인 요인으로 설정하고, 업무 행동 변화를 유발하는 가치 체계의 정립 형태를 지표화하여 문화 형태의 목표점을 제시한다.

구분	'스마트한 일터'의 '스마트한 제도' 핵심 진단 항목		
1	제도의 정당성	9	제도의 전향성
2	제도의 평등성	10	제도의 개발성
3	제도의 타당성	11	제도의 복지성
4	제도의 신뢰성	12	제도의 학습성
5	제도의 투명성	13	[성과/보상 측면] 제도의 객관성
6	제도의 유효성	14	[성과/보상 측면] 제도의 만족성
7	제도의 보완성	15	[성과/보상 측면] 제도의 공정성
8	제도의 수렴성		

〈도표 4-6〉 '스마트한 일터'의 '스마트한 제도' 핵심 진단 항목

✔ **셋째,** 제도적 측면에서의 15개 항목제도의 정당성, 제도의 평등성, 제도의 타당성, 제도의 신뢰성, 제도의 투명성, 제도의 유효성, 제도의 보완성, 제도의 수렴성, 제도의 전향성, 제도의 개발성, 제도의 복지성, 제도의 학습성, 성과와 보상 측면에서의 제도의 객관성, 제도의 만족성, 제도의 공정성별 측정을 통해 기업 문화의 방향에 부합되는 행동의 정의를 기반으로 실제 조직 구성원들이 그러한 행동을 했을 때 올바른 평가를 받고 보상받을 수 있도록 조직의 모든 업무 프로세스가 설계되도록 유도한다.

- '스마트한 일터' 진단 컨설팅 방법론

'스마트한 일터' 시스템을 구축하기 위해 진행되는 진단 컨설팅은 '스마트한 공간 만들기', '스마트한 문화 만들기', '스마트한 제도 만들기'의 3가지 목표점을 가지고 출발하게 된다. 이에 따라 각 요소는 진단 과제별 독립적이 아닌 매개 변수로 작용하여 결론을 도출하기 위한 연계성을 목표로 실행되며,

구분	'스마트한 일터' 컨설팅 진단 과제별 진단 항목		
1	공간적 구조 진단	7	기술&보안 시스템 진단
2	일하는 방식 진단	8	조직 문화 변화상 진단
3	문화적 분위기 진단	9	최종 공간 형태화 진단
4	제도적 체계 진단	10	'스마트한 일터' 성과 구축 모형 개발 & 공유
5	조직 문화 진단	11	'스마트한 일터' 시스템화 개선 활동 및 성과 평가/ 피드백
6	동기 부여 성과 평가 시스템 진단		

〈도표 4-7〉 '스마트한 일터' 컨설팅 진단 과제별 진단 항목

첫 번째 진단 과제는 공간적 구조 진단이다. 공간을 예를 들어, 'As-Is'에 대한 현황이 우선으로 파악되고 문제점을 도출한다. 문화와 제도의 추진 프로세스도 마찬가지다 공간 구성이 해당 조직의 핵심 역량이 충분히 발휘될 수 있는지, 협업과 소통이 각 공간에서 잘 유지되는지, 공실률이 어느 정도인지, 좌석 배치 위계도는 어떠한지, 회의실은 충분하고 적절히 활용되고 있는지, 편의 공간이나 복지 공간의 구성과 만족도는 어떠한지, OA실과 문서 보관실, 비품 창고는 잘 관리되고 있는지, 낭비되는 공간은 없는지 등 공간 구성에 대한 파악이 기본적으로 진행되며, 디자인 측면에서의 레이아웃, 가구, 색채, 조명, 그리고 공조 및 환경과 관련한 사항까지 꼼꼼하게 체크된다. 현황에 대한 공간 체크가 진행되면 'To-Be'를 위한 후차적인 공간 니즈를 조사한다. 공간 니즈에 대한 진단은 우선 기초 진단만 진행된다. 공간의 변화를 위한 니즈 데이터는 절대 한 번에 뽑아낼 수 없다. 이는 주로 새로운 공간에 대한 경험적 부재나 기존 공간의 익숙함에서 오는 현상이며, 공간에 대한 이해는 물론, 이어지는 제도와 문화 진단 과정에서 변화에 대한 수용성에 따라 공간 니즈도 확장되거나 구체화되는 추세를 보인다.

두 번째 진단 과제는 일하는 방식 진단이다. 방식이라 하면 '일정한 방법이나 형식'을 뜻하는데, 주로 지금까지의 업무 처리 방식에 대한 효율성과 효과 측면에서 접근한다. 방식 진단은 주로 제도적인 부분에 있어서 일을 추진해 나가는 과정에 초점이 맞춰진다. 조직의 체계를 들여다보고, 집단의 의사 결정의 방식과 속도는 어떠한지, 리더와 팔로워 Follower가 개인 업무나 협업 등 과업을 수행하는 전반적인 과정의 효과, 문제점, 커뮤니케이션 빈도, 회의 및 보고 체계(보고 및 회의 방식, 보고 및 회의 종류, 문서 생성량 및 문

서 생성 과정, 기타 낭비 요소 등 조직의 기능에 대한 부분과 프로젝트 수행에 대한 전반적인 프로세스의 점검 과정이 기초된다.

세 번째 진단 과제는 문화적 분위기 진단이다. 앞서 공간과 제도 부문의 기초 진단이 이뤄졌다면, 데이터나 서류에 보이지 않는 부분, 특히 조직이 경험하여 축적해 왔던 아주 사소한 분위기까지도 세밀하게 신경을 써서, 조직 내 암묵적으로 형성되어 있고 내재화된 조직 문화의 단면과 그 이면까지 들여다보는 진단 프로세스를 가동한다. 위계적 조직 문화 특성이 보이는 경우, 물론 진단은 '자 이제 분위기를 진단합니다.'로 시작하지 않는 다운스운 얘기다. 조직 분위기는 설문을 통한 1차 점검, 인터뷰를 통한 2차 점검, 업무 프로세스 개선, 조직 체계화 개선 과제 도출, 기타 목적으로 마련된 워크숍을 통한 3차 점검 및 관찰, 현장에서 업무를 보거나 커뮤니케이션, 협업, 휴식을 취하는 모습의 관찰을 통한 4차 점검 등 단계화하여 조직 내 분위기를 진단한다.

네 번째 진단 과제는 제도적 체계 진단이다. 일하는 방식의 기초 진단과 분위기 진단에 이어, 전반적으로 조직의 '일하는 방식'을 점검하는 과정에서 제도 구축의 정도와 이에 따른 조직 구성원의 만족도와 신뢰도 등 제도의 개선 목표에 다른 심층 진단이 이어지며, 심층 진단은 과정 중심에서 성과 중심 체계로 전환하기 위한 성과 측정 체계평가와 보상 체계를 포함 전반적인 조직이 지향하는 방향성을 점검하여 새롭게 목표화될 지표를 도출한다. 이 과정에서 '일하는 방식의 근본적 변화'를 위해 '스마트 워크 구축도'를 측정하여 변화의 목표점을 더욱 구체화하게 되며, 이에 따라 변화하게 되는 제도적 개선 목표점의 수준을 정하게 된다. 결정 사항은 새로운 제도로 탄생되거나 기존 제도를 보완하게 되며, 이 단계에서 혁신 활동에 필요한 핵심 과제의 방향성이 정립된다.

다섯 번째 진단 과제는 조직 문화 진단이다. 굳이 문화 진단 사이에 '분위기 진단'을 넣은 이유는 필자의 경험에 따른 보완과 조정이다 더 설명 안 해도 이해하리라 생각한다. 네 번째 진단 프로세스를 거치는 와중에 상당한 조직 데이터가 축적된다. 이에 따라 세밀한 분석과 다양한 각도의 해석이 가능해진다. 따라서 다섯 번째의 문화 진단은 해당 조직의 공간과 변화 방향성 정립에 이어 새롭게 변화하게 될 공간과 제도의 확장성과 특히 제도의 구체적 형태를 결정짓게 되는 중요한 기준점이 된다.

여섯 번째는 동기 부여를 위한 성과 평가 시스템 진단이다. 앞서 네 번째 진단 단계에서 성과 지향적 조직으로 나아가기 위해 제도 데이터가 조사되고 측정되어 1차적 방향성이 정립되었다면, 이제 동기 부여 관점에서 성과 조직으로 나아가기 위한 평가 제도와 보상 제도에 대한 '가벼운 수준부터 고도화된 수준까지' 제도의 전향성과 개발성에 따른 그 확장의 정도를 결정하고 체계화한다. 그리고 가장 중요한 것 실행하여 테스트한다. 이 단계의 진단은 최고 경영자나 경영진에게 상당히 유의미한 데이터를 제공해 줄 것이다.

일곱 번째는 기술&보안 시스템 진단이다. 앞서 체계 진단에서 '스마트 워크'에 대한 1차적 적용 방향성이 설정되었다면, 이제 예산 편성과도 중요하게 연계되어야 하는 기술적 분야ICT, IoT, 보안 등에 대한 접목 가능성과 접목 정도를 확정한다. 일곱 번째 진단안은 예산의 한계와 영향을 고려하여 최종적으로 단기적인 대안뿐만 아니라 중/장기적인 대안도 함께 제시한다. 이 과정에서 '스마트한 제도'의 목표점이 완성된다.

여덟 번째는 조직 문화 변화상 진단이다. 앞서 '분위기'와 '문화' 진단을 통해 제도와 공간의 기준점을 마련하였고, 조직의 차별화 또는 내재화된 전반적인 특성에 대한 데이터가 확보되어 '스마트한 제도'의 목표점이 마련되었다면, 결국 전사적으로 수평 문화, 리더와 팔로워Follower의 연결 문화, 존중이 기반이 되는 오픈 문화로 나아가기 위한 미래 우리 조직의 발전상을 공유하고 학습한다. 설문이나 인터뷰 방식의 측정이 아닌, 세미나와 교육, 워크숍으로 진행되며 반응과 결과물로 진단안을 도출한다. 이 과정에서 '스마트한 문화'의 목표점이 완성된다.

아홉 번째는 최종의 공간 형태화 진단이다. 해당 조직의 구성원들은 공간 구조 진단으로 시작하여 체계화된 여덟 단계의 진단 과정을 거치며 제도와 문화, 공간에 대한 학습과 이해를 다양한 경로로 경험하게 되었다. 이제 본격적으로 'To-Be'에 대한 다양한 심층 진단이 이뤄지며, 공간이 가지는 다양한 성격 '공유와 점유, 개방과 폐쇄, 업무와 편의, 몰입과 이완, 집중과 휴식, 보안과 프라이버시' 등을 15개 공간 개선 목표와 연계하여 그 형태를 구체화한다. 이 단계에서 '스마트한 공간'의 목표점이 완성된다.

열 번째는 '스마트한 일터'의 최종 진단을 통한 '성과 구축 모형'의 개발과 공유이다. 이에 제시되는 수준은 3장의 A~H 레벨 특성이 아니라, 의뢰한 해당 조직 고유의 수준이 목표화되고 체계화된 '스마트한 일터'의 지향점이다. 의견 교류회, 최종 보고회, 워크숍, 세미나 등 조직이 원하는 형태로 다양하게 준비되고 공유된다.

열한 번째는, '스마트한 일터'의 미션 실행이다. '공간'은 '스마트한 공간'으로 변화하였고, '문화'나 '제도'도 측정되고 분석되어 개선의 목표점을 담아 '스마트한 문화', '스마트한 제도'로 변화를 준비하였다. 현시점은 '스마트한 일터'의 완성이 아니라 변화의 기틀이 이제야 마련된 상태일 뿐이다. 내 몸에 맞는 옷으로 재단하여 새 단장을 하였고 우리 조직의 특성에 맞는 제도를 막 시행하였으며, 문화적 발전상에 따라 모든 대표 이사를 필두로 모든 임직원이 그간 신경을 쓰지 않았던 사소한 부분까지도 "무엇인가 바꿔 보자."라는 개선 분위기가 조성되고 있다. 조직 입장에서는 이제야 진정한 시작이고 성과 체계로 발돋움하고 지속화하기 위한 절호의 타이밍이다. 다양한 과제와 목표, 궁극적으로 미션의 달성을 위해 모두가 힘을 합쳐야 할 때인 것이다. 절대 이 시작점에서 안도하거나 멈춰선 안 된다. 변화를 위한 준비를 마쳤을 뿐이다.

3. Next level, 미래로 나아가기 위한 준비

1) '스마트한 일터'로 새로운 성장 동력을 얻다

'스마트한 일터'는 조직 문화 혁신의 결과가 아니라 과정이다. 많은 조직이 미래 성장 동력 마련을 위해 끊임없는 시도를 하고 있다. 그 목표가 사내 인력 구조이든, 디지털 인

프라 확충이든, 창의적 아이디어 발굴을 위한 수직적 조직 문화 타파이든, 다른 어떠한 혁신 활동이든, 결국 '스마트한 일터'의 '공간', '문화', '제도'라는 범주 안에 속한다. 새로운 목표점을 제시하고 각 요소의 구조 변화를 위해 시도했던 다양한 노력들은 이제 보다 더 체계화되고 구체화되어야 할 때이다.

과거 선진국을 벤치마킹하여 도입한 첨단 기술들과 관리 시스템은 대한민국의 빠른 성장에 기여하였고 그러한 전략은 큰 성과로 이어졌다. 그러나 선도 조직을 벤치마킹하는 추종적 전략만으로는 지속적인 성장을 이뤄내는 데 한계가 있다. 추종적 전략은 결국 '총체적 접근'이 아닌 '선택적 문제'가 되어 버리기 때문이다.

'스마트한 일터' 구축을 위해 '공간', '문화', '제도'를 대대적으로 변화시키기 위해서는 우선 냉철한 조직 진단을 통해 현재의 모습과 바람직한 모습의 차이, 즉 타 조직과의 격차를 파악해야 한다. 그리고 우리 조직이 가지고 있는 고유의 특성을 찾아야 한다. 이후 이러한 격차를 줄이기 위한 체계적 노력이 뒤따라야 하고, 우리 조직의 특정과 강점을 살릴 수 있는 새로운 '경쟁력'을 '스마트한 일터 만들기' 과정으로 구체화해 나가야 한다.

〈그림 4-8〉 '스마트한 일터' 시스템 구축으로
우리만의 성장 모형 발굴에 도전하자

한 연구 논문에 따르면, 글로벌 기업으로 고속 성장한 대한민국 기업들은 공통적으로 '최고를 향한 집단적 에너지'가 조직 내 형성되어 있다고 한다. 집단적 에너지를 형태화하기 위해 조직 문화적 역량의 행동 패턴을 작동시키는 행동 가치파생 가치는 능력주의, 성과주의, 독립 정신, 헝그리Hungry 정신, 소수정예주의, 변화 혁신 지향, 개방성, 도전 정신, 상명하복上命下服 등으로 정리하였다. 행동 가치를 파생시키는 기저 가치들로는 위계적 서열주의, 평등주의, 집단주의, 개인주의, 합리주의, 인본주의, 급진주의, 실용주의, 명분주의 등을 제시하였다. 결국 한국 기업의 조직 문화에서 작동하고 있는 가장 핵심적인 기저 가치는 '위계적 서열주의序列主義'를 꼽았다. 아이러니하게도, 오늘날까지 조직을 성장시키며 'DNA화' 되고 글로벌 기업으로 성장한 이 조직들은 현재 위계 중심의 핵심 가치를 근본에서부터 탈피하여 새로운 가치 체계를 성장 동력화하기 위한 노력을 기울이고 있다. 놀랍게도 공통적인 현상이다. 삼성그룹, SK그룹, 현대그룹 등을 필두로 왜 이러한 기저의 검증된 동력을 버리고 새로운 비전을 탐구하는 것일까? 글로벌 기업으로 나아가기 위한 치명적인 장애를 무엇으로 판단했기에 왜 이토록 과거의 문화 답습을 과오라 판단하고 새로운 성장 동력의 키워드로 '공유', '공감대', '존중', '수평', '오픈 마인드Open Mind'와 같은 단어들이 세상의 중심으로 떠오르게 된 것일까? 또한, 네트워크 기술, 빅 데이터 기술, 사물 인터넷, 유전 공학 등 4차 산업 혁명의 첨단 기술력, 특히 인공 지능 기술을 포함한 모든 자동화 기술의 개발에도 불구하고, '사람 중심'의 조직 문화 결속을 다시금 강조하는 이유가 무엇일까?

2) 다시 한번 사람이 중심이 되는 미래

미래 사회에서 어떤 능력이 중요해질 것인지에 대해서는 최근 인공 지능의 발전 양상을 살펴보면 시사점을 얻을 수 있다. 최근 인공 지능이 눈부신 발전을 거듭하고 있는 것은 '이세돌 9단과 알파고의 대국'에서 유명해진 딥 러닝을 비롯한 여러 학습 알고리즘의 효율성이 획기적으로 향상되고 있기 때문이다. 하지만 미래에는 언젠가 극복되겠지만 아직까지의 인공 지능 학습 능력은 사례에 대해 자료 학습화를 통한 추론의 방식이라는 한계가 극명하다. 즉, 새로운 존재론적 범주를 만들어 내거나 비非전형적인 의미 연관을 파악하는 능력이라던가, 새로운 시사점을 제시하는 등의 일에는 상대적으로 서툴다는 것이다. 인공 지능은 인간이 사회화 과정을 통해 습득한 '상식'이 결여되어 있기에 '지식을 모으는 능력'에 비해 '지식을 활용하는 능력'이 떨어진다.

결국 미래의 첨단 디지털 시대가 요구하는 '인재'는 다양한 데이터를 모으고 수집하여 정보화하는 능력이 아니라, 다양한 정보의 연관 관계를 만들고, 통찰하는 능력이 될 것이다. 이는 인간에 대한 깊은 이해, 사회에 대한 깊은 이해, 역사와 문화에 대한 깊은 이해에 기초할 때 얻어질 수 있는 것이다. 급속화되고 있는 진보된 기술 혁신이 주도할 미래 조직은 조직이 가지고 있는 모든 분야의 이슈와 쟁점들 사이의 연관성을 분리하는 것이 아니라 기술력을 바탕으로 보다 적극적으로 활용해야 할 것이다. 이러한 문제는 기술적 부분이나 한 분야의 전문성만으로는 해결하기 어려운 시대가 될 가능성이 높기 때문이다.

〈그림 4-9〉 결국은 다시 '사람'이다

이렇듯 4차 산업 혁명과 관련하여 우리가 주목해야 할 점은 과장되거나 확대된 '사람의 위기론'이 아니라, 이러한 변화에 따른 '불확실성'을 헤쳐 나가기 위한 근본적인 '사람의 역할'이다. 그러므로 우리는 기술적 진화, 그 변화의 중심에서 조직 변화를 어떻게 인식하고 대응할 것인가에 대한 새로운 '준비'가 절실할 것이다. 그 '준비'의 기초는 제도적, 문화적 관점에서 '공간' 또는 더욱 효과적일 수 있는 다양한 변화의 수단을 구성해 나가는 '통찰'을 요구한다. 이러한 '통찰'을 기르기 위한 전제 조건은 지적 유연성에 근거한다. '불확실성'을 해결하기 위한 '답'은 당장의 '전문성'도 '기술력'도 '개발성'도 아닌, 조직적으로 '지적 유연성'을 찾아 나가기 위한 학습화와 체계화가 어우러진 지속적인 '시스템화'의 노력이 당장 필요할 것이다.

3) '관계'의 진화를 준비하자

지금까지 우리가 아무런 거리낌 없이 지내 왔던 '공간'은 코로나19와 팬데믹 시대를 맞아 형태적인 변화를 넘어 사람이 받아들이는 근본적인 정의마저 뿌리째 뒤흔들어 놓고 있다. 인간의 끊임없는 상호 작용을 통해 그 의미가 더해지는 상징적 개념으로써의 공간, 커뮤니케이션을 유발하고 '관계'를 촉진하는 핵심적 역할을 하는 공간, 이러한 네트워킹의 형태적 구성체로써 공간에 대한 사회적 인식이 급전환기를 맞고 있으며, 다양한 제약_{현재 사회적 거리두기로 인한 5인 이상 집합금지 명령 등 제도적 제약}이 발생하고 있다.

우리가 흔히 알고 있는 '관계성'은 '둘 이상의 사람, 사물, 현상 따위가 서로 관련을 맺거나 관련이 있는 성질'을 뜻하며, 앞서 정의했듯 개인이 아닌 집단적 네트워크들의 구성에 기초하여 접촉, 교류와 커뮤니케이션, 다양한 활동을 뜻하는 말이다. 아직도 _{변이 바이러스의 급속화로 인해} 하루 수천 명의 사망자가 나오고 있는 국가가 있는 만큼, 전 세계적으로 활동, 접촉 관계를 제한하고 비非대면, 격리, _{심지어 감시와 같은} 우리에게 꽤나 생소한 용어들이 일상화되고 있는 현실은 우리가 살아왔던 현대 사회의 보편적 동향과 극명히 상반되고 있다.

2020년을 기점으로 불과 2년 전의 상황과 현재의 상황을 비교해 볼 때, 현대인들은 상당한 괴리감과 정신적 피로감을 호소하고 있다. 코로나19로 직접적 피해를 입거나 주변의 어려움을 확인하거나, 경제적인 타격을 입는 등 수많은 경로로 나타나는 동시다발적 피해 상황은 어느덧 안정과 치유의 새로운 사회 질서를 요구하는 '민심'으로 작용하고 있다. 또한 사람이 모이고 만나는 것에 대한 '불안함'은 지금까지 이어 왔던 사람 간 '관계성'의 유지에 있어 새로운 풍조를 낳고 있다.

〈그림 4-10〉'일하는 방식의 변화'를 통해 '관계'는 새롭게 진화한다

기업 조직으로 보아 '관계성'에 있어 가장 큰 변화는 바로 그간 인지해 왔던 '관계'와 '성과'에 대한 근본적 사고의 대전환이다. 지금껏 관리자들은 부문이나 부서, 팀의 역할 속에서 공동의 목표를 실현할 수 있는 '롤Role'을 강조해 왔다. 이러한 역할의 규정은 역할에 따른 권한과 책임을 조정할 수 있는 명확한 제도적 틀로 문화 속에 흡수되었고, 조직 구성원들은 각자의 역할과 권한, 책임에 따라 자연스

러운 행동 규범을 구축하여 역할에 따른 조직 내 '관계성'이 명확히 확립되었던 것이다. 가령, 최근 가장 큰 변화의 추이를 알 수 있는 예시로, '일하는 방식의 변화'라는 혁신의 캐치프레이즈 속에 새롭게 등장하는 단어가 있다. 바로 '근본적'이라는 단어이다. '일하는 방식을 근본적으로 변화하자'는 말 속에는 혁신 자체로의 방법론적인 의미도 있을 것이나, 시대적 환경에 유연한 '조직 구조의 유연화'란 측면에서의 '근본을 바꿔야 한다'라는 불확실성의 위기론에서 더욱 큰 의미가 있다. 이는 사회적으로나 기업 조직의 시각에서도 마찬가지로 앞서 제시한 모순적 상황의 극복책으로 '디지털 전환'이 강조되고 있음을 시사한다. 특히 새로운 기술력을 활용한 첨단 지능화의 디지털 전환은,

✔ **첫째,** 조직 구성원 간 매개 기능의 확충으로 그간 오프라인Off-Line으로 주로 이뤄졌던 네트워킹의 구조적 관계 혁신을 의미하고,

✔ **둘째,** 다양한 접속 기능을 통해 대면 접촉 부재의 한계를 탈피하여 의사 결정 속도를 높일 수 있으며,

✔ **셋째,** 직접적 대면 관계를 최소화함으로써 질병, 감염 등의 예방 효과를 발휘할 수 있고,

✔ **넷째,** 데이터 공유나 정보 교류 방식의 디지털 전환은 기존의 일률적인 보고나 회의 방식 등 '일하는 방식의 근본적인 혁신'을 가속화할 수 있다는 장점이 있다.

이러한 직접 대면 방식의 '탈脫관계화'는 향후 조직 성과를 극대화하기 위해 현존하는 조직 내 교류 활동을 대체하거나 보강할 새로운 '인재 유형'을 만들어 낼 것이 자명하다. 결론적으로 미래를 준비하는 현시대의 조직은 기술력 활용에도 능하고, 지식적인 측면에서도 유연하며, 관계적 측면에서도 온라인On-Line과 오프라인Off-Line을 혼합하여 다양한 활동과 성과를 연계할 수 있는 새로운 역량 기준과 그에 따르는 학습 능력과 의지의 함양이 절대적으로 강조되는 시대가 도래하고 있다고 판단된다.

4) 디지털 시대의 네트워킹

산업 사회를 주도했던 범용 기술은 엔진이었다. 동력원이 증기 기관에서 시작하여 석탄에서 석유, 전기, 배터리로 바뀌었다. 이런 엔진 기술의 발전은 공장의 동력기, 기차와 자동차 등의 교통수단, 세탁기와 청소기 등의 가전제품, 전축 등 음향 기기에 이르기까지 모든 제품에 동력을 제공하며 세상을 발전시켰다. 현시대의 범용 기술은 디지털이다. 컴퓨터와 인터넷이 없으면 일상생활에 지장을 초래할 정도로 스마트폰, 내비게이션, 심지어 앞서 언급한 자동차에서 가전제품까지 컴퓨터와 디지털이 새로운 시대를 열고 있다. 증기 기관이 산업 사회를 열고 발전시켰다면 엄연히 현시대는 디지털 시대라고 할 수 있겠다.

디지털의 다양한 특성은 차치하고 지금 우리가 주목해야 할 점은 바로 '연결성Link'이다. 연결성은 네트워크Network 특성으로 제로에 가까운 비용에 비해 연결의 확장은 무한 증식될 수 있다. 사용자들이 모일수록 사용자 간 영향이 증가하고 사용자가 계속 늘어나는 '네트워크 효과'를 일으키며 이는 사회적 뿐만 아니라 경제적으로도 해당되는 사항이다. 가령 특정 제품을 사용하는 소비자가 많아질수록 상품의 가치가 올라가는 이치와 같다.

〈그림 4-11〉 Human Link

우리는 왜 현시점에서 플랫폼 경제, 공유 경제, 공유 가치를 강조하는가? 왜 조직의 공간 개념부터 문화, 제도에 이르기까지 '상호 독립적' 관계의 분리 특성보다, 교류와 화합, 커뮤니케이션과 네트워킹을 강조하는가?

일반적으로 '디지털화'는 데이터와 정보를 다루는 지식 기술의 프로세스를 네트워크로 연결하는 과정을 뜻하며 그와 관련한 모든 프로세스를 디지털로 전환하는 것을 '디지털 전환'이라고 할 수 있다. 3차 산업 혁명의 자동화가 주로 제조 및 생산 라인의 자동화에 초점이 맞춰져 있다면, 지금의 디지털화는 사무실, 즉 지식 노동의 진화라는 특징을 보이고 있다. 많은 전문가가 예측하듯 의사와 변호사의 업무도 미래에는 인공 지능으로 처리 가능한 코드화가 가능할 것이다. 또한 금융 정보 처리, 주문 처리 등 정형화된 데이터를 처리하는 규칙적인 업무는 일차적으로 컴퓨터 코드라 전환되어 디지털 자동화가 가능하다. 애석하게도 이는 근로자 입장에서 '위기'지만 소비자나 경영주 입장에서는 '기회'가 된다. 예를 들어, 더 적은 수의 노동자가 처리하면 생산비 절감 효과를 가져오고 이는 제품을 더 저렴하게 제공하는 효과로 이어진다.

우리는 디지털 대전환기를 기점으로 근 미래에 다가올 인공 지능과 자동화를 통한 세상의 변화를 어느 정도 예측할 수 있다. 절망할 것이 아니라 현재야말로 새로운 변화의 준비를 해야 하는 과도기의 중심에 서 있다 해도 과언이 아닐 것이다. 디지털이 기존 업무 방식의 자동화로 노동력을 줄일 수 있기도 하지만, 기존 업무 프로세스의 자동화를 통한 업무 효율화로 파생되는 잉여분을 새로운 업무로 전환하는 방식도 있기 때문이다. 따라서 고부가 가치를 향한 노동력의 증가는 현시점에서 근로자가 대응할 수 있는 최선의 준비이자 노력이다. 즉, '일하는 방식의 근본적 변화'를 조직 혁신의 화두로 내걸고 사활을 걸고 있는 변화의 중심에서 신기술과 디지털 전환에 필요한 필수 도구의 활용과 역량 증진을 위한 꾸준한 학습 노력, 유연함을 통한 새로운 근무 방식으로의 적응, 그리고 컴퓨터가 가지고 있지 않은 '인간의 지혜'를 통해 '큰 그림'을 볼 수 있는 사고로의 전환 등 다양한 시스템과의 연결을 위한 만반의 준비가 필요할 것이다.

5) 성공과 실패의 기준이 변해야 한다

어느 조직이든 성공을 바란다. "실패를 거울삼아 성공하라."라는 명언을 인지하지만, 당장의 실패를 쉽게 용인하지 못하는 것이 현실이다. 세간의 경영 서적들을 보면 성공한 사람의 공통점에 대해 많은 논리를 펼치고 있다. 우선 '성공'에 대한 각각의 해석도 분분한데, 사전적 의미로의 '성공'은 '목적이나 뜻을 이루는 것', '사회적 지위나 부를 얻는 것'으로 정의된다. 필자도 단순히 이 정의에 따라 주위의 '성공한 사람'들을 떠올려 보면 성격, 인품, 역량, 노력의 정도, 성실성, 리더십, 관계성, 가치관 등 여러 가지를 고려하여도 딱히 공통분모를 찾기가 힘들었다. 다만, 그중에 주목할 사항은 실패를 바라보는 '다른 시각'에 있다고 보여진다. 그들은 대체로 변화에 유연했고, 적응에 빨랐으며, 실패에 비교적 관대했다. 심지어 실패에 대해 절대 직접 책임지지 않거나, 남에게 책임을 전가하거나, 실패한 상황을 수면 밑바닥으로 가라앉혀 버리는 자들도 대체로 실패 자체를 크게 염두 하지 않는 성향이다.

'성공'에 대한 담론에서 잠시 다시 본론으로 돌아오자. 누구나 실패에 대범한 척하지만, 실상 실패는 지워 버리고 싶은, 떠올리기 싫은 짙은 상처로 남는다. 다만 '상처로만 남길 것인지', '싫어도 다시 곱씹어 실패의 원인을 찾아볼 것인지'의 선택에 따라 미래는 반드시 달라질 것이다. 조직의 경우도 마찬가지다. 필자가 만나 본 수많은 기업 조직을 떠올려 볼 때, 실패할 가능성이 높은 조직이나 더 성공하지 못할 조직의 경영진 시각은 '실패는 나쁘다'는 인식이 강했다. 우선 조직의 실패 사례에 대해 큰 문제로 삼지 않고 넘어간다고 해도 결국 '노력의 부족이나, 절차를 지키지 않아서 실패했다' 등 이미 그들의 머릿속에는 전형적인 실패 답안을 그려 놓고 상황을 판단하는 잘못된 습관, 관행이 분명히 존재했다. 이런 조직에서의 '실패'는 조직 구성원들 입장에서 결국 당장에 반영되지 않더라도 - 고과이며 '낙인烙印'으로 인지된다.

실패가 항상 나쁜 것은 아니다. 실패에도 다양한 원인이 있다. 고의적 규정 무시, 부주의와 같이 용인되지 못할 실패도 존재할 것이고, 역량과 능력을 감안하지 못한 '미스매칭Miss Matching', 부적절한 절차나 어려운 과업으로 인한 불가피한 실패도 있을 것이며, 모의실험이나 불확실성에 기인하여 시장 예측을 위한 태스크처럼 바람직한 실패도 분명히 존재한다. 또한 사활이 걸린 큰 프로젝트일수록 개인이 아닌 조직 차원의 책임과 접근이 필요하다. 이는 평가 체계에 대한 근본적 개선점과 연계되는 일일 것이나, 조직과 팀과 개인의 실적이나 성과에 대한 개념에 더해 '도전'의 의미를 크게 부여하고 장려할 필요가 있다.

〈그림 4-12〉 성공의 필수 조건은 '용기있는 도전'과 '찬란한 실패'이다

성공과 실패는 다수이든 개인이든 분명히 누군가의 행위로 일어난다. 성공과 실패를 구분하는 일은 매우 어렵다. 당장의 성공이 미래 실패의 패착이 될 수도 있고, 당장의 실패가 중/장기적으로 성공의 밑거름이 될 수도 있다. 공간, 문화, 제도 또한 마찬가지다. 필자도 이 기회를 통해 고백하면, 인테리어 업체에서 컨설팅 사업부를 총괄하며 만난 수많은 클라이언트의 공간 현황 점검에 있어, 박한 평가에 기인한 공간 개선 프로젝트 수주는 분명히 고객에 대한 기만이었고 '성공'이 아닌, '실패'였다고 인정한다. 고객이 생략하자는 컨설팅 과정도 결국 당장의 수익을 좇는 내 업에 대한 기만이었고 방관이었다고 생각한다. '왜 제도에 대해 논하지 않았으며, 왜 문화에 대해 그리 관대했을까?' 필자의 실패는 '용인되지 못할 실패'로서 당장 고객이 만족하였더라도 장기적 실패의 가능성이 크다는 사실을 통감한다면, 더 이상의 과오가 허락되어서는 안 되리라 생각하고 통렬히 반성한다.

6) 변하는 공간, 독특한 문화, 참여하는 제도, 그리고 놀라운 성과

제목 그대로다. 결론적으로 놀라운 성과가 보이는 조직은 제도에 대한 적응성과 응집성이 상당하다. 이들은 대부분 학습형 조직화가 기반이 되어 있었고, 심지어 미팅을 통해 문제의 핵심을 찾아내고 여기서 멈추는 것이 아니라 더욱 진화하는 문화로 만들기 위해 새로운 제도를 개진하고 실행해 나간다. '통찰'은 대개 개인적 관점에서 거론되고, 조직 관점에서 '집단 지성' 정도로 그 의미를 표현할 수 있겠으나, 그 수준에 머물지 않고 '집단적 통찰'이 가능할 정도라면 조직의 미래는 그 한계점을 가히 예측이나 할 수 있을 것인가?

반대로 수평 문화나 유연함과는 거리가 먼 케이스를 살펴볼 때, 제도나 문화적 통제가 조직성

과 측면에서 악영향을 미칠 것이란 가설, 그 상관관계는 일관적이지도 않고 아직도 명확히 입증되지 못한 것이 사실이다. 다만 한국 기업은 '강한 문화가 높은 조직 성과를 가져왔다'는 사실에 대한 입증은 다양한 논문과 조사 자료를 통해 확인할 수 있었다. 성과형 조직 문화를 위한 통제적 문화와 제도도 결론적으로 그 성장 효과가 입증된 것이다. 그런데도 변화에 대한 유연함과 새로움에 대한 조직 차원의 도전은 왜 끊이지 않고 더욱 증진되는 것일까?

〈그림 4-13〉 조직의 성장을 위해서는 내부적으로 끊임없는 아이디어가 나와야 한다

조직의 '점증적 변화'를 다룬 한 논문에 따르면, '성과형 조직은 산업이나 시장의 유동성이 낮을 때만 시간이 지남에 따라 보다 일관적으로 성과를 낼 수 있음'을 증명하고 있다. 이것은 상대적으로 안정적인 환경에서 성과의 지속성과 신뢰도가 높아지며, 환경이 급변할 때의 조직은 쉽게 진부하고, 강하게 거부하며, 부정적인 영향을 줄 가능성이 더욱 급증한다는 것으로 나타났다.

결국 조직이 놀라운 성과, 위대한 성과를 지속하기 위해서는 '조직의 안정성'이 필요하며, 이 안정성은 '행위 지향성'과 '위험 감수성'이 끊임없이 전개되는 과정에서 때로는 조직을 정체시키고, 때로는 과감한 혁신을 통해 조직이 다시 나아가는 '거대한 흐름의 체계'를 만들 수 있을 것이다.

미래 시대를 예측하는 데 선두 기업의 CEO들은 한결같이 '불확실성'을 거론한다. 그리고 '변해야 한다'는 공통 화두를 던진다. 결론은 '새로운 도전'으로 귀결된다. 모든 '불확실성'은 결국 '정체'가 아닌 '도전'을 통해 극복될 수 있음을 강력히 시사하는 것이다. '스마

트한 일터'는 변화의 '결과'가 아니라 변화의 '과정'이자 '도전'이 될 것이다. 모두가 참여하고 즐기는 제도를 만들자. 독특한 우리만의 문화를 만들자. 그리고 공간을 변화하자.

7) '불확실한' 미래, 우리는 무엇을 새롭게 준비해야 하는가

새롭게 다가올 미래에 대한 각종 미래 전망 보고서들, 특히 'The Future of JobsWEF, 2016'는 기술적 측면의 변화와 사회 경제적 측면의 변화뿐만 아니라 조직의 경우 또 한 번의 자동화 기술의 진화를 통한 제조 기반 생산성 향상은 물론이고 조직들의 '업무 환경 및 업무 방식의 변화'에 대해 특별히 강조하고 있다. 이러한 조직의 변화는 필수적으로 과학 기술적 측면에서의 진화에 연계될 수밖에 없는데, '모바일 인터넷', '클라우드 네트워크', '빅 데이터 분석', '사물 인터넷IoT', 인공 지능A.I.' 등의 기술이 결합되어 '기술적 혁신'을 통한 변화 인프라 구축이 당장 우선되어야 하고, 지금부터 일자리 지형의 변화가 시작되었음을 시사하며, 근 미래의 큰 사회적 문제로 야기될 것을 예측하고 있다.

〈그림 4-14〉 이미 새로운 시대는 시작되었고 변화의 목표는 명확하다

팬데믹Pandemic 시대로 파급되는 전 세계적 지정학적 위험, 급변하는 디지털 트랜스포메이션Digital Transformation의 거대한 물결, 어두운 경제 전망과 그로 인한 기업 파산과 실직의 연쇄 작용 등 상황으로 볼 때 지금까지 성공을 보장해 주었던 전통적 경영 방식은 '불확실성'이라는 험난한 거대한 파도에 그 중심이 뿌리째 흔들리고 있다. 또한 기업이 고객에게 제품이나 서비스를 전달하던 모든 방식은 '디지털화'를 통해 전에 없던 새로운 방식으로의 결합과 융합을 유도한다.

지금까지 우리는 사전에 리스크를 예측해 철저한 계획을 세워 실행하는 경영 방식을 고수해 왔고, 조직 구성원들은 이 프로세스준비-조준-사격의 순으로 진행되는 '워터폴 Waterfall' 절차'에 따라 업무를 추진했다. 앞서 밝힌 애자일Agile은 결론적으로 상황 변화에 따른 유연성과 고객 중심의 개념으로 조직화를 재구성하는 것이다. 오늘날과 같은 불확실한 환경에서는 처음부터 계획 수립에 너무 많은 시간과 자원, 재원을 쓰기보다는 최소한의 준비를 통해 '실행-반응-분석 및 피드백-재조준재실행'의 프로젝트형 조직 구조로 경영 환경을 재편하는 것이 바람직할 것이다. 바야흐로 조직 본연의 능력이 중심이 아닌, 조직의 선제적 '대응 능력'이 근본적인 경쟁 우위가 되는 시대가 된 것이다.

〈그림 4-15〉 도전하자, 변화하자, 그리고 반드시 성장하자..!

불확실성에 대응할 수 있는 조직의 형태, 그 과정을 담는 시스템을 갖추기 위한 '스마트한 일터'는 공간, 문화, 제도를 기본 3요소로 소개하였다. 궁극적으로 미래에 필요한 '+@'의 요소는 현재 존재하는 '환경 변수'를 찾고 이러한 환경 변수에 의한 '위험'을 줄이거나 없애 새로운 '기회'로 만들기 위한 특별한 요소가 추가로 요구될 것이다. 그것은 핵심의 변화 동인을 찾는 과정일 수 있고, 철저하고 신속한 대응을 위한 전략 차원의 새로운 접근일 수도 있으며, 애자일과 같은 경영 기법의 형태로 제시될 수도 있다.

미래를 예측하고 내일이 오면, 어제의 예측은 과거가 된다. 미래는 예측할 수 없다고 생각하고 바라봐야 한다. '예측'은 '행동'을 통해 의미가 부여된다. 한 광고의 "성공하고 싶어? 그럼 지금 시작해! 아무것도 하지 않으면 아무것도 변하지 않아!"라는 카피 문구가 떠오른다. 새로운 미래의 청사진은 '성공'과 '실패'에 대한 잣대가 기준이 되어서는 안 될 것이다. '시도'는 어떠한 방식으로 든 '변화'를 가져다준다. 그 변화의 과정이 꼭 '성공'이 아니어도 좋다. '찬란한 실수'가 용납되는 조직, '처절한 실패'를 반면교사로 성공에 다가서는 조직, '변화' 속에서 새로움을 찾는 조직, '스마트한 일터'로 '성장'에 다가서는 조직으로 변화하길 기대한다.

마무리하며

　　코로나19로 사회 분야에 걸쳐 경제, 정치, 노동 시장까지 전 세계적으로 혼란이 요동치고 있다. 특히 국경과 지역의 봉쇄, 사회적 거리두기는 노동의 중단에서 해고, 노동의 변화까지 기존의 방식과는 완전히 다른 새롭고 두려운 '개혁'이 요구되고 있다. 사람들과의 대면 접촉으로 전염병이 전파되는 상황에서 노동 과정에서의 대면 정도와 노동 형태의 전환 가능 여부에 따라서 노동 시장은 새로운 강자들로 개편되었고, 시스템에 도태되거나 미처 준비하지 못한 조직들은 후순위로 밀려나거나, 냉정한 시장 원리에 의해 없어지거나, 상황 악화에 의한 변화의 두려움 속에서 새로운 시도조차 하지 못하고 있는 상황이다.

　　2021년의 1분기가 마무리되는 오늘도한국 기준 수백 명의 코로나19 확진자가 쏟아지고 있다. 3차 대유행의 기세가 무섭다. 질병에 대한 불안감과 생업에 대한 고민이 공존하며 스스로를 이끌어야 하는 현대인에게는 평정심을 드러내지 않고 유지해야 할 책임과 의무도 있기에 참으로 답답한 현실이다.

　　필자는 2020년 12월 31일부로 두려움과 두근거림이 공존하는 가운데, 15년간의 직장 생활의 여정을 정리했다. '파부침주破釜沈舟'의 각오로 뒤돌아보지 않을 생각이다. 여러 조직에 속해 있던 직장 생활 속에서 어느새 내 안의 '이상'은 항상 '현실'과 타협하고 있었고, 많은 부조리는 '그저 흘러가고 성장해 가는 흐름이겠지.'라며 '순응하는 삶'으로 순화되었고 자연스럽게 치부되었다. 솔직히 부끄러웠다. 이제는 '부끄러움'을 반성하는 시간보다, '스마트한 일터'를 준비하여 세상에 전파하고자 한다. 미래를 걸었고 '행동'이 있을 뿐이다. '필생의 각오'가 '필사의 결과'를 초래할지도 모른다.

　　'WvUWork val-U corp'는 곧 기업의 형태로 시장에 선보이게 될 것이다. '스마트한 일터'

로서의 험난한 과정, '스마트한 공간', '스마트한 문화', '스마트한 제도'라는 혁신의 3대 거점을 준비하였지만, 이 시스템 또한 시대의 트렌드에 따라 구차했던 한 귀퉁이로 밀려나 역사 속으로 사라지게 될지 모른다. 다만, '스마트한 일터'를 준비하는 필자의 지론이 상황에 타협되지 않고 올바른 방향으로 거침없이 나아간다는 가정하에 요소는 변화할 수 있지만, '스마트한 일터'는 계속될 것이라 믿는다. 사람을 존중하는 조직, 사람의 가치를 찾는 조직, 모든 사람이 행복한 조직을 만들고 싶다.

아직 대면하지 못한 수많은 조직과 함께 험난한 여정을 함께 극복해 나가고 싶다.

뼈와 살을 깎으며 팬데믹 시대를 묵묵하게 관통하고 있는 대한민국 모든 업군의 '동료', 사랑하는 '가족들' 어려운 때에도 저를 아끼고 물심양면으로 도와주는 모든 '동지'에게 이 책을 바칩니다.

참고 문헌

- 주거/사무공간의 조명환경 평가에 관한 연구, 이선영, 김상진, 고한우 - 한국감성과학회 춘계학술대회, 2002

- 오토메이션을 이용한 이동 사무 환경의 구현, 정문영, 구경이, 김성기, 김원영 - 한국정보처리학회 학술대회, 2006

- 역량중심 인적자원개발의 비판과 쟁점 분석, 오헌석 - 경영교육연구, 2007

- 사물인터넷 기반 사무환경개선방안, 박광철, 서동혁 - 한국전자통신학회 논문지, 2020

- 벤처기업의 리더십 유형과 팔로워특성, LMX 의 질이 조직성과에 미치는 영향: 이론적 논의를 통한 연구모형 개발을 중심으로, 정대용, 윤미옥, 김희숙 - 사회과학논총, 2008

- 코로나 팬데믹이후의 뉴 비즈니스, 정기성, 김신 - 인터넷비즈니스 연구, 2020

- 오피스 사용자의 행태 변화, 그리고 사무환경, 양영일 - 산업디자인학연구, 2008

- 미국 실리콘밸리 첨단산업 발전의 사회적 배경, 정이환 - 지역연구, 1994

- 스마트워크 수준 결정 모형에 대한 연구, 남수현, 노규성, 김유경 - 디지털융복합연구, 2011

- 국내 사무환경 실태조사, 손영욱, 김두훈 - 한국퍼실리티매니지먼트학회지, 1999

- ICT 융합 진화과정의 동태성: 실리콘밸리 지식 융합 사례를 중심으로, 정순기, 이병호 - 한국 IT 서비스학회지, 2013

- 실내 빛환경 평가기준을 통한 사무공간의 채광성능 평가에 관한 연구 - 수평차양을 중심으로, 윤경, 조성행, 김강수 - 한국건축친환경설비학회 학술발표대회 논문집, 2011

- 유령과 환영: 팬데믹과 뉴노멀 시대의 철학, 한광택 - 비교문학, 2020

- 사무종사자의 직장 내 관계와 일-생활의 균형 및 근무환경이 직업만족도와 정신건강에 미치는 영향, 이태훈, 조교영 - 한국데이터정보과학회지, 2020

- 클라우드 기반 스마트 사무환경 구축을 위한 지능형 세이프 네트워크 기술, 김석훈, 김귀정 - 디지털융복합연구, 2014

- 리더의 감성지능과 조직성과의 관계에 관한 연구, 이영균, 최현묵 - 한국지방자치연구, 2011

- 워크스마트 실천전략 연구, 조한국 - 삼성경제연구소, 2011

- 조직문화 연구의 동향과 과제, 장용선, 문형구 - 인사조직연구, 2008

- 포토보이스 방법을 활용한 팔로워십에 대한 인식과 팔로워의 역할에 관한 탐색적 연구, 김희봉 - 리더십연구, 2017

- 조직문화, 리더십 그리고 조직시민행동 간의 관계에 있어서 리더신뢰 및 조직몰입의 매개효과,서인덕, 이원형 -

인적자원관리연구, 2006

- 실리콘 밸리의 소기업 혁신네트워크, 홍장표 - 사회경제평론, 2003

- 조직문화 지각이 조직몰입 및 이직 의도에 미치는 영향에 있어서 조직 동일시의 매개효과, 서인덕, 도재욱 - 인적자원관리연구, 2007

- 한국경제의 성공전략: 혁신성장과 실리콘밸리의 교훈, 문휘창 - 국제지역연구, 2017

- 조직문화와 셀프리더십이 조직유효성에 미치는 영향, 김은정, 이종건 - 기업경영연구, 2010

- 공공-민간 경영 패러다임의 융합적 전환, 장용석, 조희진 - 인사조직연구, 2013

- 스마트워크 추진정책의 거버넌스 체계 분석-부처 간 갈등 사례를 중심으로, 정충식, 진영빈 - 한국거버넌스학회보, 2012

- 조직혁신문화가 조직구조와 직무만족에 미치는 영향, 이종수 - 국가정책연구, 2010

- 조직간 협력 네트워크와 신뢰기반형 지배구조: 다른 나라 기업들 사이의 조직간 협력 네트워크에서 파트너 기업 간 신뢰의 결정 요인과 성과, 신동엽 - 전략경영연구, 2002

- 기업의 조직문화유형이 구성원의 조직몰입과 혁신행동에 미치는 영향, 모영배 - 국가정책연구, 2016

- 중소기업의 헌신형 인적자원관리와 조직성과, 유미림, 김영신, 배종석 - 인사조직연구, 2011

- 업무구조, 조직문화, WLB 제도가 조직유효성에 미치는 영향-일과 생활의 균형의 매개효과를 중심으로, 김종관, 이윤경 - 인적자원관리연구, 2009

- 스마트워크 보안 아키텍처 연구, 이동범, 곽진 - 한국정보처리학회 학술대회논문집, 2011

- 한국 기업의 가족친화적 제도의 한계: 취업여성을 위한 육아지원 태도를 중심으로, 임인숙 - 가족과 문화, 2003

- 스마트워크 전략에 관한 연구, 박경혜 - 디지털융복합연구, 2011

- 기업에서 멘토링 제도 도입에 따른 멘토링 기능과 조직성과 그리고 그 조절요인과의 관계 연구, 이만기 - 인적자원관리연구, 2007

- 스마트워크 활성화를 위한 경영관리 방안, 이승희, 도현옥, 서경도 - 디지털융복합연구, 2011

- 성과급제도제도의 도입효과: 한국기업 사례, 안태식, 남혜정 - 회계학연구, 2008

- 모바일 오피스의 품질 요인이 이용자 만족에 미치는 영향: 이용 행태와 직무 특성을 중심으로,구성환, 이지은, 신민수 - 한국 IT 서비스학회지, 2012

- 기업복지제도가 기혼 직장여성의 가정생활과 직무 만족에 미치는 영향: 가족친화제도의 효과,문선희 - 한국가족복지학, 2013

- 클라우드 컴퓨팅 기반 모바일 오피스 환경에서의 보안 위협 및 대응방안 연구, 전희승, 정재욱, 원동호 - 한국컴

퓨터정보학회 학술발표논문집, 2012

- 일반논문 ARTICLES: 업적평가체계로서의 다면평가제도 도입과 추진방법에 관한 사례연구, 김판석, 오성호, 이선우 - 한국행정학보, 2000

- 디지털 트랜스포메이션 사회와 새 정부의 산업정책 방향, 이상원 - 언론정보연구, 2017

- 협력적 노사관계와 기업성과에 대한 실증연구-혁신적 HRM 제도의 매개효과를 중심으로, 엄동욱, 김태정, 이정일 - 응용경제, 2009

- 공공부문 팔로워 유형화 연구: 한국의 지방자치단체 공무원의 규정 준수 및 성과 인식을 중심으로, 김덕수, 최태현 - 한국사회와 행정연구, 2014

- 공공조직과 민간기업의 성과관리제도 운영실태 비교, 한인섭 - 한국행정연구, 2006

- 국내 대기업 팀원의 팔로워십 역량 인식 수준이 직무만족과 조직몰입에 미치는 영향, 장윤정, 2015

- 사람중심 기업가정신: 이론적 기반과 개념 개발, 배종태, 강명수, 김기찬, 박지훈 - 벤처연구 JSBI 구 벤처경영, 2018

- CEO 의 트위터 메시지와 이미지-CEO 트위터의 메시지 유형과 팔로워의 평가를 중심으로, 조승호, 홍숙영 - 디지털융복합연구, 2012

- 성과지향적 조직문화와 조직효과성, 박순애, 오현주 - 한국행정학보, 2006

- 비즈니스 전략으로서 디지털 트랜스포메이션에 관한 연구: 유통의 '토탈 디지털 비즈니스 프레임워크'구축 전략, 이완형 - 유통경영학회지, 2019

- 소비자의 역할변화에 대한 탐색적 연구: 새로운 소비문화 발현자로서의 소비자, 유창조 - Asia Marketing Journal, 2008

- 수평적 조직구조에서 디자인씽킹 기반의 창의성 발현, 정정호, 장동련 - Archives of Design Research, 2012

- 계층구조 평탄화를 통한 수평적 조직문화 조성에 대한 비판적 해석, 백평구 - 기업교육과 인재연구, 2020

- 진성리더십과 카리스마적 리더십이 리더에 대한 신뢰감 지각과 팔로워 웰빙에 끼치는 영향에 관한 연구, 김가진, 2011

- 집단주의 조직문화에서 창의적 성과를 위한 커뮤니케이션의 역할, 이준호, 이진규 - 대한경영학회지, 2010

- 고객중심경영이 고객행복 및 부에 미치는 영향: 탐색적 사례연구, 이익근, 송재근, 김지대 - 글로벌경영학회지, 2015

- 대기업 사무직 근로자의 이직의도와 경력학습, 경력동기, 조직지원인식, 조직몰입, 경력몰입 및 고용가능성의 관계, 강인주, 2015

- 한국 상장기업의 지속가능 성장에 관한 실증연구, 주병철, 박성태 – 산업경제연구, 2019

- 기업의 고객지향성과 기술혁신지향성이 경영성과에 미치는 영향에 관한 연구: 핵심자원 보유역량과 프로세스 효율성의 매개작용을 중심으로, 윤동주, 정대율 – 한국창업학회지, 2014

- 가상공동체에서 리더십 스타일과 팀 성과에 관한 실증연구, 이건창, 정남호, 조남용, 신성우, 이현정, 이재하 – 지식경영연구, 2008

- 지속성장 가능한 기업 탐색을 위한 방법, 최재현 – 한국지능시스템학회 논문지, 2018

- 코로나 팬데믹 출구전략, 김영도 – 주간금융브리프, 2021

- 스마트오피스 추진을 위한 주요정책 및 과제, HH Choe – Korea Information Processing Society Review, 2011

- 거래적·변혁적 리더십과 팔로워십이 조직몰입에 미치는 영향에 관한 연구, 정형일, 임대성 – 경영논총, 2010

- 기술혁신형 중소벤처기업의 기업가적 지향성, 조직학습, 사회적 자본, 성과와의 관계 분석, 문혜선, 이상명 – 중소기업연구, 2016

- 일과 삶의 균형 Work-Life Balance 향상을 위한 스마트오피스 공간구성의 관한 연구, 김경아 – 한국공간디자인학회 논문집, 2016

스마트 오피스의 진화
『스마트한 일터』로 **공간 문화 제도에 가치를 더하다!**

1판 1쇄 발행 2021년 6월 14일

저자 이창민 · 오경준
교정 주현강
편집 문민정

펴낸곳 하움출판사
펴낸이 문현광

주소 전라북도 군산시 수송로 315 하움출판사
이메일 haum1000@naver.com   **홈페이지** haum.kr

ISBN 979-11-6440-787-3(93320)

좋은 책을 만들겠습니다.
하움출판사는 독자 여러분의 의견에 항상 귀 기울이고 있습니다.